# Kate

CLAUDIA JOSEPH

# Kate

*Nasce uma princesa*

*TRADUÇÃO*

Gabriel Zide Neto

BestSeller

CIP-BRASIL. CATALOGAÇÃO-NA-FONTE
SINDICATO NACIONAL DOS EDITORES DE LIVROS, RJ.

J72k Joseph, Claudia
Kate: nasce uma princesa / Claudia Joseph; tradução: Gabriel Zide Neto. — Rio de Janeiro : Best*Seller*, 2011.

Tradução de: Kate Middleton: the making of a princess
ISBN 978-85-7684-517-1

1. William, Príncipe, neto de Elizabeth II, Rainha da Grã-Bretanha, 1982- — Amigos e companheiros. 2. William, Príncipe, neto de Elizabeth II, Rainha da Grã-Bretanha, 1982- — Relações com mulheres. 3. Middleton, Kate, 1982- — Relações com homens. 4. Príncipes — Grã-Bretanha — Biografia. 5. Nobreza Grã-Bretanha — Biografia. I. Título.

11.1187 CDD: 923.1
CDU: 929:320

Texto revisado segundo o novo Acordo Ortográfico da Língua Portuguesa.



Publicado pela primeira vez na Grã-Bretanha em 2009 pela Mainstream Publishing Company.

Adaptação de capa: Elmo Rosa
Crédito de imagem de capa: AFP/Getty Images
Editoração eletrônica: FA Editoração
Editoração eletrônica de encarte: Sense Design



Impresso no Brasil

ISBN 978-85-7684-517-1

Aos meus pais, que me deram tudo,
e ao homem que só me dá problemas

# Agradecimentos

Gostaria de agradecer a várias pessoas pela ajuda na pesquisa e na redação deste livro, especialmente ao jornalista Simon Trump, cujo apoio foi imprescindível para a conclusão deste trabalho. E também aos membros das famílias Harrison, Goldsmith, Middleton, Lupton e Glassborow, que foram muito gentis e generosos ao contribuir para minha pesquisa sobre a história de seus antepassados.

Sou extremamente grata a Sian James, editor-assistente do *The Mail on Sunday*, a George Thwaites, editor da seção "Review", e a Marilyn Warnick, editora de literatura, cujos conselhos foram valiosos; sem eles eu nunca teria publicado meu primeiro livro. Preciso homenagear, também, o meu advogado, John Polsue, sócio no escritório Alen-Buckley & Co., que me deu um apoio incrível quando precisei de aconselhamento jurídico.

Também estou em dívida com os jornalistas Laura Collins, Ian Gallagher, Jo Knowsley, Liz Sanderson, Daniel Townend e Edward Black, e com os fotógrafos Jason Buckner, Paul Macnamara e Oscar Kornyei, pelo generoso auxílio de cada um.

Meu muito obrigada aos seguintes pesquisadores, cuja atenção aos detalhes foi fundamental: Andy Kyle; Peter Day; Patricia Irving; Tony Whitehead, autor de *Mary Ann Cotton: Dead But Not Forgotten*; Vanda Hall, assistente do serviço ao cliente da Biblioteca de Maidstone; Louise-Ann Hand, bibliotecária de atendimento da Biblioteca Central de Leeds; Michele Lefevre, gerente de estudos locais da Biblioteca Central de Leeds; Richard High, bibliotecário da equipe de coleções especiais da Biblioteca Brotherton, de Leeds; Liza Giffen, arquivista da Leeds University; Adam Bull, webmaster de The Friends of Gledhow Valley Woods; Lyn Aspland, historiador do Gledhow Valley Conservation Area Group; Neville Hurworth; Jane Powell, assistente de pesquisa do Berkshire Record Office (Arquivo de Registros de Berkshire); e Caroline Liggett, assistente de estudos locais e arquivista sênior do Centre for Buckinghamshire Studies.

Finalmente, registro minha gratidão ao meu editor, Bill Campbell, à editora Claire Rose, à coordenadora editorial Graeme Blaikie, à executiva de marketing e de direitos autorais Amy Mitchell, à designer Emily Bland, à gerente de publicidade Fiona Atherton e à consultora de publicidade Sharon Campbell.

# Sumário

# Prefácio

Em 3 de setembro de 1660, numa mansão com vista para o rio Tâmisa, a Strand, foi realizado o casamento secreto do duque de York, herdeiro presumido do trono inglês, de 27 anos, com a camareira de sua irmã, Anne Hyde. Celebrado à noite pelo capelão do duque, na casa do pai da moça, Worcester House, e testemunhado por apenas duas pessoas, o enlace do futuro rei Jaime II com sua amante de 23 anos — que estava com uma gravidez bem-adiantada — escandalizou a Corte real, que não podia aceitar que um sangue azul se casasse com uma plebeia. Depois da morte de Anne, em 31 de março de 1671, houve registros de que ela "de fato demonstrou muita inteligência e muita virtude para conduzir bem a situação, e que o duque, subjugado pela paixão, finalmente prometeu se casar com ela, em algum momento antes da Restauração".* Anne conquistou seu lugar na história como a

* Restauração da monarquia inglesa, em 1660, sob Carlos II, depois de o Reino Unido ter sido governado, na prática, como uma república comandada por Oliver Cromwell. (*N. do T.*)

última plebeia a se casar com um rei, e deu à luz duas filhas, Maria e Ana, que um dia governariam a Inglaterra.

Desde essa época, os monarcas ingleses raramente se desviaram da convenção tácita de se casar com pessoas da realeza europeia, com duas notáveis exceções: a falecida rainha-mãe, lady Elizabeth Bowes-Lyon, e a mãe do príncipe William, lady Diana Spencer. No entanto, ambas vieram de famílias aristocráticas, e a rainha Elizabeth foi uma consorte real inesperada: somente após a abdicação de Eduardo VIII seu marido, Jorge VI, se tornou rei.

Agora, pela primeira vez em 350 anos, outra plebeia conquistou o coração de um herdeiro do trono. Ao se casar com o príncipe William Arthur Philip Louis Windsor, que atualmente trabalha como piloto de resgate da Royal Air Force (RAF, a Força Aérea inglesa), Kate Middleton se tornará a primeira não aristocrata a se casar com um futuro rei da Inglaterra, desde o século XVII.

A união dará um novo fôlego à monarquia, uma vez que a rainha entra na parte final de seu reinado, trazendo sangue novo e uma perspectiva mais jovem a uma instituição que recebe críticas por ser elitista demais e intocável. William e Kate têm um relacionamento totalmente moderno — eram estudantes em St. Andrews quando se conheceram; moraram juntos e namoraram por quase toda a primeira década do século XXI.

Kate apareceu pela primeira vez nas páginas de um jornal inglês em 7 de abril de 2002, desfilando com um vestido transparente para um evento de caridade em St. Andrews. Desde então, ela se tornou *habitué* das colunas sociais, um ícone de estilo — figura constante nas listas das mais bem-vestidas, tanto na Inglaterra como no exterior — e uma das mulheres mais fotografadas da Grã-Bretanha. Os editores de revistas como *Vogue*, *Tatler* e *GQ* exaltam sua juventude, seu tino para a moda e seu carisma, e a revista *Hello!* estima que sua imagem na capa aumente as vendas em 100 mil exemplares.

Milhares de palavras já foram escritas sobre ela, hordas de paparazzi acompanham todos os seus movimentos, fãs mantêm blogs sobre ela e sua figura é debatida no rádio e na televisão. Inspirou o escritor Peter York a atualizar o livro *The Official Sloane Ranger Handbook* e tem até um fã-clube não oficial.

No entanto, apesar de toda essa exposição, a futura rainha ainda mantém um ar de mistério. Então, quem é essa mulher que um dia disse a célebre frase “Ele tem muita sorte de sair comigo!”? Será que ela tem os mesmos dotes de “inteligência” e “virtude” de sua antecessora?

# Capítulo I

## *Os Harrison 1837-1898*

Deitada em sua cama de madeira folheada a ouro, no opulento quarto abaixo dos aposentos oficiais do palácio de Kensington, quatro semanas após seu 18º aniversário, a princesa Vitória foi acordada por sua mãe, a duquesa de Kent, e comunicada de que era a nova rainha da Inglaterra. Eram 6h do dia 20 de junho de 1837, e seu tio, o rei Guilherme IV — sem filhos legítimos —, morrera de ataque cardíaco e pneumonia aos 71 anos, deixando o trono vago para a pentavó do príncipe William.

A rainha Vitória acabaria se tornando a monarca a reinar por mais tempo na história da Inglaterra. Comandou um vasto império, casou-se com o primo, o príncipe Alberto de Saxe-Coburg-Gotha, com quem teve nove filhos, dos quais descendem tanto a rainha Elizabeth como o príncipe Filipe. A família dividia o tempo entre o Palácio de Buckingham (Vitória foi a primeira monarca a morar lá), o castelo de Windsor, onde os chefes de Estado eram entretidos, e as residências de férias — a Osborne House, na ilha de Wight, e o castelo de Balmoral, em Aberdeenshire. Essas duas propriedades foram compradas depois do casamento.

# Kate

Na outra ponta da sociedade inglesa, a aproximadamente 460 quilômetros da Corte real, num pequeno sítio em Byker Hill, subúrbio de Newcastle, a vida não poderia ser mais diferente. Lá estava Jane Harrison, pentavó de Kate, casada com um minerador.

Enquanto a rainha Vitória era senhora de tudo que sua vista era capaz de alcançar (e de muitas propriedades que sequer chegaria a ver), o marido de Jane, James, que tinha 41 anos quando Vitória ascendeu ao trono, tinha um patrimônio infinitamente menor. Ele ganhava muito pouco trabalhando nas minas, enquanto Jane precisava lidar com as exigências de cuidar de uma casa inteira com uma renda mínima, criando quatro filhos e tomando conta de um bebê. A filha mais velha, de 16 anos e também chamada Jane, a ajudava com os irmãos mais novos — Thomas, de 9 anos, James, de 7, John, de 2, e Septimus, o bebê —, mas a mãe não tinha tempo para relaxar, e a morte do rei — que ela só saberia por ouvir dizer, pois Jane, como tantas pessoas iguais a ela, não sabia ler nem escrever — teria pouquíssimo impacto em seu mundo.

Juntando documentos e registros históricos, é possível construir uma imagem da vida de Jane na era vitoriana. Vivia em função dos horários dos turnos do marido, encarregado de manutenção, consertando estradas para cavalos e outras passagens da mina de carvão Byker, na época pertencente a sir Henry Lawson.

James tinha um acordo com sir Henry, ele ganhava dois xelins e meio (cerca de cem libras, em valores atuais) por prometer que não trabalharia para outra mina de carvão. Mesmo assim, não havia garantia de emprego. Aos 41 anos, idade muito acima da média para trabalhar, ele não tinha do que reclamar. Na verdade, tinha muita sorte de trabalhar, com tantas bocas para alimentar.

Thomas seguiu os passos do pai na mina como responsável pelas portinholas. Trabalhando até 18 horas por dia, sozinho e na mais completa escuridão, tinha de abrir e fechar as portinholas das minas quando os vagões subterrâneos passavam, para manter a ventilação. Posteriormente, ele virou cocheiro, guiando os cavalos que puxavam os vagões e os carros do guindaste até o poço da mina. Algum tempo depois, James, seu irmão mais novo, assumiu o mesmo ofício. Apesar de toda a dureza — homens e meninos trabalhavam o tempo todo, exceto aos domingos, no Natal e na Páscoa, e eram sujeitos a detenção, julgamento e pena de prisão se rompessem o contrato —, a família tinha de dar graças a Deus.

A vida nos poços de mineração era perigosa e brutal, e naquela época, caso a pessoa adoecesse, não recebia remuneração ou compensação por morte ou acidente. Enquanto os proprietários forneciam os pôneis, os mineiros tinham que arcar com os custos do próprio equipamento, inclusive pás, picaretas, velas, cordas e explosivos, trabalhando em grupos para se proteger dos roubos, e das frequentes brigas entre grupos rivais.

Conflitos à parte, o perigo diário do trabalho tendia a unir as comunidades. Qualquer notícia sobre um acidente fazia as mulheres de uma região se reunirem na entrada da mina, ansiosas por informações sobre os homens de casa. Era uma tradição que se manteria até o século XX, quando os desastres nas minas, apesar de mais raros, ainda estavam longe de serem erradicados.

No entanto, na época de James Harrison, os perigos de se trabalhar debaixo da terra sempre estavam presentes. Os registros indicam mais de trinta acidentes em minas de Durham e Northumberland no século XIX, nos quais 1.500 homens e meninos perderam as vidas. Esses foram só os casos mais graves, é claro. Mortes individuais eram comuns, mas consideravelmente mais difíceis de se quantificar, uma vez que a morte de apenas um mineiro raramente despertava interesse. Além de incêndios, pedras caindo e explosões, muitos trabalhadores morriam esmagados por vagonetes (carros que transportavam o carvão e outros materiais usados nas minas), escoiceados por pôneis, caíam em poços ou se afogavam.

A vida também era difícil para as mulheres. Na Inglaterra vitoriana, elas eram consideradas um bem móvel de seus maridos, e tinham de se comportar como tal. Sem contar com métodos contraceptivos, Jane Harrison estava quase que permanentemente grávida. Sua sexta filha, Margaret, nasceu em 1839, um ano depois da pomposa coroação da rainha Vitória na abadia de Westminster. Jane e a filha mais velha passavam os dias limpando a pequena casa, um minúsculo casebre de um quarto, com lareira a céu aberto e uma escada para o andar de cima, onde as crianças dormiam. Elas tiravam água de um poço na rua, se lavavam, costuravam e remendavam roupas rasgadas, cozinhavam a céu aberto e aqueciam água para James e os filhos tomarem banho numa tina de zinco quando voltassem do trabalho. A pouca comida que compravam vinha da Tommy Shop local, uma vendinha cujo nome se originava do pão bruto que os soldados do século XVIII recebiam como provisão. As Tommy Shops pertenciam aos donos das minas. Frequentemente, os trabalhadores recebiam parte do salário em vales que só podiam ser utilizados nessas lojas, e os preços eram inflacionados. Ou seja, os proprietários das minas ganhavam ainda mais dinheiro explorando os empregados, que, além de tudo, se endividavam. A família, às vezes, complementava os rendimentos ínfimos trabalhando na lavoura, colhendo frutas, batatas ou nabos.

Era uma vida extremamente difícil para os Harrison. Eles jamais imaginariam que um de seus descendentes se casaria com um membro da família real. Na verdade, chega a ser quase um milagre a sobrevivência daquela linhagem. Muitas aldeias de mineiros eram dizimadas por epidemias de tuberculose, cólera, poliomielite, escarlatina e difteria, que se alastravam facilmente por áreas densamente populosas, transmitidas por insalubres latrinas externas, compartilhadas por várias pessoas.

A rainha Vitória viveu até a avançada idade de 81 anos — morreu de hemorragia cerebral na Osborne House e foi enterrada em Windsor, ao lado de seu amado príncipe Alberto —, e a pentavó de Kate teve um sepultamento sem qualquer pompa. Em sua casa, Jane sucumbiu a uma doença devastadora nos pulmões, hoje conhecida por tuberculose, no dia 23 de abril de 1845, pouco depois de completar 50 anos, deixando seu marido viúvo e com quatro crianças para cuidar.

Depois da morte da esposa e do fim de seu contrato, James se juntou a milhares de famílias que se dirigiram, trinta quilômetros ao sul de Newcastle, para as aldeias mineradoras do condado de Durham. Possivelmente, foram alguns dos primeiros passageiros da linha ferroviária Newcastle-Durham, de George Hudson, inaugurada sob grande aclamação em 1844. Em 1850 eles já moravam numa casa para mineiros na Low Row, uma das quatro ruas da pequenina aldeia de Low Moorsley, dez quilômetros a nordeste de Durham.

Lá, John, tetravô de Kate, e seu irmão caçula Septimus se juntaram ao pai na mina de carvão de North Hetton, que pertencia ao segundo conde de Durham, George Lambton, cujo pai fora um importante político conservador e cuja bisavó havia sido amante do príncipe de Gales, futuro rei Jorge IV. O conde, que viria a ser o bisavô do primeiro-ministro sir Alec Douglas-Home, ganhava dinheiro com as minas na região do castelo de Lambton e se mostrou um feitor tão rígido quanto sir Henry Lawson.

Apesar de a Lei das Minas, de 1842, ter proibido que crianças com menos de 10 anos trabalhassem nelas, os dois garotos integrariam a força de trabalho assim que completassem essa idade. Havia uma hierarquia nas minas, e eles começavam como encarregados das portinholas ou como cocheiros, antes de serem promovidos, aos 17 anos, a transportadores, empurrando vagonetes de carvão sobre os trilhos das galerias até as gruas ou o poço. O trabalho era perigoso, como sempre havia sido. Em 1853, um dos colegas de John e Septimus, John Straughan, de apenas 12 anos, morreu quando sua cabeça foi prensada entre dois vagões em movimento. Na mina de Hetton, ali perto, 23 pedreiros morreram numa explosão subterrânea em 1860, e todos os cavalos e pôneis nos estábulos foram perdidos enquanto o fogo se alastrava pela mina.

Aos 21 anos, os meninos atingiam o auge da forma física e se tornavam cortadores — aqueles que efetivamente cortam o carvão —, em galerias tão pequenas que trabalhavam engatinhando. Embora fosse um serviço perigoso, era muito disputado, pois os cortadores eram os que ganhavam maior remuneração. Talvez o dinheiro extra (a família passou a alojar também dois inquilinos, o carpinteiro George Dixon, de 33 anos, e William Mitcheson, um trabalhador de 36) tenha permitido que os Harrison subissem na vida. Pouco depois eles se mudaram para uma casa nova, a três quilômetros dali, num reduto de mineradores na aldeia de Sherburn Hill.

A essa altura John já tinha se mudado para uma cabana a um quarteirão da casa do pai e cuidava da própria vida. No dia 7 de abril de 1860 se casou com Jane Liddle, de 20 anos, filha de um mineiro da aldeia, já grávida de quatro meses no dia do casamento.

Em agosto daquele mesmo ano, Septimus, então com 23 anos, se casou na mesma igreja com uma moça da aldeia vizinha de Houghton-le-Spring, Elizabeth Jenkyns, de 19 anos, também com a gravidez num estágio bem-adiantado. Seu filho James nasceu no mês seguinte. Eles se mudaram para Sherburn Hill, o que significa que as três famílias estavam a pouca distância umas das outras.

A primeira filha de John e Jane, Jane Ann, nasceu em setembro, seguida por um filho, Anthony, em 1862, e outra filha, Margaret, em 1863. A família andava ocupada demais para, em 1861, chorar a morte do amado príncipe Alberto, marido da rainha Vitória, ou para celebrar o casamento do tetravô de William, o futuro rei Eduardo VII, com a princesa Alexandra, em 1863, ou acompanhar suas relações com as beldades da sociedade, como as atrizes Lillie Langtry ou Alice Keppel, bisavó de Camilla Parker-Bowles.

Na década de 1860, James, o pentavô de Kate, estava aposentado das minas havia muito tempo. Pode-se dizer que, depois de se aposentar, ele passava boa parte de seu tempo em pubs locais, pois morreu de falência renal em 1866, aos 70 anos. A filha que tomou conta dele nas duas últimas semanas de vida, era analfabeta, e assinou o atestado de óbito com um X.

Com a morte de James, a família saiu de Sherburn Hill. Enquanto Septimus se mudou para a aldeia de Brandon, a dez quilômetros dali, John foi com Jane e os filhos para Hetton-le-Hole, a seis quilômetros. Eles faziam parte de uma onda de migração para a cidade: em 1801, Hetton só tinha 212 habitantes; em 1861, porém, a população havia crescido para 6.419. John trabalhou na mina de carvão de Hetton, que pertencera ao falido ex-especulador Arthur Mowbray. Em 1822, ela se tornou a primeira mina a ter uma ferrovia particular, uma linha de 13 quilômetros de Hetton ao rio Wear, em Sunderland, desenhada por George Stephenson, o "Pai das Ferrovias". Essa foi a primeira linha do país a não usar cavalos.

A vida na mina era difícil, mas John e a família, moradores de uma das 1.318 cabanas de pedra de Downs New Houses, tinham vida melhor do que a de seus pais. Havia capelas, pubs e lojas, assim como uma ampla gama de comerciantes, incluindo ferreiros, pedreiros, carpinteiros, gráficos, editores e até um médico na cidade; e também algo ainda mais importante e nunca antes experimentado por um Harrison: uma escola. Pelo menos um dos filhos apareceu no censo de 1871 como aluno, um pequeno sinal de que as forças de reformas sociais que transformariam a Inglaterra começavam a marcar presença.

Em 25 de julho de 1874 nasceu o trisavô de Kate, que se chamava John, como o pai. Cinco anos depois de seu nascimento, os Harrison já tinham dez filhos, o que forçou a mudança para uma casa nova na cidade, na rua Lyons. A felicidade, entretanto, durou pouco. Em 23 de dezembro de 1881, Jane morreu de tuberculose, com apenas 42 anos. Seu marido, que estava a seu lado quando ela faleceu em casa, ficou viúvo com dez filhos, de idades entre 2 e 21 anos.

No ano seguinte, a filha mais velha, Jane Ann, casou-se com um minerador de 21 anos da própria aldeia, John Anderson, numa igreja da paróquia local. Margaret, de 19, passou a ser a matriarca da casa, cuidando do pai e dos irmãos mais novos.

Era uma vida árdua, com poucas compensações para os que estavam nos níveis mais baixos da hierarquia social, uma antítese total ao estilo de vida luxuoso desfrutado pela rainha Vitória e pelos filhos. Em 1887, ela comemorou 50 anos no trono com um suntuoso banquete servido em baixelas de ouro, uma procissão por Londres a bordo de uma carruagem folheada a ouro, um baile exuberante e um extasiante espetáculo de fogos de artifício.

No ano seguinte, Isabella, de apenas 18 anos, não resistiu à mesma enfermidade da mãe. Ainda não havia tratamento para tuberculose, que devastava a classe trabalhadora. Mais uma vez, o pai assistia à morte de uma pessoa querida. Devastado pela dor de perder a mulher e a filha num espaço de sete anos, faleceu pela mesma doença cinco meses depois, no dia 29 de janeiro de 1889, com apenas 54 anos. Antes que um ano se passasse, seu filho James, de 17 anos, transportador de carvão, se tornaria a quarta perda da família para a tuberculose, num período de dez anos.

John, trisavô de Kate, era órfão de pai e de mãe na tenra idade de 14 anos. Ele e as duas irmãs ainda solteiras se viram obrigados a se mudar. Mas a maré de azar da família não parou por aí. Às

11h30 do dia 13 de dezembro de 1895 o irmão mais velho de John, Anthony, morreu num acidente na mina. Pai de dois filhos, ele era cortador na mina de Eppleton da Hetton Coal Company e foi aclamado como herói por tentar resgatar dois de seus colegas, o funcionário John Brown e o transportador Robert Lawns, quando perdeu a própria vida. Ele foi elogiado no Relatório de Inspeção de Minas de 1895:

> Gostaria de dizer aqui umas palavras de apreço à coragem e valentia mostradas pelos homens que participaram do resgate. Os três cortadores, assim como o gerente, o subgerente, o supervisor e o assistente do supervisor, mostraram possuir qualidades que no passado tornaram mineradores famosos pelo heroísmo diante do perigo. Esse tipo de conduta não deve passar sem um elogio, e agradeço a oportunidade, neste relatório, de poder mostrar meu apreço e meu lamento de que um deles tenha perdido a vida na tentativa corajosa de resgatar Brown e Lawns.

Uma sequência de tragédias como essa pode parecer extraordinária para os padrões de hoje e o suficiente para destruir almas mais frágeis. Mas John Harrison teve uma vida difícil, na qual a morte e a doença estavam longe de ser incomuns.

Aos 22 anos de idade, em 23 de fevereiro de 1897, John se casou com a empregada doméstica Jane Hill, de 21, filha de um carpinteiro da mina de carvão, no cartório de Houghton-le-Spring. Eles se mudaram para uma casa de mineiros na Chapel Street, subúrbio de Hetton Downs. Onze meses depois comemoraram o nascimento da primeira filha, Jane, mesmo nome da mãe e da avó. Para o jovem casal, foi o marco de um novo começo. Mais uma geração da família Harrison havia tido início, e era o final do século XIX, o começo de uma nova era. O século seguinte traria guerras terríveis e avanços extraordinários jamais previstos. E os Harrison, provavelmente, não conseguiram perceber o quanto sua sorte pessoal mudaria e o quanto eles chegariam perto do mundo dourado da realeza.

# Capítulo 2

## *Os Harrison 1901-1953*

Era 2 de fevereiro de 1901. Fazia muito frio, e a neve caía. A rainha Vitória tinha morrido 11 dias antes. O tetravô do príncipe William, Eduardo VII, seguia o caixão da mãe na carruagem, enquanto o cortejo acompanhava pelas ruas de Londres. O destino final era a capela de São Jorge, no castelo de Windsor. Depois dos funerais oficiais, com boa parte da comunidade britânica presente, o corpo permaneceu em velório aberto ao público por dois dias, antes de descansar ao lado do príncipe Alberto no mausoléu real de Frogmore House.

A morte da rainha Vitória deu início a uma nova era. Dezoito meses depois, Eduardo VII e Alexandra foram coroados rei e rainha pelo arcebispo de Canterbury, na abadia de Westminster — um pouco mais tarde do que se esperava, pois o monarca de 59 anos recebeu diagnóstico de uma apendicite logo antes da data originalmente marcada para a coroação. O rei doou a Osborne House, onde sua mãe havia morrido, para o Estado e estabeleceu residência em Sandringham House, Norfolk, tal como antes da ascensão ao trono. Seu filho Jorge — trisavô do príncipe William — e sua mulher Maria, pais de quatro filhos, inclusive os futuros Eduardo VIII e Jorge VI, viviam em York Cottage, que ficava na propriedade.

John Harrison provavelmente soube sobre a coroação pelos jornais ou pelas conversas no pub local. Mas deve ter dado pouca atenção a vida da família real e jamais imaginaria que sua trineta um dia chegaria tão perto dos regentes do país. Ele tinha assuntos mais importantes na cabeça, como conseguir dinheiro para pagar as contas. John estava casado com Jane havia pouco tempo, e o casal morava numa casinha modesta na Chapel Street, Hetton Downs, com a filha Jane, de 3 anos, e o bebezinho Ernest. A irmã de Jane, Sarah Hill, morava com eles e ajudava nos afazeres diários. Mesmo assim, a vida era muito dura, e o casal torcia para que os filhos tivessem um futuro melhor.

Mais um filho nasceu em 1902, John, mas seria o quarto filho — o bisavô de Kate — que deixaria sua marca no mundo. Nascido em 23 de junho de 1904, foi chamado de Thomas em homenagem ao pai de Jane e Sarah, que era carpinteiro e marceneiro. Um avô dedicado, ele passava muitas horas com o menino e, tão logo o neto deixou de usar calças curtas, começou a lhe ensinar as primeiras noções básicas da própria profissão.

Thomas tinha apenas 5 anos quando o rei Eduardo VII teve um ataque de bronquite, durante suas férias em Biarritz. Fumante compulsivo — cerca de vinte cigarros e 12 charutos por dia segundo diziam —, ele ainda teria vários infartos depois de voltar à Grã-Bretanha. Faleceu em dia 6 de maio de 1910, com a esposa Alexandra e a amante Alice Keppel a seu lado. Ele tinha acabado de receber a notícia, dada pelo filho, o príncipe de Gales, de que seu cavalo Witch of the Air tinha ganhado a prova daquela tarde em Kempton Park. "Estou muito feliz", disse o rei. Foram suas últimas palavras. Jorge V e a rainha Maria foram coroados na abadia de Westminster em 22 de junho de 1911. Depois, o casal real viajou para a Índia, a fim de visitar os súditos. Durante a viagem, o rei se refestelou praticando seu hobby, a caça: matou 21 tigres.

Três anos depois, em 28 de junho de 1914, o arquiduque Franz Ferdinand, herdeiro do trono do Império Austro-Húngaro, foi assassinado por um sérvio-bósnio chamado Gavrilo Princip. Esse acontecimento foi o estopim da Primeira Guerra Mundial. A partir de então, a vida nunca mais seria a mesma. Thomas Harrison era jovem demais para lutar na Primeira Guerra, mas ela exerceu um impacto marcante em seus anos de formação, pois Hetton-le-Hole, habitada por 13.673 pessoas na virada do século, passou a ser apenas uma sombra do que era antes. Centenas de mineradores daquela região se alistaram como voluntários junto aos fuzileiros de Nothumberland e à infantaria ligeira de Durham, enquanto mulheres e crianças tiveram que se adaptar a uma vida sem eles.

Inicialmente, o pai de Thomas, John — que acabara de comemorar seus 40 anos quando a guerra foi declarada —, ficou em casa, cuidando de sua jovem família. Ele agora tinha mais dois filhos: Wilfred, de 7 anos, e Norman, de 5, mas foi obrigado a se alistar. Em março de 1916, o governo britânico, em resposta às perdas crescentes na linha de frente ocidental — 75 mil homens em Ypres e 60 mil em Loos — e ao número minguante de voluntários, obrigou o alistamento de homens solteiros, com idade entre 18 e 41 anos. Em maio, a ordem se estendeu também aos casados. Isso foi apenas dois meses antes do 42º aniversário de John Harrison, um acaso do calendário que alteraria o curso da vida de seus descendentes.

Ele se alistou no regimento de Middlesex, do duque de Cambridge, na cidade vizinha de Houghton-le-Spring. O cabo de 43 anos perderia a vida nas trincheiras apenas três meses antes do armistício, em 24 de agosto de 1918, sendo um dos 201 soldados de Hetton-le-Hole que não voltaram dos campos de batalha. Seu nome está inscrito num memorial de guerra no exterior do clube dos trabalhadores da cidade — uma base de granito e a estátua de um soldado repousando sobre um rifle apontando para baixo, com a cabeça curvada. A inscrição diz: "Erguido pelos membros do Clube dos Trabalhadores do Distrito de Hetton, em memória dos colegas que morreram pelo país na Grande Guerra de 1914-1918."

O conflito chegou ao final às 11h de 11 de novembro de 1918. Naquele dia, uma declaração de paz foi lida para a comunidade. Thomas estava com 14 anos. Seu mundo havia mudado irrevogavelmente. Endurecido com a morte do pai, passou a ser tutelado pelo avô materno — agora o único homem de sua combalida família que podia servir de exemplo —, e se tornou o primeiro Harrison a aprender o ofício de artesão.

Pouco depois do fim da guerra a família real sofreu uma perda em seus domínios. Enquanto Thomas perdeu o pai, Jorge V perdeu o filho. O príncipe John, o sexto e mais novo de todos, morreu de um ataque epiléptico em 18 de janeiro de 1919. Ele era um ano mais novo que Thomas. A rainha escreveu para o marido: "A primeira perda no círculo familiar é muito difícil de suportar, mas as pessoas têm sido tão gentis e simpáticas que isso nos tem ajudado muito."

O período entreguerras não foi bom para a região. O conflito prejudicou a posição de comércio da Inglaterra, exportadora de produtos têxteis, aço e carvão. A indústria pesada entrou em declínio, e a mineração sofreu o baque. Em 1923, 170 mil mineiros estavam empregados só em Durham. Nos 16 anos até o início da Segunda

Guerra Mundial e com a queda da demanda de carvão, muitos deles perderam seus postos. Uma série de greves piorou a situação do país, e a Inglaterra mergulhou numa depressão. Os mineradores, preocupados com as perigosas condições de trabalho, os salários reduzidos e as jornadas mais longas, participaram da Greve Geral de 1926, apoiando o Congresso do Sindicato dos Trabalhadores, além de organizar duas greves nacionais dos carvoeiros. Finalmente, a quebra da Bolsa de Valores de 1929 trouxe de carona a Grande Depressão. A demanda por produtos ingleses desabou, e o número de desempregados subiu de 1 milhão para 2,5 milhões. As regiões industriais do norte foram as mais atingidas, especialmente as minas de carvão. Ser minerador não era mais um trabalho que gerasse sustento.

Mesmo assim, houve um *boom* da construção civil pós-guerra — um terço de todas as casas construídas antes de 1939 tinha sido erguido nos vinte anos anteriores —, e a procura por artesãos era muito grande. Grato pelo treinamento de carpinteiro que recebeu do avô, Thomas, que seria bisavô de Kate, passou o período entre-guerras circulando pelo norte da Inglaterra à procura de trabalho. Em 1934, o marceneiro de 29 anos morava na aldeia de Easington Lane, a poucos quilômetros de Hetton-le-Hole, e saía com uma garota de Tudhoe, aldeia logo ao sul de Durham. Elizabeth Temple, um ano mais velha que Thomas, era filha de um agricultor, que depois da guerra passou a ser jardineiro. Considerada uma "mulher perdida", ela tinha uma filha ilegítima, Ruth, de um relacionamento anterior.

Mas os tempos agora eram outros, e o jovem casal pôde aproveitar um romance muito diferente do de seus pais e avós: viajavam para se encontrar em Durham e Sunderland, iam a bailes e clubes de jazz, passavam as noites nos cinemas, ouviam rádio e gramofone. Em poucos meses, estavam apaixonados, e as duas famílias ficaram encantadas quando eles noivaram. Casaram-se em 12 de maio de 1934 na igreja da paróquia de Tudhoe, com Albert, irmão de Thomas, e Maggie, irmã de Elizabeth, como testemunhas. Ruth tinha pouco mais de um ano.

Depois da união, o casal se mudou para a aldeia natal do artesão, Hetton-le-Hole, onde, um ano depois, em 26 de junho de 1935, nasceria Dorothy, a avó de Kate. Foi a busca de Dorothy por propriedades, riqueza e respeito que colocaria a neta no trono da Inglaterra. Mas ela foi ajudada por uma série de acontecimentos políticos que levaram a família para o sul, em direção à família real.

Dorothy tinha acabado de completar seis meses de idade quando o rei Jorge V morreu, em Sandringham, às 23h55 de 20 de janeiro de 1936. Fumante inveterado, havia muito ele sofria de uma série de problemas respiratórios crônicos, inclusive enfisema, bronquite e pleurisia. Segundo o médico da família real, lorde Dawson, as últimas palavras do rei foram "Deus te amaldiçoe", murmuradas para uma enfermeira que lhe aplicava um sedativo. Dawson admitiu ter aplicado uma injeção letal de cocaína e morfina naquela noite para apressar a morte e aliviar o sofrimento do paciente.

A família Harrison estaria de novo de ouvidos atentos ao rádio no fim do ano, quando o filho do falecido rei, Eduardo VIII, decidiu renunciar ao direito ao trono após gerar uma crise constitucional por ter ficado noivo de uma divorciada americana, Wallis Simpson. Em 11 de dezembro de 1936, seu discurso de abdicação foi transmitido em toda a Inglaterra e para o Império: "Os senhores têm que acreditar em mim quando digo que descobri ser impossível carregar o árduo fardo da responsabilidade e precisar cumprir com minhas obrigações de rei do jeito que eu gostaria, sem o apoio e o auxílio da mulher que amo", declarou.

Esse fardo de responsabilidade foi repassado ao irmão, o rei Jorge VI, que jamais imaginou que herdaria a coroa. Sua esposa,

Elizabeth, a falecida rainha-mãe, nunca perdoou seu cunhado por tirar de sua família a existência pacata no nº 145 de Picadilly e colocar suas filhas Elizabeth, de 10 anos, e Margaret, de 6, em evidência.

A avó de Kate ainda era bebê quando o bisavô de William subiu ao trono; tinha apenas quatro anos quando Hitler invadiu a Polônia. Mas seus pais, com certeza, ouviram pelo rádio, com a sensação de uma tragédia anunciada, o pronunciamento de Neville Chamberlain às 11h15 de 3 de setembro de 1939, declarando que "este país está em guerra contra a Alemanha". Tal como acontecera com seu pai, Thomas não teve como fugir do serviço militar; mas, ao contrário do antecessor, sobreviveu à guerra. Ironicamente, os que tinham profissões estratégicas, como os carvoeiros, eram isentos do serviço militar, sob a alegação de serem essenciais para o esforço de guerra dentro do próprio país. Harrison deve ter lamentado muito por subir um degrau na escada social...

Enquanto os homens de Hetton-le-Hole iam à guerra, muitas mulheres viraram os "Anjos de Aycliffe", enfrentando uma viagem de ônibus de quarenta quilômetros para trabalhar nas fábricas de munição de Newton Aycliffe, em turnos de 12 horas.

Durante o conflito, Sunderland foi uma das áreas mais bombardeadas da Inglaterra, por ser o maior centro de estaleiros do mundo. A vida cotidiana na região virou um caos, à medida que as pessoas tinham que cavar abrigos antiaéreos, colocar cortinas blecautes nas janelas, fechar as praias e remover e derreter os trilhos para construir tanques e navios. As famílias recebiam máscaras de gás e livros de cupons para racionamento. Elas se reuniam em volta do rádio no começo da tarde para ouvir o serviço doméstico da BBC e ficaram fascinadas ao ler sobre a visita do rei Jorge VI e da rainha Elizabeth para levantar o moral do estaleiro, depois de uma série de bombardeios pesados em 1943.

Num único ponto a vida dos Harrison era igual à da família real: as duas famílias insistiram em ficar na Inglaterra durante a guerra. O rei e a rainha dividiam o tempo entre Windsor e o Palácio de Buckingham. Certa vez, eles escaparam da morte por pouco, quando duas bombas alemãs explodiram no pátio do Palácio de Buckingham. A rainha fez uma declaração memorável na época: "Fico feliz por ter sido bombardeada. Agora posso encarar o East End frente a frente". Ao todo, o local sofreu nove ataques diretos durante a guerra, matando um dos guardas. O comissário de polícia Steve Robertson, que montava guarda no palácio em 8 de março de 1941, foi morto por destroços que voaram em sua direção quando a ala norte do prédio foi atingida por uma bomba. A realeza insistiu em aderir aos limites impostos aos súditos pelo racionamento, a tal ponto que, a primeira-dama americana Eleanor Roosevelt, quando se hospedou em Buckingham, fez uma observação quanto às restrições ao uso de água quente.

Depois da guerra, Thomas e Elizabeth Harrison se mudaram do nordeste para as redondezas de Londres com as filhas Ruth e Dorothy. Agora a avó de Kate podia viajar sem muito esforço ao castelo de Windsor ou ao Palácio de Buckingham, mas a família, certamente, não tinha dinheiro para desfrutar do tipo de vida que a capital podia oferecer. Isso ficaria para a geração seguinte.

Nos dias atuais, quando nós podemos conhecer os Harrison por informações de primeira mão, é possível desenhar um quadro mais detalhado de o quanto eles eram pobres. Vivendo praticamente sem um tostão, eles moravam numa casa em péssimo estado em Bankside, à beira do canal Grand Union, em Southall, oeste de Londres.

Ann Terry, sobrinha-neta de Thomas e Elizabeth — ela é sobrinha de Ronald, marido de Dorothy —, costumava ficar com o casal quando era criança, na década de 1950. Ela e os primos Harry Jones e Pat Charman têm lembranças bem fortes da pobreza da casa.

"Thomas era um homenzinho de bigode, muito bem-apessoado", lembra Ann. "Ele e a mulher eram pessoas muito simples. Não tinham nada de esnobes. Eles tinham um pequeno quintal, onde criavam galinhas. Mas Dorothy sempre achava que estava acima dos outros. Não sei de onde tirou toda aquela pose e graça."

"Eles vieram do nada", acrescenta Harry. "Eram os mais genuínos plebeus. As pessoas mais pobres que você possa imaginar."

Pat se lembra de se sentir intimidada por Dorothy, apesar de frequentar a escola. "Ela morava numa das ruas mais vagabundas que você possa imaginar, à beira de um canal, e frequentava uma escola de ensino fundamental. Mas tinha um jeito de fazer você se sentir desconfortável."

A avó de Kate, Dorothy, tinha 12 anos quando a avó de William, a princesa Elizabeth, se casou com o tenente Philip Mountbatten numa cerimônia deslumbrante na abadia de Westminster, em 20 de novembro de 1947. Dorothy ainda teria que conhecer seu príncipe encantado, mas a alguns quilômetros de sua casa morava o homem que estava destinado a ser seu futuro marido.

Jorge VI morreu dormindo, na noite de 6 de fevereiro de 1952, após 16 anos de reinado. Ele tinha apenas 56 anos e lutava contra um câncer de pulmão quando sofreu uma trombose coronariana. Sua filha Elizabeth, prestes a embarcar para a Austrália, voltou de avião do Quênia para o enterro, dez dias depois. Sua coroação aconteceu na abadia de Westminster em junho do ano seguinte. Uma multidão foi às ruas de Londres para ver a nova monarca, enquanto ela percorria o caminho para o Palácio de Buckingham na carruagem dourada oficial. Outras pessoas assistiam à cobertura do evento ao vivo, pelo rádio ou pela televisão.

Thomas Harrison, a essa altura, já tinha visto cinco monarcas na vida — o que é impressionante se for considerado que seu avô nasceu, viveu e morreu sob o comando da rainha Vitória. Thomas, porém, tinha alguns assuntos mais urgentes do que pensar em príncipes e princesas. Ele precisava ganhar dinheiro para pagar dois casamentos. Sua filha mais velha, Ruth, estava com 19 anos e trabalhando como vendedora numa loja quando se casou com o maquinista Ivor Pritchard, 25, na igreja Holy Trinity, de Southall, em 4 de abril de 1953. Quatro meses depois foi a vez de Dorothy se casar com Ronald Goldsmith. E seriam as ambições e aspirações dela que acabariam levando a família aos portões dourados do Palácio de Buckingham.

# Capítulo 3

## *Os Goldsmith 1837-1918*

Trabalhando de sol a sol como carpinteiro para alimentar a esposa e os cinco filhos, John Goldsmith recebeu o dia 28 de julho de 1837 como qualquer outro, se arrumando para trabalhar. Acordou cedo em sua pequena casa com terraço em Maidstone, se vestiu depressa, bebeu rapidamente o chá e correu porta afora, mal parando para ver as manchetes do jornal local, que divulgavam o resultado da eleição do novo membro do Parlamento daquele distrito, Benjamin Disraeli — um conquistador notório e cheio de dívidas, que um dia se tornaria primeiro-ministro e grande amigo e aliado da rainha Vitória.

John Goldsmith estava ocupado demais garantindo seu sustento para dar atenção aos acontecimentos políticos do dia. Como o pentavô materno de Kate, Goldsmith veio da empobrecida classe trabalhadora. No entanto, suas vivências estavam a anos-luz de distância. Enquanto Harrison morava numa comunidade de mineradores em Durham, Goldsmith foi criado na área urbana de Kent. Maidstone, às margens do rio Medway, era uma cidade suja e insalubre em 1837. Apesar de possuir iluminação a gás, ainda não contava com um sistema moderno de água e esgoto. Mesmo assim, a cidade era próspera, produzindo papel, linho, flores secas, calcário e gim. As indústrias de cerveja e de papel estavam no auge, e outras também cresciam, como a de alimentos e a de engarrafamento de água mineral. Como consequencia, a população crescia rapidamente — de 8 mil habitantes, na virada do século XIX, para 20 mil, cinquenta anos depois —, e Maidstone tinha suas próprias força policial e Bolsa do Milho, onde os grãos eram negociados. À medida que a população crescia, as estradas entre as principais avenidas ficavam apinhadas de casas para a classe trabalhadora, e a cidade se expandia em direção à prisão municipal, conforme as classes superiores se mudavam para os subúrbios nos domínios do segundo conde de Romney, um proprietário de terras e membro do Parlamento que morava na pomposa residência de Mote House. Segundo uma edição da revista *Gardener's Chronicle,* que surgiu no final do século XIX, os impressionantes jardins da Mote House empregavam 25 pessoas e abrigavam plantas exóticas, além de uma horta particular que abastecia a casa de laranjas, pêssegos e uvas.

Em contraste, John, com 56 anos em 1837, morava num lugar modesto na Wheeler Street, perto dos muros da prisão, com a mulher Rebecca, 14 anos mais nova do que ele, e cinco filhos. Na rua também ficava o The Greyhound, pub com um agradável jardim. Lá, John e os dois filhos mais velhos, Charles, de 19, e Richard, de 17, também trabalhadores, certamente tomavam um trago, enquanto Rebecca cuidava dos filhos mais novos — duas meninas, Mary Ann, de 12, e Sophia, de 8, e um menino, também chamado John, de 10, que viria a ser tetravô de Kate. Havia uma escola para duzentos garotos na rua, onde os jovens recebiam lições de como "venerar as escrituras", "respeitar pais e mestres" e serem "honestos, sóbrios e úteis para a sociedade". Essas escolas, idealizadas pelo quacre Joseph Lancaster, eram administradas pela British and Foreign School Society [Sociedade das Escolas Britânicas e Estrangeiras] e pretendiam proporcionar uma educação fundamental financeiramente viável para os filhos dos pobres. No entanto, é improvável que os Goldsmith conseguissem pagar ao menos o centavo por semana cobrado para ensinar seus alunos a ler, escrever e fazer contas.

Era uma vida difícil, e a família se misturava com pessoas que não tinham escrúpulos na hora de descumprir as leis, tornando-se amigos íntimos de uma família em especial, os Hickmott, com antecedentes criminais. Operário de construção e ladrão, Samuel Hickmott e seu irmão mais velho, Thomas, ficaram famosos em 1837, quando fugiram depois de serem indiciados por roubarem três cordeiros de um fazendeiro de Sussex, Samuel Pix. Acabaram sendo presos dois anos depois na estação ferroviária de Brighton, julgados em Maidston Assizes, em janeiro de 1840, e levados para a Austrália em abril do mesmo ano.

Edward, filho de Samuel, era, como o pai, interno da nova penitenciária de Maidstone, inaugurada no norte da cidade em 1819. Depois de ser solto, ele conheceu os irmãos Goldsmith numa obra, onde trabalhava como pedreiro. Ele logo conquistou o coração da irmã deles, Mary Ann, que agora era uma bela adolescente. Eles trocaram alianças na igreja Trinity, de Maidstone, em 30 de maio de 1842. Ela tinha apenas 16 anos, e ele, 21. No ano seguinte, ela deu à luz o primeiro dos seis filhos do casal, uma menina chamada Mary Ann. Entretanto, algum tempo depois, seu marido estava trabalhando do outro lado do mundo, na Índia, deixando-a sozinha e encarregada de criar os filhos.

Infelizmente, John Goldsmith não viveu o bastante para ver os netos crescerem. Depois de uma longa batalha contra um câncer de estômago, faleceu em 7 de junho de 1847, aos 66 anos. Sua mulher Rebecca estava a seu lado.

No ano seguinte, foi a vez de a filha mais nova do casal, Sophia, unir-se com outro membro da família Hickmott. Naquele tempo, era considerada uma "prostituta": aos 21 anos, vivia em pecado com o noivo, pedreiro Henry Hickmott, em Hackney, zona leste de Londres, e já estava com a gravidez do segundo filho bem-adiantada quando trocaram as alianças na igreja da paróquia local em 18 de junho de 1848. Um ano depois, o casal seguiu os passos do condenado pai de Henry e emigrou para a Austrália com as duas filhas, Eliza, ainda bebê, e Emma, um pouco mais velha. Eles embarcaram no navio Emily, no porto de Londres, em 4 de maio de 1849 e chegaram a Port Adelaide três meses depois, em 8 de agosto.

Talvez John Goldsmith tenha viajado a Londres para dar adeus à irmã na hora do embarque. O que sabemos é que, antes que se passasse muito tempo, o fascínio exercido pela capital ficou forte demais. Em 1848, aos 21 anos, John era o único dos irmãos que ainda morava com os pais. Os dois irmãos, Charles e Richard, já tinham partido para Londres, a fim de tentar trabalhar como pedreiros, e as irmãs Mary Ann e Sophia haviam se casado e se mudado para longe. Para o jovem e fascinado trabalhador, as luzes brilhantes da cidade eram um chamado. Quando Rebecca, sua mãe viúva, então faxineira, se mudou para a cidade vizinha de Tovil e arranjou um inquilino, John foi para Londres, alugando um quarto numa casa em Green Man's Lane, Hounslow, perto de onde moravam seus irmãos mais velhos.

Na capital, Goldsmith conheceu a lavadeira Esther Jones, filha de um colega de trabalho e cinco anos mais nova do que ele. Eles se apaixonaram, e casaram em 23 de setembro de 1850, na igreja paroquial de St. John the Baptist, em Hoxton, no leste londrino. Os dois eram analfabetos e assinaram o registro com um X. Após o enlace, foram morar com os pais dela. Semanas depois, Esther estava grávida do primeiro filho, e o trisavô de Kate, que também se chamava John (como seu pai e seu avô), nasceu na casa dos pais de Esther, no dia 6 de julho de 1851. Haveria um intervalo de nove anos antes de eles terem mais um filho — mas viriam ainda mais cinco. Como a família havia aumentado, mudaram-se para uma casa em Triangle Place, Islington, e a felicidade parecia total. O único fato triste na vida em comum foi a morte da mãe de Goldsmith em 29 de dezembro de 1869, por uma bronquite.

Apesar de a expectativa de vida naquela época ser baixa, tanto John como Esther viveram tempo suficiente para ver todos os filhos crescerem e saírem de casa; ainda estavam vivos em 18 de setembro de 1882, quando o filho mais velho, John, um trabalhador versátil como seu pai e seu avô, trocou alianças com Jane Dorset, quatro anos mais nova que ele, na igreja de St. Mary, em Paddington, e quando a neta, Eliza, nasceu dois anos mais tarde. Infelizmente, Esther sucumbiu à bronquite em 19 de dezembro de 1885, aos 53 anos. Em 1888, no ano seguinte ao jubileu de ouro da rainha Vitória, o viúvo John morreu de hérnia estrangulada, aos 61 anos.

Assim, ao contrário do outro trisavô de Kate, John Harrison, que ficou órfão jovem, aos 14 anos, John Goldsmith tinha 37 anos, era casado e tinha três filhos quando perdeu o pai. O terceiro filho, batizado Stephen Charles, chamado de Charlie pela família — o bisavô de Kate —, nasceu em casa, na Priory Road, em Acton, no dia 6 de novembro de 1886, motivo de grande festa na família. O casal ainda teria mais seis filhos — naquela época, famílias grandes eram regra na classe trabalhadora —, embora muitos morressem. Instalado de vez numa casa em péssimo estado em Featherstone Terrace, Southall, pouco antes da virada do século, souberam da morte da rainha Vitória, em 22 de janeiro de 1901, e da coroação de Eduardo VII e da rainha Alexandra. Os Goldsmith nem imaginavam em que medida o novo século XX seria diferente da era vitoriana para eles e seus descendentes.

Alguns anos depois, Charlie se mudou para a Villier Street, em Uxbridge, onde trabalhou como mecânico. Lá, conheceu sua futura esposa, Edith, que morava com a família a duas quadras dali, em Chiltern View Road. Apesar de a moça ter sido criada pelo pai, Benjamin, um escultor, e pela mãe, Amelia, numa enorme casa, na aldeia de Denham, Buckinghamshire, a família passou por um momento de dificuldades e se viu obrigada a vender a casa e a se mudar para cinco quilômetros dali, para a cidade de Uxbridge, menos salubre, porém famosa pela produção de farinha e pelas cervejarias. Mas parece que eles logo se tornaram parte da sociedade, pois Benjamin passou a tocar o sino da igreja de St. Margaret, no coração da cidade.

A filha de Charles e Edith, Alice Tomlinson, hoje com 97 anos e a única dos irmãos ainda viva, lembra de como a mãe contava a história da família. "Minha mãe era a caçula", revela. "Ela foi criada numa grande casa em Denham. Seus pais viviam bem. As famílias tinham uma padaria e um açougue na mesma rua, um de frente para o outro, e foi assim que meus pais se conheceram. De alguma maneira, eles perderam todo o dinheiro que tinham. Os bens foram confiscados num julgamento, e alguém assinou os documentos errados, ou coisa parecida."

Edith era uma mulher pequena, com menos de 1,50 m de altura e 44 quilos. Possuía uma enorme cicatriz no peito, devido a um incidente no qual quase morreu, ainda criança. "Vovô costumava acender o charuto no grande fogão de óleo no hall da casa em que eles moravam", declara Alice. "Ele enrolava um pedaço de papel, colocava no fogão e acendia o charuto. É claro que quando ele saiu mamãe tentou imitá-lo. Ela tentou fazer a mesma coisa e quase morreu queimada."

Charlie e Edith se casaram no cartório de Uxbridge em 27 de março de 1909. Ele tinha 22 anos, ela era um ano mais nova. A cerimônia pode ter acontecido por ela já estar grávida de quatro meses do primeiro filho. Eles se mudaram para a sua primeira casa, a algumas quadras da casa dos pais, no nº 16 da Spencer Street, em Southall. O filho mais velho, Stephen Charles, também conhecido como Charlie, nasceu em 20 de agosto de 1909, seguido por Alice, cujo apelido era Minnie, em 1911, e Edith, conhecida como Ede, em 1913.

No entanto, um ano após a chegada de Ede, a guerra eclodiu. Charlie se alistou em 19 de maio de 1915 e serviu na França com os fuzileiros reais, a princípio nas trincheiras e depois na cozinha de campanha. Ele foi um dos *shilling men** de Kitchener, tendo se inscrito no início da campanha do secretário de guerra, lorde Kitchener, que convocava os homens de 19 a 30 anos a se juntarem ao Exército. "O meu pai costumava trabalhar com vagonetes de carvão quando éramos pequenos", lembra Alice, "mas aí ele foi para a guerra. Todos os rapazes se reuniram para comprar cerveja com o Xelim do Rei.**"

Dez dias depois de Charlie chegar à França, ele descobriu que seu irmão mais velho, John, um recruta lotado no 3/8º Batalhão do Regimento de Middlesex, havia sido levado para o hospital South Western, em Stockwell, que cuidava de pessoas com febre, varíola e outras doenças infecciosas. Ele morreu aos 30 anos,

---

* Os recrutas do Exército e da Marinha britânica ganhavam um xelim (*shilling*) por dia, sem os descontos, como pagamento pelos serviços prestados na guerra. (*N. do T.*)

** Primeiro xelim recebido pelos recrutas, no momento em que juravam servir ao país e ao rei, como soldado ou marinheiro. (*N. do T.*)

um dos 2.343 civis e 1.136 militares que, só no ano de 1915, sucumbiram à febre cerebrospinal, ou meningite, na Inglaterra e no País de Gales. Durante a Primeira Guerra, houve inúmeros surtos da doença por conta das condições de superlotação vividas pelos jovens recrutas nos quartéis, galpões, acampamentos e acantonamentos.

O pai do garoto ficou arrasado, ele logo perdeu a vontade de viver, morrendo de exaustão, melancolia e doenças vasculares, aos 68 anos, pouco depois do fim da guerra, que prenunciava o fim de mais uma geração da família Goldsmith, mas foi o início de uma nova era para os bisavós de Kate, Charlie e Edith, e os filhos deles.

# Capítulo 4

## *Os Goldsmith 1918-1953*

Foi logo antes do Natal de 1918, seis semanas depois do Dia do Armistício, e milhares de soldados ainda estavam na França, enquanto os líderes dos países envolvidos discutiam os termos da paz. Mas outros, mais sortudos, já voltavam. O bisavô de Kate, o soldado Charlie Goldsmith, chegou da França pouco depois de seu 32º aniversário. Houve muita agitação no número 57 da Clarence Street, em Southall. Edith o recebeu com os três filhos: Charlie, de 9 anos, Alice, de 7, e Ede, de 5. Mas havia um membro adicional no clã: a bebê Annie, de 6 meses, também chamada de Hetty, que fora concebida quando ele estava de licença.

Depois de receber Charlie em casa, a jovem família foi se juntar aos outros veteranos do local e a seus filhos para uma festa de Natal e um chá no prédio de tijolos brancos da Prefeitura de Southall. Alice, hoje com 97 anos, ainda se lembra da ocasião. Declara ela: "Eu era uma menininha, mas me lembro dele chegando em casa com o uniforme de soldado. Me lembro das festas e das comemorações das crianças. Foi num salão no subsolo da estação, que costumava ser o salão de sinuca. Andamos de lá até a Prefeitura para tomar chá e receber um presente do Papai Noel. Eu ganhei uma corda de pular."

A alegre ocasião foi um alívio bem-vindo para a família, cuja vida no período entreguerras fora uma batalha constante. Apesar de Southall ser hoje um bairro predominantemente asiático, naquele tempo era um subúrbio da classe trabalhadora branca, que fornecia mão de obra para os crescentes moinhos e indústrias químicas, olarias, galpões das ferrovias e obras de engenharia que floresceram ao longo do canal Grand Junction (antigamente a maior rota de carga entre Londres e Birmingham), da estrada de ferro Great Western, de Brunel, e da Uxbridge Road. Infelizmente, quando Charlie, que ganhou dos colegas o apelido de "Putty" [Argamassa], voltou para casa, sofrendo de enfisema a vida não ficou mais fácil para a família. Ele teve que largar o trabalho manual de transporte de carvão para domicílios e passar para um trabalho na indústria, conseguindo um emprego na área de laticínios, na Maypole Dairy, propriedade de um fabricante dinamarquês de margarina. Inaugurada em 1894, ela se tornou uma das maiores fábricas do gênero no mundo e seus produtos eram distribuídos por meio de um desvio da ferrovia e um braço do canal, especialmente construídos para ela.

"Meu pai não voltou para casa muito bem", relata Alice. "Não sei se ele pegou o enfisema nas trincheiras ou de tanto fumar. Ele nunca falava da guerra. Mas depois de ter voltado da França sempre dizia: 'Nunca sejam voluntários para nada. Nunca se sabe exatamente no que se está se metendo.' Nós tínhamos permissão para correr pelas ruas e fazer o que quiséssemos. Não tínhamos restrição alguma. Mas acho que, naquela época, todas as crianças eram assim. Todo mundo era pobre, ninguém tinha coisa alguma."

Apesar dos tempos difíceis, Charlie e Edith ainda tiveram mais dois filhos: Joyce, em 1924, e o avô de Kate, Ronald, no dia 25 de abril de 1931. Os dois nasceram na Clarence Street, uma das ruas mais pobres do bairro naquela época, ocupada por famílias da classe trabalhadora, que ganhavam a vida nas fábricas e no gasômetro, trabalhando o máximo de horas que conseguissem. O sofrimento gerava comunhão, os vizinhos tomavam conta das crianças pequenas e vigiavam as que brincavam na rua. Entre os vizinhos dos Goldsmith estava a família da cantora de jazz Cleo Laine, três anos e meio mais velha do que Ronald. O pai dela, Alexander Campbell, era um trabalhador itinerante da Jamaica, que cantava e declamava poemas para ganhar a vida, enquanto a mãe, Minnie, gerenciava uma pensão na mesma rua, alugando quartos para os trabalhadores irlandeses.

Quando Ronald nasceu, seu pai havia parado de trabalhar na fábrica e voltado a trabalhar com as mãos, na construção civil. Alice, então com 20 anos, já tinha saído de casa, tendo se casado dois anos antes com Bill Tomlinson, um mineiro galês que havia se mudado para Londres e conseguido um emprego na Rockwell Glassworks. "Saí da escola aos 14 anos e tive vários empregos na indústria antes de me casar com Bill, aos 18 anos", declara Alice. "A gente se conheceu no Southall Park. Nós realmente ficamos muito felizes por nos casar e sair de casa."

Ronald tinha 8 meses quando seu irmão mais velho, Charlie, com 22 anos, estucador-mestre, se casou com Emma Neal, filha de um operário, no dia seguinte ao Natal de 1931. Os dois selaram a união na igreja da paróquia de St. John, em Southall. "Charlie era um garoto inteligente, mas um pouco distraído", relembra Alice, que foi ao casamento acompanhada do marido. "Para minha mãe ele nunca fazia nada errado. Ela sempre protegia os garotos, e os mimou ao extremo. Ela idolatrava Ron, e o Charlie nunca levava a culpa de nada.

"Ele aprendeu a lidar com argamassa quando ainda era criança. Meu avô Ben era escultor e estucador, e trabalhava em mansões como Osterley Park. Ele fez todos os querubins, as vinhas e os arremates. Ele tinha um ateliê, onde costumava fazer moldes de gesso. Eu me lembro de ir brincar lá, quando criança. Desde que entrou na escola, Charlie aprendeu a modelar com meu avô. Assim, pegava as ferramentas e podia fazer todo o reboco de uma parede quando ainda era um menino pequeno. Já mais velho, foi trabalhar para a melhor construtora da região, antes de começar a trabalhar por conta própria. Ele vivia bem. Era o único homem em Clarence Street a ter carro. Acho que o carro, novinho, saiu por umas trezentas libras.

"Ele teve um casamento muito chique, com damas de honra, e ainda alugou o salão comunitário. Emma sempre foi a alma da festa. Mas nunca teve filhos. Não sei se porque eles não quiseram ou porque não podiam. Eles eram muito apaixonados e estavam sempre juntos. Levaram uma vida boa. Tinham sempre conforto e dinheiro sobrando."

A filha de Alice, Pat Charman, hoje com 75 anos, gostava muito dos dois. "Tia Em era meio excêntrica", recorda. "Era o tipo de pessoa que você poderia ver usando vestido de tafetá e um casaco de pele durante o dia. Mas eu a adorava. Era muito gentil e estava sempre sorrindo. Sempre fazia você se sentir bem-vindo. Quando te via, o rosto dela se iluminava."

Um ano depois, Ede, a irmã de Ronald que era vendedora de loja, seguiu os passos dos irmãos e trocou votos com o operário Henry "Titch" Jones, também na igreja da paróquia de St. John, embora a cerimônia tenha sido muito mais simples do que a de Charlie e Emma. Tanto Alice como Ede logo tiveram filhos — Pat, filha de Alice, nasceu em 1933, e Harry, filho de Ede, em 1935 —, e Ronald passava bastante tempo com os sobrinhos.

"Como filha mais velha, eu ajudei a cuidar dos outros", lembra Alice. "Eu já era casada quando Ron nasceu, acompanhei o parto e tinha bastante coisa para fazer com ele. Sempre o tive perto de mim. Eu costumava deixar minha filha Pat num lado do carrinho e o Ron, do outro. Quando eu levava os dois para passear, as pessoas diziam: 'Ah, você tem dois filhos?' Mas Ron era meu irmão e Pat, minha filha. Todo mundo gostava dele. Era um lourinho lindo. Aliás, todos nós éramos louros. Era como se fôssemos seres mágicos. Ele foi uma criança maravilhosa e um homem maravilhoso. Eu adorava cada fio de cabelo dele."

Infelizmente, a vida da família sofreu um duro golpe no dia 5 de janeiro de 1938, quando o senhor Charlie Goldsmith morreu de asma e bronquite aguda, provavelmente como herança da guerra, deixando a mulher, Edith, sozinha para cuidar dos dois filhos mais novos. Ronald, o avô de Kate, tinha só 6 anos.

Edith podia ter menos de 1,50 m, mas era uma mulher durona e meio abelhuda, que fumava vinte Woodbines por dia e costumava mandar as filhas até o pub local à noite para pegar uma caneca de cerveja preta e dez cigarros. Ela nunca conseguiu se livrar das raízes humildes, mas comandava a família com mãos de ferro e incutiu nos filhos uma versatilidade e uma absoluta recusa a se considerarem derrotados.

Depois da morte do marido, as dificuldades financeiras a obrigaram a se mudar com a filha Joyce, na época com 13 anos, e Ronald para um apartamento condenado na Dudley Road, a pior rua do bairro, paralela à Clarence Street. Quando ela saía para trabalhar — na linha de produção da Keeley & Toms, moendo carne durante a guerra, e, depois, na Tickler's, produzindo presunto, geleia e picles —, deixava os filhos e as duas filhas mais velhas com os pais, que moravam ali perto, na Spencer Street.

"Minha mãe teve que trabalhar duro para criar a gente", lembra Alice. "Ela não gostava de ficar longe dos filhos, mas não tinha outra escolha. Não era má pessoa, mas seu gênio era forte. Você não precisava dizer mais que uma palavra para ela tirar os sapatos e jogá-los em você. Ela batia nas crianças, mas pobre de quem fizesse ou dissesse alguma coisa que as ferisse. Ela os defendia com unhas e dentes. Gostava de fumar e de beber, mas quem podia culpá-la? Naquele tempo, todo mundo era meio bruto."

Pat, a filha de Alice, ainda se lembra de ter visitado o apartamento de Dudley Road. "No canto da quitinete havia um daqueles aquecedores antigos, igual a uma banheira de canto, que fazia acender o fogo embaixo para aquecer a água", lembra-se. "Vovó Edith costumava colocar carvão nele. Toda lavagem era feita ali, e ela também costumava preparar os pudins de Natal lá. Era a estrela na hora de fazer pudins de Natal para a família inteira. Eram excelentes. O banheiro ficava ao lado do aquecedor, no mesmo cômodo. Ela adorava beber, costumava mandar minha mãe com uma jarra até o Havelock Arms, para comprar uma cerveja. A jarra era laranja, meio brilhante, com tulipas pintadas. Eu me lembro de ver essa cena minha infância inteira."

Em 26 de fevereiro de 1938, menos de dois meses depois da morte do marido, a terceira filha de Edith, Hetty, se casou com o pedreiro George Clark no cartório de Uxbridge. Ela estava grávida de sete meses do primeiro de seus 11 filhos, todos nascidos em alojamentos públicos. "Hetty tinha uma ótima índole", declara Alice. "Era do tipo que fazia tudo por você. Não tenho ideia de como ela fazia para lidar com todos aqueles filhos."

Um ano após Hetty sair de casa, a vida voltaria a mudar para a família Goldsmith. A Segunda Guerra Mundial se aproximava, e os homens teriam que voltar ao campo de batalha. Ronald tinha 8 anos quando a Inglaterra declarou guerra à Alemanha, às 11h15 do dia 3 de setembro de 1939. Apesar de seu pai já estar morto, os cunhados Bill Tomlinson e Henry Jones, as principais referências masculinas de Ronald, foram designados para postos distantes de casa. Enquanto Bill trabalhava na Operação Plutão, onde uma equipe de cientistas, engenheiros de petróleo e oficiais do Exército construíram um oleoduto gigante sob o canal da Mancha, Henry foi locado em Rochester, Kent, para cuidar de prisioneiros de guerra.

Suas esposas, Alice e Ede, trabalhavam na fábrica de munição de Hoover, fazendo cartuchos de balas, e cuidavam do irmão Ronald e dos filhos — Pat, que tinha 5 anos quando o conflito começou, e Harry, de 3. "Durante a guerra, se as mulheres só tivessem um filho, elas tinham que trabalhar", recorda Pat. "Tinham que trabalhar muitas horas por semana. Assim, tanto minha mãe como tia Ede trabalhavam na fábrica e se revezavam para cuidar de nós. Mamãe morreria pela gente. Abria mão do último pedaço de pão. Eu me lembro dela durante a guerra, dizendo ao meu pai que já havia comido, para que ele deixasse que ela lhe desse sua comida. Mas ela era muito rígida. Meu pai tinha cerca de 1,82 m e minha mãe, 1,62 m, e mesmo assim ela mandava nele com mão de ferro.

"Ron morava naquele apartamento horrível, caindo aos pedaços, mas era a pessoa mais adorável que se pode imaginar. Ele passou por momentos muito difíceis (nunca chegou a ir a um dentista), mas era muito popular por ser adorável e ter senso de humor. Todo mundo o amava. Ele era o legítimo coração mole."

Durante a guerra, muitas crianças das cidades eram levadas para o campo, por uma questão de segurança. Pat era uma das quase 3 milhões de pessoas — em sua maioria crianças — que foram transferidas na operação Pied Piper (Flautista de Hamelin), iniciada dois dias antes da declaração de guerra. Ela saiu de Londres no início de 1940, mas ficou com tanta saudade de casa que a mãe a levou de volta para Southall, logo antes da Blitz (ataques aéreos sobre Londres). "Fiquei na casinha de um minerador no País de Gales", relata ela "e via todos os mineradores descendo o vale cantando. Me lembro de ver aqueles rostos totalmente pretos, porque na época não havia duchas nas minas. Me lembro de meu pai dizer: 'É. Devia ser eu.' Minha mãe veio fazer uma visita depois de eu passar nove meses lá, mas chorei tanto quando ela foi embora que ela acabou me levando de volta para casa. Ronnie e Harry não precisaram ser deslocados."

Aliás, Harry, filho de Ede, ficou com Edith e Ronald durante a guerra. "Minha mãe trabalhava no turno da noite quando meu pai estava no Exército", ele se lembra "por isso, eu passava as noites com minha babá, era levado para casa de manhã para ir à escola e voltava à Dudley Road toda noite para dormir, a não ser nos fins de semana. Ronald e eu costumávamos acordar no meio da noite e ir para o abrigo antiaéreo."

"Todos nós fomos criados juntos no restante da guerra, em meio às bombas e a tudo mais", declara Pat. "Uma noite, quando minha mãe estava trabalhando na fábrica de Hoover, meu pai e eu estávamos no abrigo do jardim quando a porta da frente explodiu, pois uma bomba caiu ali perto." Southall foi atingida pelas bombas alemãs várias vezes. Em agosto de 1944, por exemplo, uma bomba V-1 destruiu várias casas na Regina Road, a alguns quarteirões de Dudley Road, enchendo a área de escombros e vidro quebrado, matando os moradores.

Joyce, a irmã mais nova de Edith, havia saído da escola e começado a trabalhar na fábrica com a mãe, além de cuidar do irmão mais novo e ajudá-la na criação dos outros filhos. " Ronald e mamãe eram muito ligados", divulga Ann, filha de Joyce. "Ela cuidava dele o tempo todo. Quando crianças, eles estavam sempre com fome, por isso, iam à Mitchell's, uma loja do outro lado da rua, e lá lhes davam comida e os ajudavam. Às vezes, era difícil para Edith fechar as contas. Ela penhorava algumas coisas na terça-feira e resgatava alguns dias depois. Eu me lembro de mamãe me dizendo que tinha comprado as primeiras calças compridas de Ronald. Ele devia ter uns 10 anos, e ficou todo animado."

A família sempre se reunía nas festas de fim de ano. "Éramos uma família muito unida", declara Pat. "No Natal, quando os homens estavam no Exército, não tínhamos nada. Costumávamos nos reunir na casa de tia Ede ou na de minha mãe, e eles dividiam a comida que tivessem. A gente brincava de charadas. Ede tocava piano muitíssimo bem. Ainda consigo me lembrar dela tocando *Roll Out the Barrel*."

Em 1943, no auge da guerra, Joyce saiu de casa, deixando Ronald sozinho com a mãe no apartamento condenado. Quando ela fez 18 anos, casou-se com George Plummer, um ano mais velho, um dos "Ratos do Deserto" da 7ª Divisão Blindada, que lutou na maioria das grandes batalhas do Norte da África, inclusive a de El Alamein, em 1942. Depois da guerra, ele virou pastor de ovelhas em Osterley Park, uma residência oficial em Hounslow, ali perto, morando numa casinha na propriedade e ordenhando vacas. "Eles se conheceram num encontro às escuras durante a guerra", relata Ann. "Foi amor à primeira vista. Ele tinha quatro dias de licença e logo voltou para a África. Joyce retornou ao trabalho na fábrica. Ela também vigiava incêndios e trabalhava como telefonista à noite."

Ronald estava com 14 anos quando a guerra acabou e seus cunhados voltaram para casa. A família teve sorte de ter sido poupada do terrível telegrama comunicando que uma pessoa querida havia falecido. Assim como seu irmão e suas irmãs, Ronald saiu da escola aos 14 anos e arrumou vários empregos para pagar as contas.

# Kate

No dia 1º de janeiro de 1949, a Lei do Serviço Nacional entrou em vigor, obrigando homens com idade entre 17 e 21 anos a se alistarem nas Forças Armadas por 18 meses, continuando na reserva por mais quatro anos. Ronald tinha 17 anos, e foi mandado a Aqaba, na Jordânia. Durante esse período no Exército ele trabalhou de padeiro, talento que seu neto James, irmão de Kate, herdaria.

Quando saiu do Exército, tinha acabado de fazer 18 anos, e foi trabalhar para o cunhado Bill Tomlinson como motorista de frete. “Eu guardo a imagem dele sentado à minha frente, quando eu chegava da escola para almoçar”, conta Pat. “Ainda sou capaz de vê-lo ali, olhando para mim e sorrindo. Era o homem mais adorável que alguém poderia conhecer. Ninguém falava mal dele.”

“Ele era extraordinário. O máximo”, acrescenta Harry. “Trabalhávamos juntos, nos anos 1950, para Bill, marido de Alice, que tinha montado um serviço de frete. Ele era um bom menino. Me lembro que ele sempre tirava o chapéu quando um carro fúnebre passava. Era um verdadeiro cavalheiro, um menino de ouro.”

Foram essas boas maneiras que atraíram a atenção da avó de Kate, Dorothy Harrison, levando a um casamento que mudaria o destino dessas duas famílias para sempre.

# Capítulo 5

## Dorothy Harrison e Ronald Goldsmith

Usando um vestido branco acetinado com fios de ouro e prata e incrustado de pérolas e cristais, desenhado por Norman Hartnell, a princesa Elizabeth entrou na carruagem puxada a cavalos no pátio do Palácio de Buckingham. Acompanhada do duque de Edimburgo, em traje de gala completo da Marinha, carregando um buquê de orquídeas, lírios do vale, jasmins e cravos da Inglaterra, da Escócia, da Irlanda do Norte e do País de Gales, a avó do príncipe William estava a caminho da abadia de Westminster para a coroação.

O príncipe Charles, então com 4 anos, assistiu à exuberante cerimônia, às 11h15 do dia 2 de junho de 1953, junto a 8.251 convidados de toda a comunidade britânica. A princesa Anne foi considerada nova demais para assistir à cerimônia.

Era a legítima inauguração de uma nova era para a realeza. Longe dali, de maneira bem mais discreta, os Harrison e os Goldsmith também entravam numa nova era, que mostraria como toda a situação de uma família pode mudar em apenas duas gerações.

No ano em que Joseph Stálin morreu — depois de 31 anos no controle da União Soviética —, Hussein foi proclamado rei da Jordânia e a Guerra da Coreia chegou ao fim. Sir Edmund Hillary e Tenzing Norgay conquistaram o Everest, a primeira edição da *Playboy* chegou às bancas e Ian Fleming publicava *Cassino Royale*, o primeiro romance de James Bond. Também foi o ano em que Dorothy Harrison e Ronald Goldsmith se casaram.

Os avós de Kate Middleton se conheceram no casamento de um amigo íntimo e a atração foi imediata. Naquela época, Dorothy trabalhava como assistente de vendas na Dorothy Perkins, e Ronald, no serviço de fretes de Bill, seu cunhado. Em 8 de agosto de 1953, dois meses depois de assistirem à coroação real pela televisão em preto e branco, eles subiram ao altar na igreja Holy Trinity, em Southall. O casamento foi simples e tradicional. Dorothy, aos 18 anos, caminhou para o altar acompanhada por duas madrinhas e duas damas de honra, sobrinhas de Ronald: Ann, filha de sua irmã Joyce, e Linda, a caçula do casal Bill e Alice Tomlinson. Depois, o casal foi fotografado nos degraus da igreja.

A família comemorou na Hamborough Tavern, em Southall, um pub que posteriormente ganharia fama como reduto de *skinheads*. Em 1981, dois anos após a morte do professor Blair Peach nos confrontos da polícia com os manifestantes antifascistas, a Hamborough Tavern foi destruída num incêndio provocado por jovens asiáticos, durante uma reunião de *skinheads*.

Por mais felizes que as famílias estivessem, não se pode dizer que foi um casamento de conto de fadas. Dorothy e Ronald não tinham um tostão sequer. Aliás, a noiva tinha tão pouco dinheiro que precisou pedir emprestado a Joyce, irmã de Ronald, uma roupa para a lua de mel, e, em vez de se mudarem para uma casa do casal, tiveram que se espremer no apartamento da Dudley Road com a mãe de Ronald, Edith.

Apesar de tudo isso, o casal logo se revelou uma dupla formidável. Mesmo vindos de famílias da classe trabalhadora, de pouco dinheiro e educação, Dorothy tinha garra e ambição, e Ronald era um artista. Ele tinha talento para pintura, carpintaria e fabricava pães. Juntos, subiram os degraus da escada social, enquanto os outros membros da família continuaram a ser relativamente pobres. Em certo sentido, a história da família de Kate é muito parecida com a de milhões de ingleses que têm tias, tios e sobrinhos que eles nunca viram. Quando uma parte da família prospera, é comum perder contato com os demais.

"Dorothy dominava o casal", revelou a sobrinha Ann, filha de Joyce, irmã de Ronald. "Ela sempre quis melhorar de vida. Minha babá costumava chamá-la de Dot [dote], e isso realmente revelava quem ela era. Ela se irritava facilmente. Ronald era um homem muito tranquilo, mas a adorava, fazia qualquer coisa que ela quisesse. Eu a vi entrar numa sala com a decoração novinha em folha e dizer que não gostou. Ele tirou todo o papel da parede e refez o serviço. Ela nunca estava satisfeita. Queria sempre melhorar. Felizmente, Ronald sabia fazer tudo sozinho, por isso ela conseguiu tantas coisas. Ele era brilhante com as mãos. Fez um violino de madeira para Dorothy usar na escola noturna. Ele fez tudinho, e dava até para tocar. Ele era muito, mas muito talentoso mesmo."

A mãe de Kate, Carole, nasceu no Perivale Maternity Hospital no dia 31 de janeiro de 1955, época em que as aspirações de Dorothy eram evidentes. "Após o casamento, eles moraram com minha avó Edith até meu pai ajudá-los a conseguir um depósito para a primeira casa deles", lembra-se Pat, filha de Alice Tomlinson. "Dorothy tinha o maior carrinho de bebê da Silver Cross, e ele tinha que ser carregado escada acima e escada abaixo. Minha avó costumava reclamar dela para minha mãe, porque achava que ela dominava muito o Ronald. Achava que ela sempre queria mais e mais dinheiro. Queria ser o tijolo mais alto da chaminé. Você ficava com a sensação de que ela era boa demais para ser igual a nós."

Na década seguinte, o casal começou a trilhar seu caminho no mundo, mudando-se do apartamento condenado para um conjunto habitacional em Newlands Close, perto da antiga residência, e, depois, comprando uma casa própria. Com um pouco de ajuda financeira de Bill, o bem-sucedido cunhado de Ron, que lhes emprestou dinheiro, eles logo passaram a ser os orgulhosos proprietários de uma pequena casa na Arlington Road, que ficava a pouca distância ao norte. Pat revela que foi enquanto eles moravam lá que houve uma "rixa" na família. "Meu pai tinha dois caminhões e costumava deixar Ron levar um deles para casa. Mas ele estava fazendo serviços particulares com o caminhão a fim de conseguir o dinheiro para Dorothy comprar o que desejasse. O que levou a uma discussão. Minha mãe ficou uma fera, mas meu pai era mais pragmático. Ele disse a minha mãe: 'Isso não é nada que eu não faria se estivesse precisando do dinheiro. Ele não está roubando coisa alguma de ninguém. Eu faria exatamente a mesma coisa.' Meu pai era realmente um sujeito adorável." Joyce, irmã de Ronald, também deu uma ajuda ao jovem casal: "Minha mãe emprestou dinheiro para eles comprarem o primeiro carro", declara Ann. "Eles pediam de um jeito que não havia como recusar."

Em 1966, quando Carole tinha 11 anos — um ano depois do nascimento de seu irmão Gary —, Ronald e Dorothy se mudaram para uma casa maior, na Kingsbridge Road, Norwood Green, comprada da General Housing Corporation por 4.950 libras, que corresponderia hoje a 135 mil libras. A casa de três quartos, recém-construída e um tanto afastada, ficava no meio de uma propriedade do município, num terreno que sofrera bombardeios durante a guerra.

"Ron não era um cara ambicioso", relata Pat. "Ele ia trabalhar, pegava o salário dele, chegava em casa e trocava de roupa. Se contentava com isso. Era Dorothy quem agitava a família. Acho que Ron continuaria na Arlington Road de muito bom grado, mas era o lado errado de Southall, e Norwood Green era mais elegante.

"Dorothy sempre se vestia impecavelmente. Era outra razão para sua presença ser tão intimidante. Você não conseguiria imaginar bater na porta dela e encontrá-la de bobes nos cabelos. Mas se ela não tivesse sido tão ambiciosa, talvez Kate não estivesse onde está agora. Ela, com certeza, sabia muito bem quais eram as prioridades da família."

Ronald e Dorothy ficaram em Kingsbridge Road por 25 anos, até Carole se casar e Gary sair de casa. Participavam muito da vida na comunidade. "A gente ia a bailes no salão local", lembra Ann "e eles faziam questão de pagar a banda. Uma vez, meu marido Brian os pagou para liberar logo os músicos, e Dorothy ficou uma fera, porque tinham lhe roubado a cena. Ela queria estar sempre por cima. A gente costumava mexer com ela por causa disso, mas, no fundo, ninguém levava muito a sério. Sabíamos como ela era. Todos na família ficavam à sombra dela, mas ela era muito divertida. A gente gostava de dançar e de relaxar."

Na época em que se mudaram para a Kingsbridge Road, Ron tinha tomado coragem para sair do serviço de fretes de Bill e se estabelecer como construtor. Apesar de ter sido bem-sucedido, ele não tinha dinheiro suficiente para colocar as crianças em uma escola particular — isso ficaria para a geração seguinte. O casal compensava o baixo poder aquisitivo proporcionando aos filhos uma bela infância. Dorothy parou de trabalhar quando as crianças nasceram e foi corretora de imóveis entre um filho e outro.

"Ela foi uma boa mãe", declara Ann. "Tinha muito orgulho dos filhos, brincava muito com os dois e se preocupava com a educação deles. Ela mesma não teve uma boa formação, mas queria que eles fossem bem-sucedidos, e conseguissem mais do que ela. Os dois eram crianças muito boas. Carole adorava dançar; se na televisão estivesse passando *Top of The Pops*, ela ficava na frente do aparelho e dançava de se acabar. Era uma menininha muito educada. Adorava rosa e se mostrava uma pessoa muito equilibrada. Já Gary era uma peste quando pequeno. Ele pintou o móvel da sala de jantar, espalhou talco por toda parte e enfiou os vasos de plantas da mãe embaixo das escadas. Era muito inquieto. Se ficasse muito quietinho, era certo que estava se metendo em encrenca. Quando cresceu, ficou muito bonito. Lembro que a imitação dele de Michael Jackson era brilhante; melhor que o próprio Michael Jackson. Ele e Carole se davam bem."

Durante os anos 1970 e 1980, Dorothy, que sempre foi magra e se vestia muito bem, começou a ganhar um dinheiro a mais na joalheria Collingwood, na Hounslow High Street, onde Ann era gerente. "Ela aprendeu o ofício comigo", conta Ann. "Eu precisava de alguém para trabalhar em meio expediente, e ela estava procurando emprego. Era uma boa vendedora, mas um pouco esnobe. A família inteira a chamava de "Lady Dorothy". Nos anos seguintes, Gary também passou a trabalhar na joalheria, aos sábados. Enquanto isso, Carole, oito anos mais nova do que Ann, arrumou um emprego de vendedora aos sábados na C&A, enquanto cursava o ensino médio."

Foi no Ano-Novo de 1971, semanas antes do 16º aniversário de Carole, que sua avó Edith, a poderosa matriarca da família Goldsmith, faleceu. A viúva indomável, que criou seis filhos praticamente sozinha, morreu de derrame aos 81 anos, num conjunto habitacional na Havelock Road. Foi ela que incutiu nos filhos a importância do trabalho árduo.

A mãe de Kate, Carole, comemorou o 21º aniversário no dia 31 de janeiro de 1976. Àquela altura ela havia começado a trabalhar, talvez seduzida pelo glamour da profissão, como comissária de bordo da British Airways. Era um emprego que satisfazia seu desejo de viajar para o exterior e que acabaria levando-a ao seu marido.

Infelizmente, ainda naquele ano, em 24 de agosto de 1976, seu avô Thomas — o pai carpinteiro de Dorothy — morreu de câncer no pâncreas, em sua casa na North Road, em Southall. Foi uma perda enorme para a família, que devia muito a ele. Aprendendo uma profissão artesanal em vez de descer às minas, Thomas rompeu com a tradição da família e a levou para o sul. Viveu sob o regime de cinco monarcas e sobreviveu a duas guerras mundiais. Agora, toda essa experiência era perdida.

Dorothy tinha 41 anos quando o pai sucumbiu ao câncer. Quatro anos depois, o casamento de sua filha — com Michael Middleton, um coordenador de voo da British Airways, de uma família de classe média — finalmente realizaria seus sonhos de prosperidade e respeitabilidade, acabaria com o precário status social da família e levaria ao nascimento de uma noiva real. Nas décadas anteriores, houve momentos difíceis e de triunfo. Mesmo assim, olhando hoje para Kate, é difícil acreditar que, apenas cinquenta anos antes, sua avó lutava para pagar as contas num apartamento condenado, nos arredores de Londres.

# Capítulo 6

## *Os Middleton 1838-1914*

Na varanda do Palácio de Buckingham, nas horas finais da conturbada noite de 28 de junho de 1838, a rainha Vitória via os fogos de artifício estourando em Green Park e pensava sobre o seu dia. Ela havia acordado às 4h ao som de tiros de canhões no parque, com a multidão se juntando, soldados marchando e bandas se preparando para sua tão esperada coroação na abadia de Westminster, recebida com estridentes gritos da população. Arrastando uma cauda de 2,60 m de veludo e arminho, segurando um globo na mão esquerda e um cetro na direita, ela deixou a abadia regiamente às 16h30, depois de ter sido coroada Rainha do Reino Unido da Grã-Bretanha e Irlanda, para a procissão de volta até o palácio.

"Eu realmente não consigo dizer o quanto me orgulho de ser a rainha de uma nação como essa", a monarca de 19 anos escreveu no diário, posteriormente. "O entusiasmo, o afeto e a lealdade foram realmente comoventes. Me lembrarei desse dia como aquele em que tive mais orgulho em toda a minha vida."

Trezentos e vinte quilômetros a norte do palácio, na cidade industrial de Leeds, o tetravô de Kate, o advogado William Middleton, provavelmente leu sobre a coroação no jornal local, enquanto tomava café da manhã com a esposa Mary. Os dois se casaram havia quatro meses e foram morar numa casa com terraço nos arredores da cidade, para onde levaram sua numerosa família. No dia da coroação, Mary já esperava o filho mais velho, John, trisavô de Kate, embora fosse improvável que ela soubesse da gravidez, àquela altura. Seu filho seria criado num ambiente muito diferente do dos Harrison e dos Goldsmith.

Ao contrário dos outros antepassados de Kate, William, filho de 30 anos de um marceneiro de Wakefield, uma pequena cidade 25 quilômetros ao sul de Leeds, foi educado e treinado para exercer uma profissão. Mudou-se para uma cidade maior depois de se qualificar como advogado e agora tinha dinheiro suficiente para sustentar a família.

Foi em Leeds que ele conheceu Mary Ward, de 27 anos, e se apaixonou por ela. William pode ter levado em consideração a posição social da jovem — filha de um chapeleiro que morava na Briggate, a principal avenida da cidade, que ia da recém-inaugurada Bolsa do Milho até o rio Aire —, mas ela parecia determinada a ser alguém na vida.

Naquela época, Leeds era uma cidade próspera; crescera no começo da Revolução Industrial, e os trabalhadores iam em massa trabalhar nas fábricas, nos moinhos e nas oficinas. O carvão era levado para o centro da cidade em trens a vapor, da mina Middleton, e as ruas eram iluminadas por lampiões a gás. Havia um tribunal, uma cadeia e um banco. Mas por trás da elegante fachada de madeira da Briggate, uma das ruas mais antigas da região, onde moravam os grandes mercadores e os *coaching inns,** localizavam-se becos estreitos e pátios cheios de casinhas e oficinas. As condições eram precárias e insalubres, não havia um sistema adequado de saneamento nem de escoamento de água, e a poluição era terrível. A cólera corria solta, e o lugar tinha alta taxa de mortalidade. Violadores de sepulturas saqueavam os cemitérios, e os tumultos eram constantes. Dickens descreveu o lugar como "dos mais selvagens e um dos mais desagradáveis que conheço".

Embora Mary conhecesse bem as partes menos salubres de Leeds, seu marido podia lhe oferecer um estilo de vida melhor do que o que seu pai fora capaz. E assim, depois de casados, mudaram-se para o norte, estabelecendo-se na St. George's Terrace, uma rua nos arredores da cidade.

Lá, no Dia dos Namorados** de 1839, nasceu John — trisavô de Kate —, quase exatamente um ano após o casamento de seus pais. Na década seguinte, o casal ainda teria outros sete filhos — Edwin, Anne, Leonard, Arthur, Robert, Charles e Margaret. Todos frequentaram a escola, algo raro na Inglaterra vitoriana — onde a maioria das pessoas era analfabeta e sem educação —, mas nada surpreendente para os filhos de um profissional liberal.

À medida que se tornava mais bem-sucedido, William ansiava por uma casa condizente a seu novo status social, e decidiu se mudar para o abastado subúrbio de Gledhow, a leste da aldeia de Chapel Allerton, que se transformava rapidamente num reduto popular da classe média. Gledhow Valley, uma faixa de floresta virgem pela qual corre um riacho que desagua num lago, hoje é uma

* Tipo de estabelecimento que fornecia alojamento para os cavalos das carruagens, substituía cavalos cansados por descansados, além de oferecer comida e bebida para passageiros e cocheiros. (*N. do T.*)

** Na Inglaterra, é comemorado no dia 14 de fevereiro. (*N. do T.*)

reserva ambiental. Em 1851, a família se mudou para Gledhow Grange, para uma casa enorme em Lidgett Lane, que partia do centro da cidade em direção ao norte.

Mais à frente ficava a magnífica Gledhow Hall, do século XVII, hoje tombada pelo patrimônio histórico, construída no terreno de um antigo monastério* que um dia pertenceu a Elizabeth I e que foi tema de um quadro de J. M. W. Turner. Quando os Middleton chegaram àquela região, Gledhow Hall pertencia a Thomas Benyon, de 50 anos, dono de uma tecelagem que empregava 652 tecelões e fabricantes de linho, lona e tecido para velas de barco. Ele e a esposa Anne, de 36 anos, viviam com muito luxo, tendo 13 empregados: mordomo, zelador, dama de companhia, duas criadas, cozinheiro, copeira, lavadeira, lacaio, cocheiro, governanta e duas babás. O casal comprou o Hall em 1835, após o casamento, um acontecimento suntuoso no qual a noiva usou um vestido de 140 libras (impressionantes 11 mil libras, em cifras atuais), e o bolo pesava 150 quilos! Tiveram cinco filhos — Jane, com 13 anos em 1851, Anne, com 12, Mary, com 9, William, 8, e Joseph, 7 —, que tinham idade próxima a dos filhos dos Middleton, e as famílias acabaram se tornando grandes amigas. Ficaram arrasados quando Mary morreu, em decorrência de uma úlcera perfurada, em 1854.

Quatro anos depois a rainha Vitória foi a Leeds inaugurar a nova Prefeitura, projetada por Cuthbert Broderick, arquiteto de uma série de imponentes edifícios públicos no centro da cidade, gerando grande agitação no local. William Middleton não imaginava o quanto os caminhos de seus descendentes e os da rainha um dia se cruzariam.

---

* No século XVI, os monastérios ingleses foram sendo dissolvidos, e suas terras passaram para a coroa. (*N. do T.*)

Lamentavelmente, a infância idílica dos irmãos Middleton foi interrompida abruptamente em 15 de junho de 1859, quando Mary, a mãe, faleceu, aos 48 anos, depois de uma rápida doença que levou a uma obstrução no intestino e uma peritonite — infecção do sangue sem tratamento antes de inventarem a penicilina. John ainda não tinha completado 21 anos; sua irmã caçula, Margaret, tinha somente 9 anos. Mary foi enterrada três dias após sua morte no cemitério da igreja St. Matthew's, em Chapel Allerton, deixando a família desolada e sem rumo.

Incapaz de cuidar sozinho de oito filhos, William partiu à procura de outra esposa. Dois anos depois, casou-se com uma cunhada, Sarah Ward, 12 anos mais nova do que ele, que se mudou para a casa da família, tornando-se madrasta da prole. O casal tinha recursos suficientes para dispor de dois criados: um cozinheiro e uma arrumadeira.

Dois anos depois, o filho mais velho, John, aos 24 anos, tal como o pai, se tornou advogado e se casou com uma mulher de classe social inferior, Mary Asquith, de 23 anos, filha de um alfaiate, que fora criada, como a mãe, nas oficinas lotadas de gente, próximas à Briggate. O enlace aconteceu em 27 de agosto de 1863, na igreja da paróquia de Leeds, e eles se mudaram para uma casa própria em Potternewton, três quilômetros ao sul de Gledhow. Em 1865, a felicidade foi coroada com o nascimento do primeiro filho, Gilbert. Após o primeiro filho e herdeiro, Mary ainda teve duas filhas, Olive, em 1870, e Ellen, em 1872.

As famílias Middleton e Asquith se uniram novamente no ano seguinte: Anne, a irmã mais nova de John — então com 31 anos e uma solteirona para os padrões da época (dificilmente arranjaria um marido) —, se apaixonou pelo irmão mais novo de Mary, John, que tinha a mesma profissão do pai. Eles se casaram na mesma igreja que os irmãos, em 22 de outubro de 1873. Mas nem toda posição e todo dinheiro da família foram capazes de protegê-los de uma tragédia: menos de cinco meses depois da cerimônia, em 16 de março de 1874, John, marido de Anne e irmão de Mary, morreu de escarlatina em sua casa na Cumberland Road, Headingley, e a esposa foi obrigada a voltar para a casa do pai e da madrasta.

Àquela altura William e Sarah tinham se mudado para um pouco adiante, para Hawkhills, uma impressionante mansão na Gledhow Lane, em Chapel Allerton. Infelizmente, a casa foi demolida, embora os portões da entrada e a casa do zelador ainda existam. Eles se tornaram amigos dos extratos mais altos da sociedade de Leeds, gente como sir John Barran, um revolucionário empreendedor da indústria da tecelagem, que introduziu o uso da serra de fita no corte dos tecidos, inspirado por seu uso na fabricação de folhas de madeira. Juiz de paz, prefeito de Leeds e, mais tarde, membro liberal do Parlamento, ele morava a quinhentos metros dali, na Chapel Allerton Hall, instalada em 16,6 hectares de terra, hipotecada para comprar o Roundhay Park para a população de Leeds. Em sua homenagem, há até hoje um bebedouro, presenteado por ele, no centro do parque.

Os Middleton também conheciam James Kitson, administrador da Monkbridge Iron and Steel Company junto com o irmão, Frederick. Ele se mudou para Gledhow Hall em 1878. Houve uma grande movimentação na cidade quando ele se casou com a segunda mulher, Mary, em 1881. James, presidente da Leeds Liberal Association (Associação Liberal de Leeds), organizou a campanha para a reeleição de William Gladstone para o Parlamento em 1880, e Sarah e William Middleton certamente podem ter conhecido o primeiro-ministro na Prefeitura. Os dois já haviam morrido quando James alcançou seus maiores triunfos. Ele foi condecorado baronete em 1886, eleito membro liberal do Parlamento em 1892, e prefeito de Leeds em 1896. Os Middleton, com certeza, ficariam emocionados ao saber da visita que Kitson recebeu, em 1902, do ex-primeiro-ministro, o conde de Rosebery,* que foi escoltado a Gledhow Hall por duzentas pessoas carregando tochas.

Enquanto o casal aproveitava a aposentadoria, o filho John tratava de avançar na carreira. Ele e a esposa se mudaram para uma casa na Leeds Road, em Far Headingley, uma vila cinco quilômetros a oeste de Potternewton. A Leeds Road ligava Leeds a Otley, onde o fabricante de móveis Thomas Chippendale foi criado; nos tempos da rainha Vitória a região era um ímã para as famílias prósperas da classe média. Foi para lá que John e Mary levaram sua prole, cada vez mais numerosa. William, cujo nome é uma homenagem ao avô, nasceu em 1874; as gêmeas Caroline e Gertrude chegaram em 1876; e o bisavô de Kate, Richard Noel, conhecido só por Noel, nasceu no dia de Natal de 1878. A filha caçula, a oitava criança da família, nasceu em 1880.

Advogado de talento, John cuidava de toda a papelada burocrática da Leeds Permanent Benefit Building Society (Sociedade de Permanente Construção de Benefícios de Leeds), e seu trabalho árduo logo foi recompensado. Em 1881, foi nomeado vice-presidente da Leeds Law Society (Sociedade de Direito de Leeds), tornando-se presidente em 1882, cargo que ocuparia por dois anos. Em 1883, também foi eleito membro extraordinário do conselho da Incorporated Law Society (Sociedade de Lei Incorporada).

William viveu tempo suficiente para presenciar as várias realizações do filho, mas passou seus últimos meses de vida paralisado, em decorrência de uma doença no cérebro. Faleceu em 21 de dezembro de 1884, aos 77 anos — uma idade bem-avançada

---

* Archibald Primrose, ou lorde Rosebery, sucessor de William Gladstone. (*N. do T.*)

para a época —, e a família passou o Natal sem ele. Depois do que deve ter sido um inverno muito infeliz, a viúva Sarah seguiu os passos do marido para o túmulo, apenas três meses depois, vítima de hemorragia cerebral, em 3 de abril de 1885, por ter fraturado o crânio em um acidente com a carruagem.

Apesar da morte do pai e da madrasta, John não diminuiu o ritmo de trabalho. Além de virar presidente da empresa da família, ele começou a se tornar uma figura importante na sociedade de Leeds, fundando o Leeds and County Conservative Club e atuando como chefe de campanha para o candidato do Partido Conservador ao Parlamento, Richard Dawson, em 1885 e 1886. Ele e Mary dividiam o tempo entre a casa de quatro andares e fachada de arcos no Hyde Terrace, em Leeds, perto da empresa da família, e a casa de campo, Fairfield, em Far Headingley, ambas repletas de antiguidades, pinturas a óleo, prataria e cristais.

Menos de três anos depois da morte do pai, John faleceu. Ele sofria de dores no peito, provavelmente por conta do estresse do trabalho e pela morte dos pais. Perdeu a vida aos 48 anos, em casa, em Far Headingley, no dia 16 de julho de 1887, um mês depois do jubileu de ouro da rainha Vitória. Está enterrado no mausoléu da família no cemitério de Chapel Allerton. O obituário no *Law Times,* de 6 de agosto de 1887, afirma: "Sua morte, relativamente repentina, foi precipitada, se não ocasionada, pela tensão de um julgamento de cinco dias de duração em Londres, numa questão envolvendo o município de Leeds."

A viúva Mary mudou-se com os filhos para Hyde Terrace, e não viveu muito tempo. Dois anos depois, em 22 de setembro de 1889, sucumbiu à febre tifoide e embolia pulmonar, quando estava numa casinha numa aldeia de pescadores chamada Filey, perto de Scarborough, a cem quilômetros de casa. E assim duas gerações da mesma família desapareceram num intervalo de sete anos.

O bisavô de Kate, Noel, tinha apenas 10 anos quando ficou órfão, mas não estava desamparado. Sua mãe, Mary, que havia herdado quase 5 mil libras do marido, deixou um testamento de 13.627 libras — equivalentes a 6,7 milhões de libras nos dias de hoje. Isso garantiria educação particular aos filhos que poderiam manter o padrão de vida ao qual estavam acostumados. Noel também recebeu um legado da família, um anel de safira, muito prezado por ele.

No censo de 1891, seu irmão mais velho, Gilbert, na época um advogado de 24 anos, aparece como residente num internato em Filey, assim como William, estudante de engenharia, e suas irmãs. Noel, que então teria 12 anos, estava na escola em Bilton-cum-Harrogate, a 24 quilômetros de Leeds. Não se sabe se o restante da família morava em Filey enquanto Noel estudava em Harrogate, ou se só estavam de férias.

Naquela época, o balneário de Harrogate era um dos lugares da moda, de visita obrigatória. Era muito popular entre a aristocracia inglesa e a nobreza de toda a Europa, que ia se banhar em suas águas. Samson Fox, bisavô do ator Edward Fox, foi prefeito da cidade por três anos seguidos, de 1889 a 1892 (um feito nunca mais ocorrido) e um de seus maiores filantropos. Ele morava na magnífica Grove House, de onde o filho mais velho da rainha Vitória, o príncipe de Gales, era um hóspede regular. Durante esse período, a futura amante de Eduardo VII, Lillie Langtry, se apresentava em *The School for Scandal*, no teatro Promenade Inn, na companhia D'Oyly Carte Opera, que fez uma temporada por lá, e onde Oscar Wilde deu uma palestra sobre vestuário.

No dia 26 de janeiro de 1892, a família se reuniu para o casamento de Gilbert e Alice Margaret Joy, uma solteirona dois anos mais velha do que ele, mas o encontro não durou muito. Então com 13 anos, Noel foi mandado à escola pública Clifton College, para meninos, em Bristol, como interno. Entre os alunos estavam o marechal de campo Haig e o artista Roger Fry, e Noel estava no mesmo ano de Edwin Samuel Montagu, o político liberal judeu que foi nomeado secretário de Estado da Índia no final da Primeira Guerra Mundial.

Depois de sair de Clifton, a saudade de casa foi grande demais, e o jovem voltou para o norte, frequentando a Leeds University antes de seguir a tradição da família e se tornar estagiário de direito. Ele morava com as quatro irmãs mais velhas, ainda solteiras (Olive, Ellen e as gêmeas Caroline e Gertrude), e três empregados na residência familiar herdada dos pais em Hyde Terrace. Gertrude era muito religiosa e tinha muito talento para as artes; desenhava manuscritos elaborados e bordava as toalhas do altar.

A família se reuniu para passar férias em Filey muitas vezes, onde outra tragédia ocorreu. Num verão, quando Noel tinha 20 anos, eles passearam em Filey Brigg, um monte de pedras que se estende uns 1.600 metros pelo mar adentro. Quando voltaram para a costa, ficaram arrasados ao descobrir que Margaret, a irmã caçula, com 18 anos na ocasião, havia desaparecido. Seu corpo jamais foi encontrado, e a família voltou a Leeds atormentada pela morte dela.

Tal como seu pai e o avô, Noel fez todo o percurso de estagiário a advogado (profissão a que foi admitido em 1903, aos 25 anos) e começou a circular entre as pessoas influentes de Leeds. Muitas vezes, ele podia ser encontrado em Londres, em seu clube de Mayfair, o Albemarle, o mesmo em que Oscar Wilde foi acusado de sodomia pelo marquês de Queensberry, na virada do século. Pouco antes do início da Primeira Guerra Mundial, ele comprou uma casa na vila de Roundhay. Lá, seu caminho se cruzou com o da bela Olive Lupton, de uma das famílias mais ricas e ilustres de Leeds. Foi uma união que proporcionaria a ele sucesso e riqueza sem precedentes — e levaria seus descendentes aos portões do Palácio de Buckingham.

# Capítulo 7

## *Os Lupton 1847-1930*

Era um dia de inverno, 6 de janeiro de 1914, e as pessoas mais influentes de Leeds estavam reunidas na capela Mill Hill Unitarian (Igreja Unitária), no centro da cidade, para o casamento de uma de suas mais ilustres famílias.

Alderman Francis Martineau Lupton, um dos quatro irmãos que foram prefeitos da cidade no século XIX, entregava sua filha mais velha, Olive, de 32, uma beldade da sociedade, a Noel Middleton, de 35, vindo de uma família de advogados ricos e bem-sucedidos. Eles formavam um belo casal. Olive era morena, com feições bem-definidas; Noel tinha cabelos castanhos e olhos claros. Sob os olhares da família e dos amigos, os bisavós de Kate fizeram seus votos na capela gótica, com seu púlpito de pedra e seus vitrais, lembrando aqueles que não puderam estar presentes. Os dois sentiam a dor da perda — Noel ficou órfão aos 10 anos e Olive perdeu a mãe quando ainda era criança — e se identificavam por conta dessa experiência.

O casamento não conformista — a Igreja Unitária tem uma estrutura presbiteriana e discorda da Igreja da Inglaterra em vários pontos — foi um dos últimos a serem realizados na capela antes da eclosão da guerra, seis meses depois.

---

Olive Lupton descendia de uma ilustre e aristocrática família de Leeds, que fez seu nome com o comércio de lã no século XVIII, entrando para os altos escalões da sociedade. Sua avó paterna, Fanny, era descendente direta de sir Thomas Fairfax, importante general do Parlamento durante a Guerra Civil inglesa. O príncipe William também descende de Fairfax, pela linha dos Spencer,* o que significa que Kate e William têm um parentesco distante — são primos em 15º grau.

Fruto do amor entre o cirurgião Thomas Greenhow e Elizabeth Martineau, Fanny tinha ligações com muitos dos maiores filantropos e pensadores da época; era sobrinha da escritora, filósofa e feminista Harriet Martineau, uma unitarista ardorosa, que se relacionava com pessoas como Florence Nightingale, Charlotte Brontë, George Eliot e Charles Darwin. Também era prima em segundo grau do trisavô de Guy Ritchie, William Martineau. Sua neta, Doris McLaughlin, se casou com um herói de guerra, o major Stewart Ritchie, membro do regimento dos Seaforth Highlanders, homenageado com uma Cruz Militar durante a Primeira Guerra Mundial. Ou seja, Kate não só tem sangue aristocrático, como também é ligada à realeza de Hollywood.

O negócio da família, William Lupton & Co., fundado em 1773, era a empresa mais antiga da cidade, até fechar as portas em 1958. O marido de Fanny, Frank Lupton, expandiu a companhia, comprando uma antiga tecelagem (contra a vontade da mulher); ele a ar-

* Família de sua mãe, a princesa Diana. (*N. do T.*)

rendava aos tecelões que levassem os tecidos ao seu armazém toda sexta-feira para serem inspecionados. Gradativamente, ele ampliou o negócio para confeccionar tweeds da moda, uniformes e tecidos para as fardas dos policiais. Também comprou uma indústria de acabamento, ou seja, estava envolvido em todos os estágios do processo de fabricação. Era uma decisão que beneficiaria a família inteira, inclusive a tetraneta Kate, uma vez que, aos poucos, ele se tornou um homem muito rico.

A vida familiar, para Frank e Fanny, que se casaram em 1847, girava em torno dos cinco filhos, dentre os quais Francis, pai de Olive, era o mais velho. Ele nasceu em 21 de julho de 1848, seguido de Arthur, em 1850, Herbert, em 1853, Charles, em 1855, e Hugh, em 1861. A essa altura a família morava em Beechwood, uma magnífica mansão vitoriana localizada numa sinuosa rua para carruagens na vila de Roundhay, dez quilômetros ao norte de Leeds; a casa foi comprada de sir George Goodman, que fora prefeito da cidade. Eles tinham dinheiro suficiente para contar com seis empregados para atender todas as suas necessidades. Infelizmente, Herbert faleceu quando Hugh ainda era um bebê, mas os outros quatro filhos cresceram e deixaram os pais orgulhosos, sendo bem-sucedidos na escola e se tornando cidadãos exemplares. A família era bem-relacionada com a elite da cidade, se envolvendo na política do dia a dia, frequentando as mesmas igrejas e passeando nos mesmos parques.

O pai de Olive, Francis, seguindo os passos do pai, frequentou uma escola clássica. Ele era um menino brilhante e foi o primeiro membro da família a chegar ao Trinity College, em Cambridge, recém-aberto aos não conformistas.* Esse logo passaria a ser o caminho tradicional para os filhos de Lupton: seu irmão Charles e três filhos seguiriam a mesma trajetória. Charles foi o primeiro

* Expressão usada para os que não eram adeptos da religião anglicana. (*N. do T.*)

filho de Lupton a entrar para a Rugby, uma escola para meninos, que acabara de inaugurar a escola preparatória, estabelecendo uma tradição de educação particular que se manteria ao longo das gerações da família, até chegar a Kate. Francis se formou com um Master of Arts (MA)* em história, antes de voltar a Leeds. Entrou para a empresa da família como caixa — que, segundo o diário da mãe, "ele gosta bastante" — e foi lotado no regimento de Leeds Rifles. A família ficou extasiada quando ele se apaixonou por Harriet Davis, filha do vigário da igreja local, a St. John's. Ela morava com os pais e quatro irmãs no vicariato de Roundhay, e as duas famílias eram muito próximas. Os dois se casaram em St. John's, em 6 de abril de 1880, quando Francis tinha 31 anos e Harriet, 29, e se mudaram para Rockland, Newton Park, um enclave entre Chapel Allerton e Potternewton. Olive nasceu no dia 1º de abril, o dia da mentira, de 1881.

Em 20 de maio de 1884, quando Olive tinha pouco mais de 3 anos, seu avô Frank morreu do coração, aos 70 anos, a primeira de uma série de perdas que entristeceriam muito a família, provando que nem os mais ricos podiam se defender das doenças na era vitoriana. Foi Frank quem construiu a fortuna da família, deixando os quatro filhos ricos o bastante para se tornarem membros do Sistema. Ele deixou impressionantes 64.650 libras no testamento — equivalentes a 32,6 milhões de libras nos dias de hoje —, o que significa que sua família estaria muito bem-sustentada.

Francis e Harriet ainda teriam mais quatro filhos — Francis, conhecido como Fran, em 1886, Maurice em 1887, Anne em 1888 e Lionel em 1892 —, mas o sistema imunológico de Harriet ficou debilitado depois de dar à luz o quinto filho, e ela sucumbiu à influenza, em 9 de janeiro de 1892, na casa de Rockland, deixando seu desesperado marido paralisado de tristeza e com cinco

* Grau concedido a pós-graduados. (*N. do E.*)

crianças com menos de 10 anos para criar. Exatamente dois meses depois, a mãe de Francis, Fanny, morreu de diabetes e exaustão. Ele havia perdido mulher, pai e mãe num intervalo de oito anos, e a alegria deixou de existir em sua vida.

"O nascimento do filho caçula aconteceu no pior momento de uma grave epidemia de influenza", escreveria mais tarde o sobrinho Charles Athelstane Lupton, conhecido como "Athel", ao contar a história da família em *The Lupton Family in Leeds*.

> O confinamento era normal, mas Harriet foi atacada por uma infecção e morreu 15 dias depois. Francis nunca se recuperou totalmente desse baque. Guardou sua tristeza totalmente para si. Por muitos anos, nunca falou sobre a mulher com as crianças. Raramente tirava férias. Passaram-se trinta anos até que ele voltasse a viajar para fora do país. E nós nos lembrávamos de como ele ficava feliz nesses passeios, quando era mais novo. Ele se dedicou totalmente aos negócios e às atividades cívicas.

Arrasado com a morte da esposa, Francis se atirou ao trabalho e à vida política local. Além de comandar a empresa da família ao lado do irmão Arthur, ele se tornou uma figura importante na vida pública de Leeds. Começando como unionista liberal e se opondo à Lei da Autonomia pela Irlanda, em 1895 ele havia conquistado uma cadeira de vereador pelo Partido Conservador, cargo que ocupou por 21 anos. Nessa época ele encontrou sua verdadeira vocação. Como primeiro presidente do Leeds Unhealthy Areas Committee (Comitê das Áreas Insalubres de Leeds), ele limpou os cortiços do interior da cidade e os substituiu por residências economicamente viáveis para a população.

Ele também é lembrado por ter sido um dos "Cinco Grandes" conselheiros da cidade, que negociaram com os trabalhadores locais durante a greve de 1913, em busca de melhores salários. Athel Lupton recorda:

> A atitude dos cinco grandes homens foi moderada e paciente, mas eles se mantiveram absolutamente firmes, e em duas ou três semanas a greve terminou. Não houve qualquer violência séria. Água e eletricidade foram mantidas o tempo todo, e sempre havia algum gás disponível. Outras cidades grandes acompanhavam com muito interesse a greve em Leeds e o comportamento dos Cinco Grandes. Eles demonstraram sua admiração e gratidão a Francis dando-lhe uma enorme bandeja de prata e um "enorme e absolutamente horroroso vaso de flores, com pé de porcelana".

Não satisfeito em se limitar ao trabalho de conselheiro, Francis também foi juiz no tribunal de West Riding, envolveu-se com o Cookridge Hospital e frequentou a capela Mill Hill, apesar da tendência de sua falecida esposa ao anglicanismo.

E mesmo com tudo isso, apesar de ser o filho mais velho, incrivelmente bem-sucedido e filantropo, ele continuava a ser modesto e inseguro, provavelmente em consequência da morte da esposa, Harriet. Ele continuou muito próximo de seus irmãos mais novos — Arthur, com quem ele comandava os negócios da família; Charles, chefe do escritório de advocacia Dibb Lupton; e Hugh, presidente da Hathorn Davey & Co., uma empresa de engenharia hidráulica — e os consultava regularmente. Juntos, seus tentáculos de influência se espalhavam pela cidade.

Arthur, vice-chanceler-adjunto da Leeds University, deve ter conseguido se identificar mais com a perda do irmão, pois também ficara viúvo quatro anos antes. Sua esposa Harriot, prima de Helen, mãe de Beatrix Potter, morreu ao dar à luz um filho, em 1888, antes que a prima famosa publicasse seu primeiro livro infantil, *A história do Pedro Coelho.* Charles, um renomado colecionador de arte, era tesoureiro e presidente da General Infirmary (Hospital Geral) e posteriormente, em 1915, se tornou prefeito do município.

Ele deixou sua extensa coleção de arte para a cidade. Hugh era presidente da Board of Guardians (Comissão de Guardiões), organização que se propunha a proteger os pobres e necessitados, e serviu como conselheiro por muitos anos; também foi prefeito, em 1926. Sobre seu tio Francis, Athel lembra na história da família: "Sua reação quando estava com alguma dúvida era 'Preciso consultar meus irmãos.'" "Os três irmãos desempenharam um papel fundamental em sua vida."

Naquela época, não era apropriado que um cavalheiro cuidasse dos filhos, e assim Francis contratou uma babá presbiteriana escocesa, a srta. Cadell. Olive, a mais velha, foi para o internato de Roedean. Escreve Athel:

> A srta. Cadell não servia exatamente para educar crianças. O pobre Francis parecia deixar boa parte dos assuntos domésticos nas mãos dela. E embora não houvesse dúvidas de que ela era bem-intencionada e escrupulosamente honesta em tudo que fazia, logo passou a ser a figura dominante na mansão. Dizem que, certa vez, ela mandou que pintasse a casa sem pedir qualquer permissão a Francis. Noutra, ela trocou as cortinas da sala e fez uma lamentável escolha pessoal. Francis pagou todos os custos sem reclamar. A vaidade dentro de casa deve ter sido destruída, e parece que Anna, à época com 10 anos, foi vítima disso. Seu cabelo foi cortado curto na mesma hora. Pode-se até dizer que, posteriormente, a vaidade não seria um defeito de família. Os meninos talvez fossem menos controlados do que as meninas, já que costumavam estar na escola. Mas as coisas acabaram resultando numa crise. A srta. Cadell foi embora. As cortinas da sala foram arrancadas, e assim terminou o infeliz episódio.

A essa altura, os três garotos — Fran, Maurice e Lionel — tinham ido para a Rugby School, enquanto Olive deixara Roedean e já tinha idade suficiente para ser a governanta do pai, cuidando dele e da irmã Anne. Ela deve ter sentido inveja da liberdade dos irmãos quando eles foram para o Trinity College, tal como o pai. Foi no período que passou em Cambridge que Maurice se tornou uma espécie de lenda por causa de sua paixão por automóveis. Ele tinha um carro a vapor, amarelo, que explodiu e teve de ser rebocado de Cambridge a Leeds por seu amigo Leonard Schuster, dono de um Rolls-Royce. Tal imagem deve ter causado comoção em quem a viu.

Ao concluírem a universidade, Fran e Lionel foram trabalhar na empresa da família, enquanto Maurice se tornou um estagiário de engenharia na Hathorn Davey, em Hunslet, de onde seu tio Hugh era diretor-geral. Fran e Maurice voltaram para a casa da família, onde Olive e cinco empregados — um cozinheiro, uma arrumadeira, uma governanta, uma ajudante de cozinha e uma costureira — cuidavam deles.

A jovem não conseguiu sua liberdade até 1914, quando se uniu a Noel Middleton, e sua irmã Anne, então com 25 anos, assumiu o comando de Rockland. Naquele verão, o irmão mais velho, Fran, de 28, se casou com Dorothy Davison, filha de um professor de matemática da King Edward's School, em Birmingham, especialista em sismologia. Mas a guerra estava prestes a eclodir, e essa seria a última vez que a grande família estaria reunida.

Quando a Primeira Guerra Mundial começou, todos os irmãos de Olive — Fran, Maurice e Lionel — estavam no Territorial Army (Exército Territorial), junto com dois primos: Michael, filho do tio Arthur, e Hugo, filho do tio Hugh. Fran e Maurice se juntaram ao Leeds Rifles. Enquanto Fran continuava na Inglaterra como ajudante da brigada de treinamento, Maurice se tornou capitão do 7º Batalhão do regimento de West Yorkshire, o mesmo do príncipe de Gales, e foi enviado para as trincheiras de apoio na Bélgica, como parte da 49ª Divisão de Infantaria (1º West Riding), que cobria todos os territórios. Ele chegou em 19 de abril de 1915 e morreu exatamente dois meses depois, com apenas 28 anos. Foi um dos 2.050 membros dos Leeds Rifles a morrer na ativa, na França e em Flandres, durante a guerra. Seu corpo repousa no cemitério militar Rue-Pétillon, em Fleurbaix, no norte da França.

As cartas que ele mandou para a família, publicadas em *The Next Generation*, uma continuação de *The Lupton Family in Leeds*, organizada por Francis Lupton, sobrinho de Athel, a partir das contribuições de vários membros da família e historiadores locais, parecem incrivelmente ingênuas em retrospecto. "Eu não perderia a oportunidade de estar aqui por nada neste mundo", escreveu, em 28 de abril. "Ainda não passamos por nenhum combate direto e só nos movimentamos em cima da hora, o que é muito divertido." "Estou sentado na lama, debaixo de um abrigo de madeira para todo mundo. É como brincar de índio", disse, no dia seguinte. "De vez em quando, ouvimos um rifle disparar, ou uma bomba explodir, como se fosse um pato selvagem, mas nada que nos atinja. Pelo menos, eu acho que não."

Porém, gradualmente, Maurice passou a ter uma noção maior dos perigos. No dia 6 de junho ele escreveu:

> Seis dias nas trincheiras. Vou tentar adaptar os binóculos, mandados por meu Pai, a um periscópio, para poder ver mais detalhes das trincheiras alemãs. Porém, não se pode apontar o telescópio diretamente para lá. Eles, às vezes, são muito rápidos para perceber coisas pequenas como periscópios.

E em 15 de junho:

> Uma tarde, os alemães de repente começaram a atirar contra nossa trincheira. Por pura falta de sorte um dos cartuchos não

> estourou no ar, mas atingiu uma barreira de sacos de areia, na qual nosso patrulheiro se apoiava; a perna dele foi arrancada pouco abaixo do joelho. Ele era um sujeito muito forte, e o clorofórmio parecia não fazer qualquer efeito — pelo menos não por muito tempo —, infelizmente, ele morreu no dia seguinte. Todas as outras mortes que tivemos na companhia foram praticamente instantâneas, com balas na cabeça, enquanto atiravam por cima do parapeito.

Quatro dias depois, ele mesmo seria morto.

Lionel partiu com a unidade da Royal Field Artillery (Artilharia Real de Campo) mais ou menos na mesma época que o irmão e foi até a frente de batalha transportado por caminhões de gado e marchando a pé, quando soube da morte do irmão. Ele escreveu à irmã Anne:

> Gosto das cartas que você manda sobre Maurice. Elas fazem eu me sentir muito mais feliz. No começo, achei um absoluto desperdício ele ter morrido tão cedo, antes de ter tido tempo de fazer alguma coisa realmente importante na Terra, mas é ótimo pensar que agora ele está num mundo melhor.

Ele sobreviveu à batalha de Loos, no final de agosto, e voltou para casa de licença por uma semana, mas foi ferido em 1º de dezembro e enviado para se recuperar num hospital de Londres. Então, viajou para passar o Natal em Rockland, onde encontrou a família numa situação ambígua — chorando a morte de Maurice, mas comemorando o nascimento do primeiro filho de Olive e Noel, o menino Christopher, nascido na véspera do Natal daquele ano.

Lionel voltou ao front em abril, sendo morto no dia 16 de julho de 1916, na Batalha do Somme. Ele tinha apenas 24 anos, e fora citado duas vezes em relatórios oficiais por atos de bravura. Seu corpo está enterrado no cemitério comunitário de Bouzincourt.

O marido de Olive estava lotado no campo de Bulford, na planície de Salisbury, quando soube da morte de Lionel. Ele tinha passado o início da guerra como administrador-chefe da Leeds Special Constabilary's Motor Transport Section (Seção de Transporte Motorizado do Comissariado Especial de Leeds) — responsável por todo o controle de tráfego durante os ataques aéreos — e teve de pedir permissão para se alistar. Ele se juntou ao Royal Army Service Corps (Corpo de Serviço do Exército Real) em novembro de 1915, quando a esposa estava grávida de oito meses do primeiro filho, e se tornou soldado do Officer Training Corps (Corpo de Treinamento de Oficiais). Estava numa missão temporária como segundo-tenente com a 152ª bateria de cerco, a Royal Garrison Artillery (Artilharia Real de Tropas), quando o cunhado morreu. Um mês depois, em 31 de agosto de 1916, ele foi mandado para a França, onde trabalhou como motorista, apoiando as tropas na frente de batalha do Somme. Olive deve ter ficado horrorizada com a possibilidade de ele nunca mais voltar. Dois de seus três irmãos já haviam perdido a vida, e ela estava sozinha, tendo que cuidar de um bebê de oito meses.

Posteriormente, Noel foi alocado no armazém da 406 Company, de transporte, onde os motoristas tinham a missão de levar munição até o front, transportar a artilharia, os homens e equipamentos até a 611 Company. Os registros pessoais atestam que sua conduta era "muito boa" e sua direção, "competente". Ele, certamente, foi um dos 1.400 motoristas do sítio que a 406 Company montou em Poperinghe, perto de Ypres, que entregavam mil toneladas de munição no front a cada noite, sob fogo cerrado. O comandante da companhia, o major A. Cowan, comentou: "As novas máscaras de gás são muito eficazes, mas não é possível dirigir à noite sem luz e com elas no rosto. Em alguns casos, os motoristas tiraram as máscaras cedo demais, com resultados fatais." Ele, provavelmente, esteve entre os 85 oficiais e 2.933 homens da 611 Company que forneceram munição a 41 brigadas de cerco e 11 grupos de artilharia pesada no front de Arras, operando com extrema dificuldade por causa das condições inóspitas — as terríveis estradas e os caminhões em péssimo estado de manutenção —, na região do Somme.

Felizmente, Noel sobreviveu à guerra, dando baixa em 5 de junho de 1919, com a patente de tenente e oficialmente dispensado em 5 de outubro. Seu terceiro cunhado, Fran, não teve a mesma sorte. Este ainda estava na Inglaterra quando soube das mortes dos irmãos mais novos, portanto, deve ter ficado um pouco apreensivo quando partiu para a França, em janeiro de 1917, ao lado dos Leeds Rifles — para servir na 62ª Divisão de Infantaria (2ª West Riding), que cobria todos os territórios. Ele estava casado havia menos de três anos, e sua filha Ruth começava a engatinhar quando ele foi dado como desaparecido, depois de apenas seis semanas. Foi enterrado em Bucquoy, a pouca distância de Arras. Era o mais velho dos três irmãos — e tinha apenas 30 anos quando morreu.

Já viúvo, a morte dos três filhos se revelou um fardo pesado demais para Francis Lupton. Nem o nascimento de seu terceiro neto — Anthony, o segundo filho de Olive —, em 27 de abril de 1917, conseguiu suavizar o luto. Ele arrendou Rockland para o Pensions Committee pelo valor simbólico de 1 libra ao ano, para ser usada como lar para os órfãos dos soldados e dos marinheiros. Junto à filha Anne, se instalou numa casa menor, Low Gables, do outro lado dos campos de Hawkhills, a mansão que um dia pertencera a William Middleton, mas foi difícil continuar vivendo.

Em 5 de fevereiro de 1921, aos 72 anos, sofreu de insuficiência crônica dos rins em sua casa e foi enterrado quatro dias depois na igreja St. John, em Roundhay, onde se casara e também onde jazia o corpo de sua mulher. Ele deixou uma soma equivalente a quase 10 milhões de libras em valores atuais, em custódia, para suas filhas e descendentes, fazendo de Olive Middleton uma mulher muito rica. No enterro, o orador disse que Francis era "um membro da família que por várias gerações foi associado às vidas religiosa, educacional, municipal e comercial de Leeds" e que ele trouxe "os raios de sol aos fétidos cortiços. (...) Em grande parte, foi graças a ele que homens, mulheres e crianças podem viver hoje num ambiente adequado para a saúde e a decência. (...) Todos nós, que o idolatramos, o honramos pela sua simplicidade, sua sinceridade, sua integridade — e por ser ele quem era".

A Primeira Guerra Mundial teve um efeito devastador na família Lupton, destruindo quase uma geração inteira de homens e causando sofrimento a todos os parentes. Só três dos sete primos homens sobreviveram — Arthur, filho de Arthur; e Hugo e Athel, filhos de Hugh —, deixando os negócios da família com poucos homens para seguir os passos dos pais. Mas a guerra também exerceu um efeito enorme sobre as mulheres da família, que precisaram passar a se defender sozinhas. Centenas de milhares de homens morreram ou ficaram mutilados no conflito, e estima-se que no período entreguerras houve um "excesso" de mais ou menos 2 milhões de mulheres, que não tinham chance de encontrar um marido. Com as mulheres do clã Lupton não foi diferente. Embora Olive já fosse casada no início da guerra, sua irmã Anne morreu solteira, assim como a maioria de suas primas.

Privada da chance de se casar, Anne também teve dificuldade para encontrar trabalho depois da guerra, apesar de ter se dedicado a causas nobres. Em 1914, ela foi secretária do Leeds General

Hospital Committee, arrecadando recursos para os homens nos hospitais militares, e depois trabalhou no Pensions Committee, aconselhando os soldados incapacitados. Foi ela que convenceu o pai a arrendar a casa para eles. Mas, apesar de ter sido apresentada ao rei Jorge V e à rainha Maria duas vezes, em 1916 e 1918, e de ter recebido uma menção por seu trabalho no *London Gazette*, o diário oficial da Inglaterra, em 1920, seu requerimento para conseguir um posto de inspetora dos comitês locais foi negado pelo fato de ser mulher. E ainda teve que engolir a desfeita de ser rejeitada na empresa da própria família, também por ser mulher.

Dorothy, viúva de Fran, cujo apelido era Dort, teve mais sorte. Apesar de ter uma filha de 4 anos, Ruth, ela logo conseguiu um segundo marido, Arthur, primo de seu falecido esposo. O enlace ocorreu em 1919, e o filho Tom nasceu no ano seguinte. Eles se mudaram para uma casa na saída de Chapel Allerton, e Arthur dividia seu tempo entre a supervisão da fazenda de Beechwood, onde fora criado, a caça e os jogos de polo. Em 14 de dezembro de 1928, enquanto cavalgava com os Bramham Hunt, ele sofreu um terrível acidente. Depois de não conseguir pular uma cerca, seu cavalo o arremessou da sela e ainda rolou por cima dele, causando-lhe uma fratura na pélvis. Faleceu 11 meses depois, quando seu filho Tom tinha apenas 9 anos, deixando Dorothy viúva pela segunda vez. Um ano depois, o pai dele, Arthur, também morreria.Seu fim foi precipitado pela dor da perda.

# Capítulo 8

## Noel Middleton e Olive Lupton

Deitada na cama, depois de dar à luz em sua Fieldhead House, na aldeia de Roundhay, em Yorkshire, Olive Middleton, a bisavó de Kate, ninava seu recém-nascido filho Peter e rezava por uma nova era.

Casada por seis anos com o advogado Noel Middleton e se aproximando do 40º aniversário, a mãe de três filhos queria dar a Christopher, de 4, Anthony, de 3, e, agora, Peter a criação idílica que ela não teve. Era 3 de setembro de 1920 — dois anos depois do fim da Primeira Guerra —, e Olive já tinha sofrido mais do que a maioria das pessoas em uma vida inteira. Sua mãe Harriet morreu quando ela tinha dez anos, deixando-a aos cuidados de uma série de governantas, babás e camareiras, e seus irmãos Fran, Maurice e Lionel haviam sido mortos na guerra. Agora ela via com tristeza seu pai extinguindo-se diante de seus olhos, enfraquecido pela dor de perder a mulher e três filhos. Ele faleceu cinco meses depois e a causa foi, aparentemente, mais do que qualquer outra, coração partido. Tornou sua filha uma mulher rica, mas muito infeliz.

Apesar de receber golpes tão fortes, Olive enfrentou resignadamente suas experiências. Afinal de contas, ela ainda tinha sorte. Não só era casada e rica pelos próprios esforços — o que era uma façanha naqueles tempos do pós-guerra —, mas seu marido Noel havia voltado dos campos de batalha na França, onde trabalhara como motorista para o Royal Army Service Corps.

O único outro membro da família a ter a mesma sorte foi seu primo Hugo — ex-aluno da Wellington School e do Trinity College —, homenageado com uma Cruz Militar por seus serviços na França. Em 17 de julho de 1920, ele se casou com Joyce Ransome, filha de um amigo da família, Cyril Ransome, professor da Leeds University, que veio de Far Headingley. Seu irmão Arthur conheceria a fama dez anos depois, ao publicar *Swallows and Amazons*, o primeiro de uma série de contos infantis.

Depois da guerra, Noel saiu da sociedade de advogados W. H. Clarke, Middleton & Co. em South Parade, em Leeds, a fim de entrar para a empresa familiar de Olive, a William Lupton & Co., como caixa. A irmã de Olive, Anne, ainda solteira, tentou substituir os irmãos na empresa, mas foi rejeitada por ser mulher.

Quando Olive deu à luz a filha Margaret, a quarta criança que teve com Noel, em 29 de junho de 1923, a felicidade do casal ficou completa. Juntos, eles criaram um lar cheio de alegria. Fairfield — uma imensa vila eduardiana no nº 12 da Park Avenue, uma alameda exclusiva no subúrbio de Oakwood, em Roundhay Park — era cheia de vozes e risadas. Gentil e amável, e de bom temperamento, Olive era mãe por natureza, e as crianças se desenvolviam bem em ambientes chefiados por alguém assim. Eles tinham uma governanta, que lhes dava aula junto com Francis, o primo de segundo grau e filho mais velho de Hugo Lupton e Joyce Ransome. Em *The Next Generation*, Francis lembra:

> Quando cheguei à idade de ir para a escola, minha mãe me deu aula por algum tempo, mas acabei compartilhando uma governanta com Peter e Margaret Middleton, meus primos. Eles moravam em Oakwood, a uns cinco quilômetros de distância, e lembro nitidamente que eu tinha de começar todo dia com uma carona numa carroça de leite puxada a cavalo, que me levava por 1,5 quilômetro ou algo assim, para onde minha mãe me apanhava, de bicicleta.

Noel, que gostava muito de música, era presidente da Northern Philarmonic Orchestra e organizava muitas *soirées* musicais em Leeds no período entreguerras. Ele também se interessava por fotografia e compartilhava com a mulher um amor pela pintura.

A família toda costumava se reunir em Beechwood, antiga base dos Lupton, onde o pai de Olive, Francis, fora criado com seus irmãos Arthur, Charles e Hugh, e que agora era a casa de Elinor e Bessie, as duas filhas solteironas de Arthur.

A família passava muito tempo ao ar livre no campo, e nas férias de verão acampava em Lake District. Também ficavam na casa de férias em Kettlewell, uma das cidades mais bonitas em Yorkshire Dales, de onde se pode ver todo o Wharfedale Valley, até o norte de Skipton.

Enquanto eles estavam em Lake District, naquele verão de 1936, Olive foi levada ao hospital com peritonite, uma infecção no sangue, depois de uma ruptura do apêndice. Seguiram-se complicações, e em 27 de setembro, aos 55 anos, ela faleceu, desolando a família. Ela deixou 52.031 libras em custódia para os filhos — uma verdadeira fortuna para a época —, mas todo esse dinheiro não podia reparar a dor da perda para os irmãos Middleton. Peter tinha apenas 16 anos quando perdeu a mãe, e Margaret nem era adolescente ainda. E mais uma geração Lupton tinha que enfrentar o mundo sem a presença da mãe. Anne, irmã sete anos mais nova do que Oliver e a única dos irmãos a continuar viva, tornou-se um ombro para Noel se apoiar e boa amiga das crianças.

Depois da Primeira Guerra Mundial, seguindo-se às mortes de seu pai e seus três irmãos, Anne, ainda solteira e sem vínculos conjugais, decidiu viajar pelo mundo, indo à Ásia e à América do Sul. Suas aventuras encantaram os sobrinhos. Quando voltou à Inglaterra, instalou-se na Mallord Street, nº 7, em Chelsea. Morou com Enid Moberly Bell, uma mulher igualmente inspiradora e incansável, que não só era uma prolífica escritora como também a fundadora e a primeira diretora da Lady Margaret School, em Fulham, e vice-presidente do Lyceum Club, para escritoras e artistas mulheres. Foi na Mallord Street que Anne soube da morte da irmã.

Naquele tempo, Chelsea não era um reduto exclusivo e caro para banqueiros de investimento e celebridades, mas um bairro de Londres habitado por artistas, poetas e escritores. Uma das vizinhas da dupla era o artista Augustus John, que contratou o arquiteto holandês Robert van t'Hoff, depois de encontrá-lo por acaso num pub, para desenhar uma modesta casa para ele no nº 28. O pintor Cecil Hunt, cuja esposa foi uma figura importante no movimento pró-voto feminino, morava em Mallord House; e o escritor A. A. Milne, ex-jornalista e editor-assistente da revista *Punch*, criador das histórias infantis do Ursinho Pooh para seu filho Christopher, morava no nº 13, uma casa de tijolos vermelhos, com grade de ferro fundido e esquadrias de chumbo.

Anne se encaixava muito bem no meio boêmio e progressista da Mallord Street. Havia herdado a consciência social do pai e procurava melhorar as condições de habitação em Fulham. Por isso, foi premiada com um MBE (Member of the Order of the

British Empire — Membro da Ordem do Império Britânico). Ela também se envolveu na criação da comunidade de Quarry Hill, no interior de Leeds, inaugurada em 1938 como o maior condomínio de casas populares do país. Tais casas substituíram as moradias apertadas do período vitoriano, outra causa que tocava diretamente o coração do pai de Anne. Os novos apartamentos se tornaram um ícone, eram modernos e bem-equipados, com aquecimento, luz elétrica e um sistema de coleta de lixo de primeira linha, mas as residências acabaram sendo demolidas em 1978, por problemas estruturais.

---

Três anos após a morte de Olive a família se viu diante de mais um desafio, a eclosão da Segunda Guerra Mundial; mais uma geração de Lupton teve que lutar pela pátria. Foi exatamente no 19º aniversário de Peter Middleton, em 3 de setembro de 1939, que a guerra foi declarada. Enquanto seu irmão mais velho, Christopher, se juntava à Artilharia Real e Anthony seguia para o Exército, Peter entrava para a RAF. Tirou seu brevê na RAF de Cranwell, um ponto em comum com o príncipe William.

Foi mais um período de ansiedade para Noel, que viu a família da esposa quase ser extinta na Primeira Guerra Mundial, mas acabou se transformando numa experiência melhor, pois a família presenciou a celebração de um casamento, um nascimento e uma honraria política.

No dia 6 de dezembro de 1941 o clã se reuniu na Christ Church, Chelsea, quando Christopher, então tenente da Artilharia Real, se casou com Dorothy Martin, filha de um construtor e três anos mais velha do que o marido. Tia Anne assinou a certidão de casamento no lugar da mãe de Christopher. Mais uma vez, ela unia a família, mantendo a casa em Chelsea aberta para amigos e parentes que passassem por Londres. Acabou tendo que sair de lá por causa do bombardeio e se instalou numa casa alugada em Midhurst, Kent, onde continuou envolvida em atividades para atenuar o sofrimento alheio causado pela guerra.

Um ano depois, em 18 de novembro de 1942, a família voltou a comemorar quando Jessie Kitson, sobrinha-neta do primeiro barão de Airedale, amigo íntimo de William — bisavô de Peter Middleton —, se tornou a primeira prefeita de Leeds. Ela era uma velha amiga de Elinor, prima de Anne e filha de Arthur Lupton. Elinor um dia brincara que ela e Jessie eram "as duas senhoras mais malvestidas de Leeds". A família ficou maravilhada por Elinor, pós-graduada em arte e literatura clássica por Cambridge, que morava na casa da família em Beechwood, ter se tornado a Sra. Prefeita.

Então, em 1943, Noel foi avô pela primeira vez: sua nora Dorothy deu à luz Philippa. Primeiro membro da família Middleton a não nascer em Leeds, ela veio ao mundo na maternidade Fulmer Chase, em Berkshire, onde muitas mulheres de oficiais menos graduados tiveram seus filhos.

Apesar de ser um centro industrial importante, Leeds sobreviveu à guerra sem maiores danos. A lenda local diz que a densa fumaça negra produzida pelas indústrias da cidade impediu que os aviões inimigos enxergassem os alvos. Mesmo assim, cerca de setenta pessoas morreram nos ataques. O pior deles aconteceu em março de 1941, quando a Prefeitura, a estação, o condomínio de Quarry Hill e o Museu municipal de Leeds foram bombardeados, com o último perdendo uma antiga múmia egípcia. Enquanto isso, os Waddington, fabricantes locais de cartas e jogos de tabuleiro, assumiram o desafio de fornecer aos soldados britânicos — detidos nos campos de prisioneiros da Alemanha — jogos onde tinham inserido mapas secretos para ajudá-los nas tentativas de fuga.

Nenhum dos irmãos Middleton foi morto na guerra, e a família deve ter dado um grande suspiro de alívio quando ela terminou.

Em Leeds, milhares de pessoas dançavam nas ruas, se agarrando aos leões em frente à Prefeitura para celebrar o Dia da Vitória na Europa; em 13 de maio de 1945 houve uma parada comemorativa na cidade, acompanhada por milhares de pessoas, apesar da chuva torrencial.

O final da guerra prenunciou o início de uma nova geração de Middleton, que celebravam a liberdade recém-conquistada. Naqueles dias do pós-guerra, o avô de Kate, Peter, e o irmão dele, Anthony, se apaixonaram ao mesmo tempo por duas exuberantes irmãs.

Peter, que se tornou piloto civil depois de dar baixa do Exército, foi o primeiro irmão a se aventurar, casando-se com a respeitável idade de 26 anos. Ele trocou alianças com Valerie Glassborow, de 22, filha do gerente de banco Frederick Glassborow em 7 de dezembro de 1946, na igreja paroquial Norman, em Adel, a mais antiga de Leeds. Esse casamento provou ser o alicerce para outro caso de amor, entre o irmão mais velho de Peter, Anthony, um tecelão de 29 anos, e a irmã de Valerie, Mary, de 23, e a união formal ocorreu em 5 de abril do ano seguinte na igreja paroquial de St. John, em Moor Allerton, estreitando ainda mais a boa relação entre as duas famílias.

Infelizmente, Noel não viveu o suficiente para levar a filha mais nova, Margaret, ao altar quando ela trocou votos com o músico James Barton, oito anos depois. Ele morreu repentinamente de infarto aos 72 anos, no dia 2 de julho de 1951, deixando em seu testamento o equivalente a 1,3 milhão de libras, a ser dividido entre os quatro filhos. O avô de Kate, Peter, com 30 anos quando o pai morreu, também herdou um busto de bronze de Jacob Epstein, uma pintura a óleo do artista local George Graham e um retrato próprio pintado por Edward Neatby, um pintor de sucesso nascido em Leeds, que fazia retratos e paisagens.

Anne, a cunhada de Noel que desempenhou um papel tão importante na vida das crianças, ainda viveria por mais 16 anos. Porém, após a morte de Enid Moberly Bell, em 1966, ela começou a definhar. No ano seguinte, prejudicada pela artrite, sucumbiu à leucemia e à tuberculose, contraídas no período da Primeira Guerra Mundial. Estava com 79 anos.

# Capítulo 9

## *Os Glassborow 1881-1954*

Usando o tradicional vestido de luto apertado com um laço branco, e com lágrimas escorrendo pelo rosto, a rainha Vitória se sentou à escrivaninha do castelo de Windsor e escreveu uma carta a lorde Rowton, secretário particular de Benjamin Disraeli. Mais uma vez mergulhada na tristeza, dessa vez por conta da morte de seu primeiro-ministro favorito, a pentavó do príncipe William escreveu naquele dia: "Mal consigo enxergar, dada a velocidade com que as lágrimas caem do meu rosto. (...) Eu nunca tive um ministro tão devotado, e bem poucos amigos foram tão dedicados."

Era 19 de abril de 1881 — quase vinte anos depois de Vitória ter se retirado da vida pública, após a morte de seu amado príncipe Alberto —, e o ex-primeiro-ministro conservador, o favorito da rainha, havia sucumbido à bronquite.

A morte de Disraeli, um ano após ele ter perdido as eleições gerais para o Partido Liberal, de Gladstone, prenunciava o fim de uma amizade entre a rainha e o primeiro-ministro, que começara em 1868. Foi nesse ano que ele substituiu lorde Derby como primeiro-ministro, se consolidando quando voltou para um segundo mandato, em 1874.

Disraeli convenceu a rainha Vitória a sair da reclusão, proclamando-a Imperatriz da Índia, galanteando-a com um beijo em sua mão, chamando-a de "Fada Rainha" e lhe enviando cartas espirituosas. "Todo mundo gosta de um afago", relatou ao poeta Matthew Arnold —, e quando se fala da realeza, você tem que, caprichar ainda mais." Em contrapartida, a rainha o nomeou conde de Beaconsfield e visconde de Hughenden, enviando-lhe ramos de flores primaveris e lhe dando o apelido de "Dizzy" (Tonto). Ela mandou vários buquês de rosas para o enterro. Depois, fez uma visita a Hughenden para colocar uma coroa em seu túmulo e mais tarde mandou, pessoalmente, erguer um monumento para ele.

Enquanto a rainha Vitória sofria com a dor do luto, a cinquenta quilômetros dali, nas profundezas da prisão de Holloway, o tetravô de Kate Middleton, Edward Glassborow, passava por um sofrimento totalmente diferente. Encarcerado numa pequena cela — de 4 m x 2,5 m —, numa das três alas masculinas da penitenciária, aquele senhor de 55 anos era um dos 436 prisioneiros das cidades de Londres e Middlesex detidos em Holloway, à época do censo de 1881.

Os registros da prisão daquela época não sobreviveram, por isso é impossível saber o motivo pelo qual aquele pai de sete filhos, que trabalhava de mensageiro para uma seguradora, esteve preso. A explicação mais plausível era a de ter sido por um delito sem maior gravidade — como bebedeira e arruaça —, e por pouco tempo. Naquela época, Holloway, antes conhecida como Casa de Correção da Cidade de Londres ou Penitenciária Municipal, era a prisão utilizada por criminosos sentenciados nos tribunais de Old Bailey, Mansion House ou Guildhall.* Ela também tinha encarcerados por dívidas; apesar de a prisão por inadimplência ter tido fim em 1862, os devedores podiam ser presos por desacato à autoridade ou pelo não pagamento das multas judiciárias.

Qualquer que tenha sido o crime, Thomas, o pai de Edward, deve ter se revirado no túmulo. Ele se ofereceu como voluntário ao comissário da paróquia quando tinha uns 30 anos de idade e prendeu dezenas de criminosos como o filho. Por muitas vezes, em Old Bailey, testemunhou contra ladrões e batedores de carteiras, condenando muitos criminosos que seriam transportados para a Austrália e a Tasmânia. Mas ele abandonou esse ofício antes de se casar com Amy, mãe de Edward, no dia 18 de fevereiro de 1823, e se tornou mensageiro de uma seguradora. O casal morava na Bartholomew Lane, nº 1, que na época era a sede da Alliance Marine Insurance Company, fundada por Nathan Rothschild. Portanto, aparentemente, Thomas era um funcionário tão exemplar que chegava a morar na sede da companhia.

Nessa época, sir Robert Peel havia sido indicado secretário do Interior, e as primeiras conversas sobre a formação de uma força policial moderna e assalariada para a capital já estavam em andamento. A lei e a ordem tinham se tornado uma grande dor de cabeça para as autoridades, à medida que as pessoas buscavam refúgio em Londres no tempo da Revolução Industrial. A Austrália e a Tasmânia se recusaram a permitir que mais condenados fossem expatriados para lá, e a Inglaterra teve que arranjar outra maneira

---

* O Old Bailey é o principal tribunal penal de Londres. Os juizados da Mansion House e de Guildhall, normalmente, se restringem a questões financeiras e mercantis. (*N. do T.*)

de lidar com seus criminosos. A solução mais óbvia era introduzir melhorias na força policial e construir mais prisões. O Metropolitan Police Act, de 1829, substituía os comissários voluntários e os vigias noturnos por uma força policial centralizada de 3 mil homens, responsáveis por policiar toda a região metropolitana, à exceção da cidade de Londres. Vestidos de uniforme azul e carregando cassetetes, foram apelidados de "bobbies", por causa de Robert (Bob) Peel.

Noventa penitenciárias foram construídas entre 1842 e 1877. Inaugurada em 1852, a prisão de Holloway custou, sozinha, 91.547 libras, 10 xelins e 8 pence.* Cada prisão era administrada por um carcereiro que, basicamente, criava as regras com o passar do tempo, concedendo privilégios a prisioneiros que pudessem pagar por livros e cartas, visitas e uma comida melhor. Muitos prisioneiros tinham que pagá-lo para serem libertados mesmo após o cumprimento da sentença. Exigia-se que eles comprassem um "alvará de permissão", que naquela época equivalia ao livramento condicional. Os que não tinham dinheiro para melhorar seu status dormiam em camas de madeira sem conforto algum, tendo refeições iguais e insípidas todos os dias e executando trabalhos pesados. Triturar milho e separar estopa — tirando os fios velhos que pudessem ser vendidos para a indústria naval — eram as atividades mais comuns, mais um castigo do que um trabalho com algum propósito. As condições eram desanimadoras, insalubres, desumanas, e ainda havia a superlotação. Muitos prisioneiros morriam antes de serem soltos.

Talvez por sorte, os pais de Edward não viveram o suficiente para vê-lo ser preso. Thomas sucumbiu à tuberculose aos 65 anos,

---

* A moeda inglesa só se tornou decimal em 1971. Antes, 1 libra era formada por 20 xelins (*shillings*), e cada xelim se compunha de 12 pence. (*N. do T.*)

em 29 de dezembro de 1860, e Amy faleceu quatro anos depois, de "morte natural" e icterícia. Edward se mudou para o nº 1 da Batholomew Lane, assumindo a profissão do pai, mas as coisas não parecem ter dado certo, já que ele foi parar do lado errado da lei.

Ele, provavelmente, foi levado à prisão numa Black Maria.* Lá, foi fotografado e submetido à vistoria de sinais de identificação, teve que entregar seus pertences pessoais e tirar as roupas. Precisou raspar a cabeça e se banhar numa água suja, antes de se vestir com o uniforme da prisão, com o número da cela costurado nas costas da camisa.

Enquanto isso, sua atormentada esposa, Charlotte, de 55 anos, com quem fora casado por 33 anos e com quem teve cinco filhos e duas filhas, permaneceu em casa, no leste de Londres para cuidar das filhas mais novas, Amy, de 24 anos, Frederick, trisavô de Kate e gerente comercial, de 22, Charles, de 16, e Herbert, de 14, que ainda estava na escola. Os dois filhos mais velhos, Edward, de 32, e William, de 26, já tinham saído de casa há muito tempo. A filha Charlotte, uma chapeleira, morrera de febre tifoide cinco anos antes, aos 25. A família se mudara da Bartholomew Lane, no centro da cidade, para uma casa despedaçada em Nelson Terrace, Trafalgar Road, Haggerston, na paróquia da antiga igreja de St. Leonard, Shoreditch, famosa pelo versinho para crianças do poema *Oranges and Lemons*:** "Quando eu ficar rico, cantam os sinos de Shoreditch."

Catorze anos depois do período que Edward Glassborow passou em Holloway, o renomado dramaturgo e escritor Oscar Wilde passaria pelo mesmo portão de grades levadiças. Ele ficou detido em Holloway esperando o julgamento por indecência grave. O autor de *O retrato de Dorian Gray* e *A importância de ser honesto* tinha prestado queixa de calúnia contra o marquês de Queensberry — pai de seu

---

* Tipo de veículo utilizado pela polícia para transportar prisioneiros. (*N. da R.*)

** "When I grow rich, say the bells of Shoreditch..."

amante, lorde Alfred "Bosie" Douglas —, que acusou o filho de ser homossexual. Embora Wilde tenha retirado a queixa depois de ter ficado claro que era uma causa perdida, ele foi preso no desenrolar do caso e passou vários meses detido em Holloway antes de ser condenado a dois anos de trabalhos forçados no presídio de Reading.

A essa altura é evidente que o tetravô de Kate já tinha sido solto havia muito tempo. Ele se mudou para Leyton, em Essex, para dar início a uma vida nova. Quando seu terceiro filho, Frederick, de 27, se casou em 1º de junho de 1886 com Emily Elliott, de 23 anos, na igreja paroquial de Leyton, ele se apresentou como um homem fino, uma virada extraordinária na vida de um ex-criminoso. Edward viveu tempo suficiente para ver todos os filhos bem-encaminhados, uma verdadeira façanha naquela época, embora não esteja claro se ele foi convidado para os casamentos ou se a família o relegou ao ostracismo devido a seu passado.

Seu filho Charles, de 23 anos, era corretor de ações e trocou alianças com Florence Alderton, cinco anos mais velha do que ele, na igreja da paróquia Hackney, em 13 de agosto de 1887, mas escolheu Herbert, seu irmão mais novo, para servir de testemunha. Cinco anos depois, foi a vez de a única filha de Edward, Amy, se casar com um viúvo que tinha o dobro da idade dela. Ela tinha 36 anos e estaria condenada a ficar solteira naquele tempo se não fosse o enlace com Samuel Alderton, um artesão de marfim de 65 anos, no cartório de Hackney. De novo, Herbert foi testemunha. Finalmente, ele mesmo, um corretor de ações de 29 anos, formalizou a união com Catherine Monahan, de 28, filha de um industrial local em 1896, na igreja St. Andrew, em Leytonstone.

Edward e Charlotte devem ter ficado satisfeitos por verem todos os filhos casados, mas viveram pouco tempo para conhecer os netos. Edward morreu de apoplexia — em outras palavras, uma súbita perda de consciência — em 11 de agosto de 1898, em sua casa em Vicarage Road, Leyton, depois de sofrer de reumatismo crônico. Seu filho Frederick — trisavô de Kate — estava a seu lado nos últimos momentos, de modo que a família estava reconciliada na hora da morte. Menos de dois anos depois, em 21 de julho de 1900, Charlotte faleceu, de causas naturais, em casa, calmamente, aos 75 anos. Sua nora Emily, casada com o segundo filho mais velho, William, que também era corretor de ações, segurava a mão da sogra.

Após a perda da mãe, Frederick, de 41 anos e funcionário de um estaleiro, mudou-se para a casa dos pais em Vicarage Road com a mulher, Emily, e seus dois filhos, Amy, de 14, e Frederick, de 11. O terceiro filho, Wilfred, nasceu em 1905.

O bisavô de Kate, Frederick Glassborow, bancário de 24 anos que trabalhava no London and Westminster Bank, de 1,75 m de altura, cabelos e olhos castanhos, foi recrutado para a Marinha Real como marinheiro comum em 12 de agosto de 1914 e lotado no batalhão de Benbow dez dias depois. O batalhão fazia parte da First Royal Naval Brigade, da Royal Naval Division, mais conhecida como o "Pequeno Exército de Winston", criada quando a Marinha Real formou uma divisão com o excedente de marinheiros para lutar ao lado do Exército.

Registros militares revelam que Frederick foi um dos 2 mil novos recrutas enviados ao campo de treinamento de Walmer, em Kent — teve dois dias, no máximo, de treino de tiro —, antes de ser mandado a Bélgica, para apoiar o Exército belga na defesa de Antuérpia, uma causa pessoalmente importante para Churchill. No dia 6 de outubro de 1914, este estava no Hotel de Ville, em Antuérpia, não muito longe do front de Vieux Dieu, quando mandou que a Divisão Naval defendesse os fortes que compunham a defesa interna da cidade. Mas enquanto os soldados belgas comandavam os fortes, os britânicos tiveram que se posicionar em trincheiras rasas e inundadas, com quinhentos metros de território livre à sua frente, tornando-se, assim, alvos perfeitos para a artilharia alemã. Depois de dois dias, Churchill deu ordens para recuar, mas o comandante da divisão, o comodoro Wilfred Henderson, não a recebeu, e a brigada foi bombardeada por fogo pesado. Na confusão, alguns batalhões se retiraram de trem. Outros, incluindo o de Benbow, foram deixados sozinhos, sem transporte, incapacitados de cruzarem a ponte sobre o rio Schelde (destruída pelos belgas que recuavam) e sem poder chegar até um trem, porque a linha férrea fora destruída pelos alemães. Para não serem capturados, o comodoro Henderson decidiu levar seus homens exaustos para atravessarem a fronteira com a Holanda, que era neutra.

Frederick era um dos 545 homens e oficiais que compunham o batalhão de Benbow, liderado pelo comandante Fargus, a serem confinados pelos holandeses no Campo Inglês da cidade de Groningen, depois de chegarem à Holanda. Isso foi a salvação. Confinados numa cabana de madeira construída para esse propósito, chamada por Frederick e seus companheiros soldados de "Timbertown" (Cidade de Madeira), ele pôde fazer uso de uma academia, de um salão de recreação, biblioteca, sala de aula e correio. Um campo de futebol foi transformado num bar, onde os homens podiam se divertir com visitantes. Eles editavam o próprio jornal, montavam times que jogavam contra as equipes locais e organizaram uma orquestra e uma companhia de teatro chamada Timberland Follies. Eles podiam até sair do confinamento, com a única condição de não tentarem fugir.

Duas semanas depois de ele e seus homens se verem obrigados a fugir para a Holanda, o comodoro Henderson mandou uma carta ao general-adjunto dos Fuzileiros Reais, sir William Nicholls, descrevendo o fracasso. Contou que os homens chegaram ao front no dia 6 de outubro e começaram a cavar as trincheiras, mas tiveram dificuldades devido à falta de equipamentos; ao fato de alguns dos homens nunca terem lidado com pás e picaretas na vida e à própria falta de comida, água, comunicação e ordens. Dois dos batalhões sofreram, sem água, por 24 horas nas trincheiras, e quatro ficaram 36 horas sem comida que não fosse a ração de 110 gramas de carne. Os homens tinham recebido rifles com pentes três dias antes de sair da Inglaterra, mas nunca haviam sido treinados para usá-los. Não havia transporte organizado nem equipamento de sinalização, além de algumas bandeiras, uma bicicleta para mensagens para cada batalhão, nem cavalos para os oficiais. "Os homens não tinham recebido o uniforme cáqui e ainda estavam de calças azuis. Portanto, não havia bolsos para carregar comida e munição", acrescentou. "Só uma pequena quantidade deles recebeu sobretudos (...) e [os homens] sofriam consideravelmente com o frio. A ausência de mochilas, marmitas e garrafas de água também foi uma enorme desvantagem."

Em 22 de março de 1917, Frederick recebeu licença para ficar na Holanda, que se estenderia até 26 de maio de 1918. Suas anotações: "Meu apreço pelo excelente trabalho feito no Consulado Geral, em Roterdã." Ele voltou à Inglaterra em 4 de março de 1919 e foi desmobilizado seis dias depois, permanecendo no segundo batalhão de reservistas.

Frederick sobreviveu à guerra, mas alguns de seus primos não tiveram a mesma sorte. Herbert, de Leytonhouse, um burocrata e pai de dois filhos, se alistou aos 36 anos, em 2 de dezembro de 1915, como o atirador nº 86.318 da Royal Garrison Artillery. Foi mandado para a França, pois acabou sendo punido por negligência ao dever no fim da guerra. Foi condenado a 14 dias de castigo no campo nº 2 e algemado em grilhões de ferro por até duas horas por dia, uma pena considerada brutal e humilhante pelos soldados. Os registros que existem sobre ele afirmam: “Enquanto em serviço ativo. Negligência que prejudicou a boa ordem e a disciplina militar.”

Outro primo, James, artilheiro da Royal Horse Artillery, tinha apenas 21 anos quando foi ferido num ataque com gás mostarda em 6 de outubro de 1917. Ele recebeu tratamento no Bradford War Hospital, mas o ferimento o afetou pelo resto da vida. Ele recebeu uma pensão temporária ao ser dispensado, tendo entrado na categoria do “30% incapacitado”. O irmão mais velho de James, Charles, um cabo de 24 anos da 11ª Australian Light Trench Mortar Battery foi morto no dia 14 de março de 1917 e é lembrado com honras militares no cemitério de Armentières, onde está enterrado.

Depois do fim da Primeira Guerra, Frederick voltou a seu trabalho de gerente no London and Westminster Bank, onde conheceu Constance Robison, filha de um gerente de banco de Leytonstone. Os dois tinham 30 anos, e o casal selou a união no dia 24 de junho de 1920 na igreja Holy Trinity, em Marylebone, uma igreja anglicana construída por sir John Soane. Eles adoravam viajar, e Frederick foi o primeiro a se candidatar quando apareceu uma oportunidade na filial do banco em Valência, na Espanha, onde seu filho Maurice nasceu, em 16 de abril de 1922. Cerca de dois anos depois, em 5 de janeiro de 1924, a família ficou completa com o nascimento de Valerie, avó de Kate, e sua irmã gêmea, Mary. A essa altura, Frederick era subgerente do banco em Marselha, no litoral sudeste da França. Era um lugar paradisíaco para se criar crianças, mas, como era tradição, Maurice cursou a escola preparatória e a escola pública na Inglaterra. Sua segunda mulher, Helen, conta que o guia turístico Thomas Cook sempre garantia que ele chegasse são e salvo a seu destino. “Ele era mandado com uma etiqueta com o nome dele no pescoço. Hoje em dia, isso não acontece.”

Em 21 de dezembro de 1932, quando Valerie tinha apenas oito anos de idade, o senhor Frederick faleceu, aos 73 anos. No dia, seu filho e a família dele o estavam visitando. Frederick sofreu uma hemorragia cerebral em sua casa em Lismore Road, Herne Bay, Kent. Seu filho estava a seu lado no leito de morte. Ele deixou mil libras para os três filhos, uma quantia razoável na época, mas não era uma fortuna. Ficaria para a próxima geração dos Glassborow conquistar a verdadeira segurança financeira, quando se casassem com os integrantes de uma das famílias mais ricas de Leeds.

Dois meses antes do quinquagésimo aniversário de Frederick Glassborow e a Inglaterra declarou guerra à Alemanha, e ele se viu diante da perspectiva de passar por mais uma guerra mundial. Apesar de ele ser velho demais para participar combatendo, Maurice, que tinha somente 17 anos, estava afoito para se juntar à Marinha. Como era novo demais para entrar para a Marinha Real britânica, se alistou na francesa, onde participaria da Batalha do Atlântico contra os países do Eixo, e depois se transferiria para a britânica, quando a família voltou de Marselha para a Inglaterra. Frederick fugiu num navio, com os registros do banco enfiados em sacos, pouco antes de Marselha ser ocupada por forças inimigas, em novembro de 1942. Enquanto seu navio esperava para zarpar do porto, ele foi duramente bombardeado pela aviação alemã. A experiência deve ter sido horrível, mas ele lidou com isso usando sua característica indiferença.

Ao voltar para a Inglaterra, Frederick foi transferido para o norte, onde se tornou gerente da filial de Leeds do Westminster Bank, em Park Row. Foi bastante ativo na vida da cidade, sendo apontado presidente do Institute of Bankers e do Banking Advisory Committee of the Leeds College of Commerce, membro da Council of the Leeds Chamber of Commerce, tesoureiro da Economic League in the West Yorkshire Region e Cidadão de Londres. Essa imensa rede de contatos repercutiria para todos os seus filhos.

Enquanto Maurice se casava com a componente de uma das dinastias mais ilustres do teatro inglês, Valerie e Mary selaram união com os filhos de uma das famílias mais ricas e influentes de Leeds. Frederick viu todos os seus filhos bem-encaminhados e se aposentou, indo morar em Folkestone, Kent, onde veio a falecer em 10 de junho de 1954, aos 64 anos, de derrame em consequência de pressão alta. Deixou para a mulher o equivalente a 323 mil libras — situação muito confortável para a viúva. Ela ainda viveria por vinte anos, o suficiente para ver todos os netos crescerem, mas não o bastante para ver seu neto piloto Michael se casar com a aeromoça Carole Goldsmith, ou para conhecer a bisneta Kate.

# Capítulo 10

## *Peter Middleton e Valerie Glassborow*

Descrito por sir Winston Churchill como o "primeiro momento colorido" depois dos longos anos de guerra, o casamento da princesa Elizabeth com o duque de Edimburgo em 20 de novembro de 1947 prenunciava uma nova era de paz e otimismo para a Grã-Bretanha pós-conflito.

A princesa, de 21 anos, tinha economizado seus vales de vestuário para comprar tecido para o vestido acetinado, cor de marfim, produzido a partir da seda dos bichos-da-seda da China. Concebido pelo costureiro Norman Hartnell, era bordado com pequenas pérolas em padrões inspirados em *Primavera,* a obra-prima de Botticelli. Envergando um véu de seda e uma tiara de diamantes emprestada pela mãe, a rainha Elizabeth, ela caminhou pelo corredor da abadia de Westminster — diante de 2 mil personalidades e convidados — de braço dado com o pai, o rei Jorge VI.

O casal, que recebeu 2.500 presentes de casamento do mundo inteiro, se mudou para seu primeiro lar, uma casa de cinco quartos em Sunningdale, Ascot, alugada até se mudarem para a Clarence House, em Londres, dois anos depois. O novo lar, Windlesham Moor, ficava num terreno de 235 mil metros quadrados, com direito a quatro salões de recepção, incluindo sala de jantar, sala de estar de 17 m de comprimento e um salão chinês. Eles moravam lá quando o príncipe Charles nasceu, no dia 14 de novembro de 1948.

O casamento real foi o início de uma nova era para a Inglaterra, que saía do sofrimento da Segunda Guerra Mundial. A vida de todos os cidadãos britânicos, tenham eles lutado no exterior ou na própria Inglaterra, havia virado de cabeça para baixo, e todos ansiavam por um período de paz.

A coleção ultrafeminina do costureiro francês Christian Dior, de 1947, dava eco a essa virada, à medida que os homens voltavam aos antigos empregos e as mulheres retornavam à tradicional esfera do lar. Chamada de New Look, depois de o termo aparecer pela primeira vez num texto da *Harper's Bazaar*, a coleção composta por vestidos de Dior e seus ternos de ombros macios, cinturas finas e saias fluidas deu o tom da moda do pós-guerra. Escandalosamente extravagante e, mesmo assim, totalmente antenado com seu tempo, o New Look capturou a imaginação mundial. Rita Hayworth usou um dos vestidos na première do filme *Gilda,* e Margot Fonteyn comprou um terno Dior. O furor causado pelas roupas foi tão grande que, apesar de o rei Jorge VI não permitir que as filhas adotassem aquele estilo novo e luxuoso enquanto os tempos ainda estivessem difíceis, pediu que Dior fizesse uma exibição particular de sua nova coleção para elas.

O ano de 1947 foi de grandes mudanças. Ele prenunciava o fim da Commonwealth — com a separação da Índia e a criação dos Estados soberanos da Índia e do Paquistão —, a assinatura dos tratados de paz de Paris e o início do Fundo Monetário Internacional (FMI). A Cambridge University permitiu, pela primeira vez, a admissão de mulheres em tempo integral, e o escritor francês André Gide ganhou o Prêmio Nobel de Literatura. Figuraram no obituário do ano Al Capone, o fabricante de carros Henry Ford e o primeiro-ministro Stanley Baldwin. Foi uma época de novas tecnologias: a primeira câmera instantânea da Polaroid surgiu, Kalashnikov terminou de desenhar seu rifle de assalto AK-47, o magnata de Hollywood, Howard Hughes, pilotou o enorme "Spruce Goose" em seu primeiro e último voo, e houve, ainda, o misterioso resgate, pelo Exército americano, de um "disco voador" que caiu num rancho em Roswell, Texas.

Essa também foi uma época de celebração para os avós de Kate, Peter Middleton, de 27 anos, e sua esposa Valerie, de 23, em Leeds. Com quase a mesma idade do casal real — Peter era nove meses mais velho do que o duque de Edimburgo, e Valerie, dois anos mais velha que a rainha —, eles haviam trocado alianças no ano anterior, no dia 7 de dezembro de 1946, e já iam completar o primeiro ano de casamento quando a princesa Elizabeth era levada ao altar. É claro que a união deles não estava no mesmo patamar do casamento dos avós do príncipe William, mas foi uma ocasião muito feliz. Noel, pai de Peter, acompanhou orgulhoso o jovem casal declarar seus votos na frente dos amigos e da família, na igreja da paróquia normanda em Adel, a mais antiga de Leeds — tão bonita quanto a abadia de Westminster —, e depois os viu assinarem o livro de casamento. Ele devia lamentar o fato de sua esposa Olive, que morrera de peritonite antes da guerra, não poder estar a seu lado. Mesmo assim, sua cunhada Anne a substituiu, e três de seus outros filhos, Christopher (já casado com Dorothy, a filha do construtor), Anthony e Anne estavam na congregação com os pais de Valerie, Frederick e Constance Glassborow, amigos próximos da família.

As gêmeas Glassborow, Valerie e Mary, foram trazidas de Marselha, onde o pai era subgerente do Westminster Foreign Bank, no período entreguerras. As duas eram bilíngues e conheceram os Middleton em Leeds — seu novo lar após a transferência de Frederick para lá em 1943 —, fugindo da invasão da França pelas tropas alemãs.

Numa ocorrência incomum do destino, seis meses depois, em 5 de abril de 1947, quando Valerie já estava grávida de quatro meses do primeiro filho, as duas famílias voltaram a se unir em mais um matrimônio, dessa vez entre o irmão mais velho de Peter, Anthony, e a irmã gêmea de Valerie, Mary. Tony, 29 anos, que trabalhava com o pai Noel e o irmão Christopher nas empresas da família, a William Lupton & Co., subiu ao altar com Mary, 23, na igreja da paróquia de St. John, em Moor Allerton, tornando-os duplos cunhados.

O novo casal se mudou para um dos dois apartamentos na Stanley Drive, em Roundhay, que pertenciam a Noel, pai de Anthony. O local ficava a poucas quadras de onde moravam Valerie e Peter (que estavam na casa da família, em Fieldhead) e, também de Christopher, que morava em Oakwood Park com a esposa Dorothy, a filha Philippa, de quatro anos, e o filho Stephen, de dois. A irmã caçula Margaret havia se mudado para Londres e tinha um estilo de vida mais boêmio e glamouroso na Carlyle Square, um território exclusivo junto à Kings Road.

Seis meses depois, em 21 de setembro de 1947, Valerie e Peter comemoraram o nascimento de seu primeiro filho, Richard, nascido na maternidade de Willows da Broad Lane — e um ano mais velho do que o príncipe Charles. A essa altura, Peter já havia deixado a RAF, onde havia sido promovido ao posto de segundo piloto e trabalhava como piloto comercial para uma companhia de fretes aéreos. Ele e sua jovem família continuaram a morar em Fieldhead com o pai idoso, enquanto procuravam uma casa só para eles.

Maurice, 25 anos, irmão mais velho das gêmeas Glassborow, depois de sair da Marinha, trabalhou temporariamente como representante de uma fábrica de amianto. Era casado com Monica Neilson-Terry, e o casal tinha uma vida simples em Primley Park Mount, a leste do Motortown Golf Club e cinco quilômetros a nordeste de Roundhay, onde as irmãs gêmeas moravam. Todas as quatro jovens famílias passavam muito tempo juntas, especialmente depois do nascimento de Matita, filha de Maurice e Monica, na maternidade de Chapel Allerton, em 12 de dezembro de 1947. Ela era apenas três meses mais velha do que o primo Richard, e as duas cunhadas devem ter apreciado a ajuda e o companheirismo uma da outra.

Monica Neilson-Terry era descendente de uma grande dinastia teatral da época, que tinha John Gielgud entre seus membros. O biógrafo dele, Jonathan Croall, descreveu a família como sendo dona de "um grande apetite, modos graciosos, vozes bonitas, bela dicção e também um temperamento extravagante, muita garra e enorme capacidade de trabalhar duro". A tia-avó de Monica era a lendária atriz shakespeariana Dame Ellen Terry, que estreou no teatro diante da pentavó do príncipe William, a rainha Vitória, aos 8 anos de idade — no papel de Mamílio em *Conto de Inverno*. Foi sagrada dama pelo trisavô de William, o rei Jorge V. Lenda viva dos palcos, ela e o ator sir Henry Irving, com quem trabalharia por 23 anos, transformaram o teatro inglês. Fora dos palcos, sua vida pessoal causou um escândalo após outro na era vitoriana. Casou-se três vezes, foi cortejada por George Bernard Shaw e fugiu com um arquiteto, Edward Godwin, com quem teve dois filhos: uma filha chamada Edith e um filho, Edward Gordon Craig. Este foi amante de Isadora Duncan e pai da malfadada filha Deirdre, que se afogou no rio Sena aos 7 anos.

Dame Ellen era irmã de Kate, avó de Gielgud, e de Fred, avô de Monica, um famoso agente de atores, o que os fazia serem primos em segundo grau. O pai de Monica era o ilustre ator Dennis Neilson-Terry, que morreu de pneumonia dupla aos 36 anos, quando ela tinha apenas 10 anos. Sua tia era Phyllis Neilson-Terry, uma bem-sucedida atriz de teatro que participou do filme *Odeio essa mulher*, uma adaptação da peça *Look Back in Anger*, de John Osborne. Sua irmã Hazel, que interpretou um papel no aclamado filme *O Criado*, de Joseph Losey — com Dirk Bogarde no papel principal —, era casada com o ator Geoffrey Keen, que interpretou Frederick Gray, o ministro da Defesa em seis filmes da série 007. Assim sendo, a linhagem de Kate inclui escritores famosos, atores de Hollywood e lendas dos palcos.

No final da década de 1940, Maurice se mudou para Londres com a mulher e a filha, deixando as irmãs gêmeas no norte, onde suas vidas continuaram entrelaçadas como sempre. Quando o príncipe Charles nasceu, em 14 de novembro de 1948, tanto a avó de Kate, Valerie, como a tia-avó Mary estavam grávidas — Valerie, do segundo filho, e Mary, do primeiro, chamado John, que nasceu em 10 de maio de 1949. Seis semanas depois, no dia 23 de junho, Valerie deu à luz o segundo filho — Michael, o pai de Kate — na maternidade de Chapel Allerton, um lugar aparentemente muito apropriado. Apesar de o nome ter mudado já naquela época, o prédio parece ser o mesmo que tem fundos para Hawkhills, a casa em Allerton Park onde o trisavô de Michael, William, vivera cem anos antes. A essa altura, Peter, o marido de Valerie, era instrutor de voo na escola de aviação Air Service Training, e morava com sua jovem família em King Lane, a oeste de Moortown Golf Club — mas pensava em se mudar de Leeds para o sul. Seu pai Noel, o patriarca da família, morreu repentinamente de ataque cardíaco em 2 de julho de 1951, e pouco depois a família realmente se mudou para o sul. Com apenas 30 anos, Peter tinha perdido o pai e a mãe. Talvez fosse mais fácil para ele sair de sua cidade natal agora que o pai não estava mais vivo.

Peter conseguiu um emprego de instrutor de voo na recém-constituída British European Airways (BEA), que tinha sede no aeroporto Heathrow, e voava com destino à Europa e ao Norte da África. Ele se tornou um piloto e instrutor de voo extremamente respeitado até que a BEA se fundiu com a British Overseas Airways Corporation (BOAC) em 1974, quando passou a integrar os quadros da recém-criada British Airways. Para ficar perto do aeroporto, Peter se mudou com a família 320 quilômetros para o sul, para a vila comercial de Beaconsfield, em Buckinghamshire; se instalou em Chiltern Hills, uma área de extraordinária beleza natural. O jovem casal se mudou com os dois filhos, Richard, de 4 anos, e Michael, de 2, para Silverthorne, uma casa na tranquila Grenfell Road, lugar onde as casas hoje custam cerca de 1 milhão de libras, onde eles criaram seus quatro filhos. O terceiro menino, Simon, nasceria em 24 de agosto de 1952, em Beaconsfield; o quarto, Nicholas, ali perto, em Chalfont St. Giles, no dia 11 de setembro de 1956.

Entre um nascimento e outro, a família teve de lidar com uma triste perda quando, em 10 de junho de 1954, Frederick, o pai de Valerie, morreu de derrame, aos 64 anos. Sua mulher Constance — como a família inteira, aliás — ficou arrasada. Más notícias também vieram do front empresarial: a William Lupton & Co., a empresa familiar fundada em 1773 — e a mais antiga em operações em Leeds —, fechou as portas em 1958, deixando Christopher e Tony desempregados. O fechamento fez com que Tony e sua esposa Mary seguissem Peter e Valerie em direção ao sul, sendo esta a primeira geração da família Middleton a deixar para trás suas raízes nortistas; Christopher foi o único irmão a permanecer em Leeds. Tony começou a trabalhar para a Courtaulds, uma empresa têxtil. Ele e Mary, que tinham quatro filhos — John, Gillian, nascidos em 1951, Timothy, nascido em 1959, e Elizabeth, de 1962 —, se instalaram na mesma cidade dos irmãos, numa casa em Beechlawn, na arborizada Eghams Wood Road, a 1,5 quilômetro de distância de

Peter e Valerie. Assim os oito primos, que tinham idades próximas, cresceram juntos.

A essa altura o restante da família tinha se espalhado pelo mundo: Christopher e a família estavam em Leeds; Maurice, agora mercador de vinhos, dirigia a Saccone & Speed em Nairóbi, no Quênia — onde a filha Matita frequentava a Loreto Convent School —, e Margaret morava em Barnet, região norte de Londres, com o marido Jim Barton — um talentoso violinista que tocava música de câmara —, e as filhas Penny, nascida em 1957, e Sarah, que tinha a mesma idade de Timothy.

Os Middleton ficaram de luto quando Anne, tia de Peter e irmã mais nova de Olive, sucumbiu à leucemia e à tuberculose em 1967, aos 79 anos. Ela foi a última remanescente da geração dos pais dele na família — cuja maioria perdeu a vida no período da Primeira Guerra Mundial — e a mulher para quem todos se voltaram depois que sua mãe faleceu. Mas foi a morte repentina de Mary Middleton, em 19 de novembro de 1975, que deixou a família em estado de choque. Ela foi vítima de câncer de mama aos 51 anos, deixando o marido Anthony, sua idosa mãe Constance — que na época morava num asilo na aldeia de Penn, Buckinghamshire — e a irmã Valerie totalmente atônitos. Seus dois filhos mais velhos, John, de 26, e Gillian, de 24, ainda não tinham se casado, e os mais novos, Timothy, de 16, e Elizabeth, de 13, ainda estavam na escola. Menos de dois anos depois, no dia 19 de julho de 1977, Constance morreu de uma doença na artéria coronária, deixando Valerie de luto pelas mortes da irmã e da mãe, que morava com ela. Constance pode ter chegado à incrível idade de 90 anos, mas sua perda foi duramente sentida. Um ano depois, no entanto, a tristeza de Valerie seria substituída pela alegria, quando ela descobriu que se tornaria avó.

Os avós de Kate moravam numa casa afastada em Vernham Dean — uma bela cidadezinha aninhada em North Wessex Downs, em Hampshire —, quando o filho mais velho, Richard, comunicou que eles seriam avós. Sua esposa Susan, filha de um jornalista, com quem Richard se casara em 1976 — um ano depois da morte da tia Mary —, estava grávida da primeira filha. Lucy, nascida em 1978, foi como um raio de sol que chegou para afastar as nuvens negras que cercavam a família. Mas seria a terceira neta, Kate, quem levaria os Middleton ao topo da pirâmide social.

# Capítulo 11

## Michael Middleton e Carole Goldsmith

Chegando numa carruagem de vidro à catedral St. Paul, lady Diana Spencer entrou na igreja de braço dado com o pai, o conde Spencer, num vestido de tafetá marfim e renda antiga de 9 mil libras, e uma cauda de oito metros, desenhado por David e Elizabeth Emmanuel. Observada por 3.500 convidados, a aristocrata de 20 anos demorou três minutos e meio para caminhar até o altar no qual se casaria com o príncipe Charles, de 32, vestido com seu uniforme de comandante da Marinha, às 11h20 do dia 29 de julho de 1981.

O casal real fez seus votos numa cerimônia tradicional da Igreja da Inglaterra conduzida pelo arcebispo de Canterbury, dr. Robert Runcie, antes de sair da catedral ao som de *Pomp and Circumstance*, de Elgar. As ruas estavam tomadas por 600 mil pessoas — e cerca de 750 milhões acompanhavam pela televisão — quando os pais do príncipe William voltaram ao Palácio de Buckingham num landau aberto, chegando à sacada pouco depois para o tão esperado beijo.

O casamento aconteceu numa semana em que Shakin' Stevens estava no topo das paradas musicais com *Green Door*, no ano em que Bucks Fizz ganhou o festival de música da Eurovision com *Making Your Mind Up*. O filme *Carruagens de fogo* atraía inúmeros espectadores e as pessoas se espalhavam pelas ruas de Londres para ver a primeira maratona da cidade. O casamento real foi bem recebido por uma Inglaterra à beira de uma recessão e se recuperando de uma série de tentativas de assassinato de líderes mundiais, como o novo presidente americano Ronald Reagan, o papa João Paulo II e até mesmo a rainha: na parada militar — a Trooping of the Colour — daquele verão, o adolescente Marcus Sergeant deu seis tiros de espoleta na monarca com um revólver de brinquedo. No mesmo ano, Peter Sutcliffe foi condenado pelos assassinatos do Estripador de Yorkshire, Bobby Sand morreu fazendo greve de fome na prisão de Maze e distúrbios raciais eclodiram em Brixton, Toxeth e Chapeltown. O país realmente precisava de um motivo para comemorar.

Quando os ingleses festejavam o casamento de conto de fadas, os pais de Kate, Michael e Carole Middleton, estavam casados havia 13 meses e morando na cidadezinha de Bradfield, a cinquenta quilômetros de Windsor, no condado real de Berkshire. Apesar de Michael ter praticamente a mesma idade do príncipe Charles — é sete meses mais novo —, sua esposa era seis anos mais velha do que a princesa Diana. Já esperando o primeiro filho, os recém-casados não podiam imaginar que um dia sua filha mais velha se casaria com um membro da família real.

Carole, uma glamourosa aeromoça, de terninho azul sob medida, lenço no pescoço, saia e boina, conheceu seu futuro marido na década de 1970, quando trabalhava para a British Airways. Filha de um casal da classe trabalhadora, Ronald e Dorothy Goldsmith, que subiu na hierarquia social por esforço próprio, Carole tinha uma origem bem humilde. No entanto, sua aparência estava longe de ser comum.

"Carole não precisava de maquiagem", lembra a prima Ann Terry. "Era uma garota muito natural, e se sentia feliz de calça jeans e blusa surrada; estava mais para uma caipira. Mas era muito bonita. Enquanto a nossa prima Linda era o cérebro da família, a Carole era a formosura."

Naquela época, conseguir emprego como comissária de bordo na British Airways — a companhia aérea nacional formada pela fusão da BEA com a BOAC, em 1974 — era bastante complicado. Kim Sullivan, filha de Pat Tomlinson, primo de Carole, trabalhava com ela no Terminal 1. "A British Airways era uma perspectiva excelente naquela época", conta. "Ela estava no auge, num tempo em que viajar de avião era coisa para uns poucos privilegiados. No entanto, estava começando a se abrir para outras classes da sociedade. Trabalhar lá era bom, cheio de gente bonita, e a impressão era de que se pertencia a um grande clube. Dava uma sensação de glamour, mais ou menos como naquele filme com o Leonardo DiCaprio, *Prenda-me se for capaz*."

Carole logo atraiu a atenção de Michael, um coordenador de voo da nova empresa. Ele foi seu primeiro namorado sério. Tipicamente de classe média, Michael podia passar sua linhagem da avó de sangue azul, Olive Lupton, até o aristocrata sir Thomas Fairfax, do século XVII. Para Dorothy, mãe de Carole, era o casamento perfeito.

"Carole teve um ou dois namorados, como todo mundo, mas nada muito sério", relata Ann. "Mike foi o primeiro amor da vida dela. Vinha de uma ótima família e era muito discreto, despretensioso. Naquele tempo, quando nova, Carole também era assim. Eles formavam um belo casal. Eram muito bons um para o outro. Dorothy ficou muito feliz. Acho que foi como se os sonhos dela estivessem se realizando. Ela daria tudo para estar viva hoje e ver o que está acontecendo."

Na expectativa de voar alto, Michael seguiu a profissão do pai, que fora instrutor de voo da British European Airlines, mas acabou deixando de treinar pilotos para integrar a equipe de solo. Ele passou por um treinamento de seis meses, por meio do qual aprendeu a lidar com o sistema de computadores antes de começar o treinamento prático em si. Na época em que conheceu Carole, era responsável por coordenar a chegada e a partida dos aviões, e tinha os mesmos méritos do capitão. Ele trabalhava tanto no terminal como gerenciando o embarque de cargas e bagagens, verificando a quantidade de gasolina necessária, lidando com passageiros inconvenientes, autorizando a decolagem e assegurando que os aviões saíssem na hora. Ele era um dos 130 coordenadores que hoje ganham cerca de 35 mil libras e ficava uma gracinha de uniforme azul, com botões de bronze, chapéu vermelho e quatro faixas douradas para informar seu posto.

Seu colega Dave Gunner, que entrou na empresa em 1960, lembra tanto de Michael como do pai dele, Peter, e os descreve como tendo personalidades muito diferentes: "Peter era o capitão e eu, um supervisor de nível mais baixo. Estive com ele várias vezes, e sempre tive a impressão de que ele era meio autocrático e distante; parecia desdenhar da gente, e não falava com nenhum de nós. Acho que Mike veio trabalhar aqui como estagiário graduado. Ele era bem jovem naquela época. E fiquei surpreso ao conhecê-lo porque ele era muito simpático.

"Era um sujeito que sonhava voar alto, mas ficava meio desencantado porque tinha que trabalhar conosco, os plebeus, no solo", brinca Dave. "Mas todo o pessoal de terra sonhava em ser coordenador. Era um trabalho administrativo. A última lembrança que tenho dele é de quando fui a Malta, em 1975. Ele liberou o nosso Trident 3 e reservou as melhores cadeiras, da frente, para nossa família."

Carole e Michael namoraram por alguns anos antes de se mudarem para um apartamento moderno a 13 quilômetros do Heathrow, em Arborfield Close, ao norte da rodovia M4, em Slough. Naquela época, Slough era um subúrbio industrial crescente, repleto de fábricas. Lá ficavam as sedes da Mars e da Citroën, e também onde surgiram as tintas Dulux. Não era o lugar ideal para se criar uma jovem família; por isso, o casal foi procurar uma casa no campo e encontrou uma na cidadezinha de Bradfield Southend, caracterizada por suas casas de tijolos vermelhos.

Em 21 de junho de 1980, oito meses depois de se mudarem para a casa nova, os dois se casaram, a 42 quilômetros dali, na igreja da paróquia de St. James the Less, na vila de Dorney, às margens do rio Tâmisa, em Buckinghamshire. A igreja não era, evidentemente, tão grandiosa quanto a de St. Paul, mas mesmo assim foi um local idílico para o casamento da mulher que viria a ser a sogra do príncipe William. Era uma igreja bonita e tipicamente inglesa: grande parte da edificação data do século XII, e é decorada com pinturas medievais restauradas. Carole, de 25 anos, chegou numa carruagem puxada a cavalo com o pai Ronald, então com 49 anos, que a levou até o altar. Sua orgulhosa mãe, Dorothy, de 44 anos, estava sentada na fila da frente, à esquerda. Do outro lado do corredor estavam os pais de Michael: Valerie, de 56 anos, e Peter, de 59, que foi testemunha.

Joyce, irmã de Ronald, e Ann, prima de Carole, foram os únicos parentes a serem convidados para o casamento, além da família imediata. Ann lembra que "Carole tinha tudo. Um belo vestido branco, quatro damas de honra e flores lindas. Havia até uma carruagem com cavalo. Depois, houve uma recepção, numa propriedade local. O jantar foi um banquete bem chique, com orquestra.

Eles passaram a lua de mel no exterior, não sei bem onde. Era tudo o que se poderia esperar deles."

Foi o enlace de Carole com Michael que tornou realidade o sonho de a família subir na hierarquia social. Embora a família do noivo não aparecesse no *Debrett's* ou no *Who's Who* — ou na lista dos mais ricos do *Sunday Times* —, eram mais educada e mais rica do que a família da noiva. Uma situação totalmente diferente daquela do casamento de seus pais, cuja recepção foi num pub local e Dorothy ainda teve que pedir emprestado um vestido para a lua de mel. O grande dia de Carole parecia mais com o de uma princesa.

Com uma mechinha de cabelos pretos, Catherine Elizabeth Middleton nasceu no hospital Royal Berkshire, de Reading, em 9 de janeiro de 1982 — cinco meses antes de a princesa Diana dar à luz o futuro marido da menina, o príncipe William. No dia 20 de junho daquele ano ela foi batizada na igreja local, St. Andrew's, uma construção cinza e branca às margens do rio Pang, que ainda exibe um gracioso corredor do norte, datado do século XIV. Na cerimônia, Michael usou um tradicional terno escuro com gravata listrada e Carole um vestido floral de Laura Ashley. "O batizado também foi muito chique", recorda Ann. "Catherine vestia uma batinha branca de batismo, e depois nós fomos para a propriedade. Catherine estava um pouco emburrada, mas com o rosto bem rosadinho."

Vinte meses depois, no dia 6 de setembro de 1983, sua irmã Philippa, mais conhecida como Pippa, nasceu no mesmo hospital. As duas moças, que mais tarde seriam apelidadas pejorativamente de as "Wisteria Sisters" (Irmãs Glicínias) nos círculos sociais — porque eram "altamente decorativas, extremamente cheirosas e tinham um talento feroz para subir" —, tinham entrado em cena. Pippa foi batizada em março de 1984, na mesma igreja da cerimônia da irmã.

Com duas filhas pequenas, Carole mergulhou na vida social da cidade, fazendo amizade com outras pessoas da região e levando as duas irmãs aos grupos de jogos para mães e crianças que aconteciam nas manhãs de terça-feira no pátio da igreja St. Peter's. "Era uma oportunidade de as mães conhecerem umas as outras e conversarem", conta Lindsey Bishop, que começou um grupo em 1980, "e para as crianças conhecerem seus colegas e brincarem."

Mais tarde, Kate — conhecida como Catherine naquela época — e Pippa tomaram o mesmo rumo das outras crianças e entraram para a pré-escola de St. Peter's, comandada por Audrey Needham, mulher do representante laico da igreja. Havia três aulas de manhã por semana. "A mãe dela ficava com as outras mães, e as crianças brincavam juntas", conta ela. "Elas percorriam o caminho até o pátio da igreja. Todo ano, fazíamos uma peça de Natal, e as crianças se caracterizavam e cantavam músicas e versinhos natalinos. Depois, fazíamos uma feira para arrecadar fundos para a escola."

Naquela época, Carole ainda não tinha fundado seu império de planejamento de festas, a Party Pieces, mas já demonstrava o tino comercial que a levaria ao mais absoluto sucesso: havia começado a fazer lembrancinhas de festa, que vendia às outras mães. Lesley Scutter, que morava em frente à casa da família, lembra-se de conhecê-la na cidade. Suas filhas, Lindsey e Helene, iam para o mesmo maternal e pré-escolar. "Como todo mundo, Carole fazia sua parte no grupo de crianças, como ajudante, fazendo chá, café e suco, lavando as mãos da garotada e limpando as poças de água. Ela levava as lembrancinhas de festas para nós vermos e encomendarmos. Era uma coisa que ela achava que podia fazer ao mesmo tempo que cuidava dos filhos.

"Ela levava as crianças para a escola e depois ia buscá-las. Acredito que ela não tinha a ajuda de ninguém naquela época. Era sempre muito simpática comigo. Se você passasse por ela na rua, ela parava para conversar contigo. Eu me lembro de ir a festas com os Twomey, que moravam na casa ao lado, e Carole e Mike estavam lá. Era uma família bem normal: um casal muito bonito, com crianças bem-comportadas."

Naquela época, com o salário da British Airways, mandar as filhas para uma escola particular era só um sonho para Michael e Carole. Quando Kate fez 4 anos, no começo do outono de 1986, ela entrou na escolinha local, a Bradfield Church of England Primary School, ao lado da casa dos Middleton. Pippa fez o mesmo dois anos depois. A escola era um ponto de encontro da comunidade, e as duas meninas se deram muito bem, visitando as amigas para tomar chá e brincando no jardim umas das outras. Nas férias de verão, Carole as levava para nadar na piscina ao ar livre da escola. Lindsey Reeves, que também estudava lá, se recorda da importância que a escola dava aos esportes, um dos pontos fortes de Kate: "Tínhamos um campinho na escola, onde praticávamos beisebol e atletismo. A piscina ao ar livre era realmente muito fria. Também praticávamos ciclismo."

Pouco depois do quinto aniversário de Kate, um novo membro foi incorporado à família: James nasceu em 15 de abril de 1987, no hospital Royal Berkshire. Ele se lembra da infância idílica, brincando com as irmãs mais velhas, fazendo bolos e escorregando escada abaixo numa bandeja. "Tenho memórias muito felizes da minha infância, com nossa mãe fazendo bolos", declarou ele recentemente à revista *Tatler,* "e eu sempre queria participar, especialmente se isso significasse que eu podia lamber a tigela e cobrir o chão da cozinha de melado".

Foi mais ou menos na mesma época do nascimento de James que Carole fundou a empresa da família, a Party Pieces, com o objetivo, segundo o site da empresa, de "inspirar outras mães a criarem festas mágicas em casa e facilitar um pouco a organização desses eventos". Ela alugou uma pequena sala em Yattendon, a seis quilômetros de casa, onde guardava as mercadorias. Yvonne Cowdrey, que às vezes limpava a casa da família, recorda que "Carole estava cansada de fazer os saquinhos cheios de brindes para as crianças levarem das festas e percebeu que as outras mães deviam ter essa mesma sensação. Por isso, considerou uma boa ideia fundar uma empresa que vendesse saquinhos. Ela costumava mandar pequenos catálogos com as filhas de modelo apresentando algumas das coisas vendidas na empresa. Eu me lembro de Pippa e Kate aparecendo nesses catálogos, de camisetas com a idade delas ou comendo bolinhos individuais".

No fim de tudo, o tino comercial de Carole mudaria o destino da vida da família, ganhando dinheiro suficiente para mandar as filhas para as escolas particulares, onde passaram a conviver com a nata da sociedade.

# Capítulo 12

## Uma Princesinha

De moletom amarelo, saia cáqui e lenço amarelo no pescoço, Kate Middleton entrou nervosa no pátio da igreja St. Peter com a irmã mais nova, Pippa, na noite de uma segunda-feira de setembro de 1990, para se juntar às Fadas — bandeirantes de 7 a 10 anos. Depois de se inscrever no primeiro grupo de 24 Fadas de St. Andrew, a garota, então com 8 anos, fez seu juramento: "Prometo fazer meu melhor para cumprir meu dever com Deus, servir a rainha, ajudar os outros e obedecer à Lei Bandeirante."

Ela e Pippa, que tinha acabado de completar 7 anos, foram colocadas em suas respectivas turmas de seis pessoas, com as quais trabalhariam para ganhar as comendas.

Foi uma época emocionante na vida das meninas, que gostaram tanto do movimento bandeirante que pediram aos pais para deixá-las participar das férias da turma no feriado da Páscoa seguinte, num acampamento de verão instalado em três velhos edifícios da RAF, em 70 mil metros quadrados de bosques e florestas na Macaroni Wood, em Cotswolds. Lá elas alimentaram galinhas, recolheram ovos, viram as aves chocando, deram mamadeira a cabritinhos e cordeirinhos, andaram a cavalo e disputaram corridas de charrete. Havia também um playground com balanços em cordas, um escorrega, uma caixa de areia, um salão de jogos e uma churrasqueira.

June Scutter, a líder adulta das bandeirantes, comandou o grupo por 25 anos e se lembra das duas irmãs entrando juntas. Ela as levou de charrete à Macaroni Wood, onde as Fadas dormiam em sacos de dormir nas camas beliche, em dois dormitórios. "Quando íamos para lá, parecia mais um abrigo", recorda. "Era tudo muito básico naquele tempo. Agora, eles têm até chuveiros, mas naquele tempo eram só bacias para se lavar, colocadas numa tábua em cima de uma banheira. Havia um salão grande e bastante confortável, onde todos se reuniam, e uma sala de atividades, atrás, que era fácil de limpar. Havia uma cozinheira, mas as meninas tinham de ajudar nas tarefas domésticas e arrumar as próprias camas. Precisaram seguir uma rotina e passar alguns dias lavando a louça, ou limpando e varrendo o chão, para receber a comenda de arrumação da casa. Também descascavam batatas e cebolas, o que as fazia chorar. Algumas nunca tinham lavado louça antes. Outras vezes, elas faziam bonecas e coelhinhos de Páscoa, para ganhar a comenda de fabricantes de brinquedos, e praticavam esportes. Elas tinham um uniforme especial para as férias do grupo — calças, malhas marrons e blusas amarelas —, a fim de não estragarem o uniforme normal, e usavam um avental para os trabalhos manuais.

Nas férias, as irmãs visitaram o Cogges Manor Farm Museum, uma tradicional fazenda vitoriana localizada na região rural de Oxfordshire. Lá, elas conversaram com os agricultores e com as leiteiras; também ordenharam vacas, deram de comer aos porcos e fizeram manteiga, visitaram o velho local da ordenha para tomar um sorvete e viram empregadas trabalhando na cozinha. Elas também brincaram com réplicas de brinquedos e se vestiram com roupas vitorianas. "A gente saía algumas vezes para as aldeias de Cotswolds", conta a sra. Scutter. "Eu levei Kate e Pippa para a fazenda Cogges, onde elas puderam brincar com os animais. Todas as garotas tinham direito a levar um dinheirinho para fazer compras e adquirir souvenirs nessas excursões."

Na época em que Kate era bandeirante, o negócio de seus pais havia começado a prosperar, e eles já podiam pagar as despesas necessárias para mandar os filhos para uma escola preparatória particular, a St. Andrew's School, em Pangbourne, a seis quilômetros de Bradfield Southend. Hoje, a anuidade supera 10 mil libras. De blazer verde, saia escocesa, blusa branca e gravata com monograma, a menina subiu pela primeira vez os degraus da escola para ambos os sexos, instalada numa mansão vitoriana em um terreno de 218 mil metros quadrados, às 8h25 do início do período de outono de 1989.

O lema da escola, "Altiora Petimus", que pode ser traduzido como "Nós buscamos coisas superiores", é consagrado pelo atual diretor, Jeremy Snow, que deixa a seguinte mensagem no site da instituição:

> Esperamos que os alunos de que cuidamos saiam daqui com um conjunto de valores bem-consolidados, que os acompanharão pelo resto da vida. Queremos que adquiram confiança a partir das conquistas que fizerem nesta escola e que atinjam grande sucesso e realização no futuro.

Foi em St. Andrew's que Kate, uma simpática menina de 7 anos, começou a se revelar promissora no sentido de que um dia atrairia um príncipe. Com altura acima da média, se destacava nos esportes, ganhando as competições de natação e jogando na defesa nos jogos de *netball.* Era uma atleta por natureza, batendo o recorde da escola para sua idade no salto em altura e passando muitos sábados praticando esportes: *netball* e hóquei no inverno, tênis e *rounders* no verão; vôlei, basquete e *badminton*, sempre que surgisse uma oportunidade. Também havia as viagens para esquiar nas férias. O esporte é um interesse comum que ela tem com William, adora jogar rúgbi e futebol, além de gostar de polo aquático. "Kate gostava muito de esportes", lembra a ex-aluna Samantha Garland, que cursava o mesmo ano que ela. "Acho que não tinha esporte que não interessasse a ela. Ela era muito boa em salto em altura."

Além de esportista por natureza, a garota adorava teatro, e participava das competições de oratória da escola, de debates e recitais de poesia. Envolvia-se em vários esquetes e várias peças da escola — produziam três peças por ano —, e fazia oficinas de teatro nas férias de verão. Também aprendeu balé e sapateado, além de ter feito aula de flauta depois da escola.

A mãe de uma menina que também estudava em St. Andrew's revelou: "Kate sempre foi muito bem-educada. Ela nunca cometia um erro quando vinha tomar chá e tinha boas maneiras. Isso ela devia à mãe. Os pais dela eram pessoas adoráveis. Carole trabalhava muito; só tenho que aplaudir. Eu e ela tínhamos o mesmo desejo: que nossas filhas aprendessem tudo."

Em 1992, aos 10 anos, Kate interpretou o papel principal de Eliza Doolittle numa montagem de *My Fair Lady*. Ela contracenava com Andrew Alexander, que hoje é cantor do grupo vocal Teatro. "Kate era encantadora", ele elogiou, numa entrevista. "Ela fez o papel com muita paixão e uma convicção incrível. Sempre gosto de pensar que, embora eu nunca vá ser rei, pelo menos fui o primeiro príncipe da vida dela." Ele disse que a última vez em que esteve com Kate foi numa festa em que ele servia os aperitivos. Depois da peça, ela o convidou para sair, mas ele lamenta ter sido tímido demais para dizer sim. "Eu só tinha 10 anos, e Kate era muito madura para a idade dela...", contou ao *Daily Mail.* Sobre ela tê-lo convidado para sair, ele conta: "Lembro que fiquei totalmente vermelho e com a língua presa. Acho que fiquei mais constrangido do que ela. Se ela me convidasse agora, eu não pensaria duas vezes antes de aceitar."

Kate também participou da montagem escolar do balé *O Quebra-nozes*, de Tchaikovski, e de um musical chamado *Rats!*, uma adaptação do poema de Robert Browning para *O flautista de Hamelin*. Em seu último ano na St. Andrew's School, ela apareceu numa peça de fim de período, um melodrama vitoriano com um ingrediente interessante — o ator que contracenava com ela se chamava William. Numa das cenas, William se apoiava sobre um dos joelhos e pedia a personagem dela em casamento. E ela respondia: "Eu quero, isso é tudo o que eu sempre quis na vida. Eu quero, sim, meu querido William. (...) Ah, só de pensar que sou amada por um cavalheiro tão magnífico". Depois, ainda na peça, ela dizia: "Sinto que tem alguém esperando para me levar para conhecer uma vida plena, alegre e iluminada". Quando uma vidente dizia que ela iria conhecer um homem rico e bonito, a personagem perguntava: "E ele vai se apaixonar por mim, vai querer casar comigo? Ah, o meu coração está nas nuvens!" Ao final da peça, o personagem de Kate é abandonado com uma filha pequena, pois o tal do William demonstrou não ser bem aquele cavalheiro tão magnífico que ela imaginava.

Kingsley Glover, outro ex-colega de turma, entrevistado pelo *Daily Mirror* a respeito de um vídeo da peça obtido pelo jornal, lembra: "Naquela época, ela era totalmente diferente. Era muito tímida e magrinha. Mas olha como hoje ela é linda e confiante". Nos últimos anos de escola, Kate, às vezes, dormia em St. Andrew's, que era um semi-internato. Kingsley, que morava lá, conta como ficou constrangido quando ela e as amigas viram o robe dele se abrir com um vento que entrara no corredor: "Eu quis morrer", contou ao *Mirror*, "mas agora rio quando penso que a garota que pode ser a futura rainha da Inglaterra viu as joias da minha coroa."

Enquanto Kate e Pippa estavam na escola, a mãe, Carole, tinha que se virar cuidando da empresa de vendas por reembolso postal e do filho caçula, James. Lamentavelmente, no dia 1º de dezembro de 1991, quando Carole tinha 36 anos e seu irmão Gary, 26, a avó Elizabeth Harrison morreu, de broncopneumonia, num asilo em Southall. Com 88 anos, ela era a única avó que eles ainda tinham, e a que conheceram melhor. O avô Charlie Goldsmith morrera antes de eles nascerem, e os outros avós, Thomas Harrison e Edith Goldsmith, morreram quando Carole tinha 21 anos. Foi uma época difícil para os irmãos, cuja mãe ficou compreensivelmente arrasada.

Mais ou menos nessa época, a Party Pieces começava a prosperar, depois que Carole e Michael decidiram criar um site na internet, que na época não era tão difundida. Num lance de inteligência, eles registraram o nome da empresa na Companies House, para impedir que fosse plagiado. À medida que a Party Pieces foi crescendo, o negócio ficou maior que a casa — hoje, eles afirmam ser "a maior empresa iglesa de vendas on-line de artigos para festas" —, e em abril de 1995 eles se mudaram para instalações mais amplas, para um conjunto de prédios agrícolas, a 1,5 quilômetro dali, em Ashampstead Common, Berkshire. Hoje, uma equipe de oito funcionários trabalha num galpão de duzentos anos, atendendo as ligações e recebendo as encomendas, enquanto os empacotadores trabalham na sala de expedição, instalada num estábulo adaptado; no armazém, há um silo igualmente adaptado e com artigos decorativos, toalhas de mesa, jogos e sacolas de festa temáticos até o teto.

O dinheiro começou a entrar, e Michael e Carole começaram a pensar em sair da cidade e ir para o campo. Eles venderam a casa em julho de 1995 e se mudaram para três quilômetros dali, para os arredores de Chapel Row, um lugar elegante com um parque aberto, um açougue, uma casa de chá e um pub chamado Blade Inn. Localizada na abastada paróquia civil de Bucklebury — onde também moram John Madejski, o multimilionário dono do Reading Football Club, o DJ Chris Tarrant, a cantora Kate Bush e a personalidade de tevê Melinda Messenger —, Chapel Row é a típica cidadezinha inglesa, que não ficaria deslocada na série *Midsomer Murders.* Os Middleton se tornaram figurinhas conhecidas na cidade e participantes regulares da feira do August Bank Holiday, com suas exibições de lobos e aves de rapina, corridas de patos e ovelhas, carros antigos e churrascos de porco. “Eles formavam uma bela família e ficaram muito tempo aqui”, declarou recentemente o açougueiro Martin Fidler à imprensa. “Não são pessoas que aparecem muito, mas são muito queridas.”

Foi nessa casa, de tijolos vermelhos, trepadeiras e glicínias, que Michael e Carole criaram a menina que um dia se casaria com o segundo homem na linha de sucessão ao trono da Inglaterra.

# Capítulo 13

## Em Marlborough

Três meses depois de seu 14º aniversário, Kate Middleton passou com os pais pela cabine do porteiro e pela entrada de arcos da renomada escola pública Marlborough College e seguiu para o alojamento feminino, onde passaria seus próximos quatro anos de vida.

A escola fica numa ampla área na graciosa vila comercial de Marlborough, a 53 quilômetros da casa da família, em Bucklebury. Vestindo o novo uniforme, terninho azul e saia xadrez escocesa, a tímida adolescente chegou ao internato (onde a anuidade hoje custa mais de 29 mil libras) em abril de 1996, no meio do ano letivo e no início do período de verão.

Foi uma experiência assustadora para Kate. Ela havia saído de St. Andrew's no verão anterior, depois de ser aprovada no exame da Common Entrance e de passar, antes que seus pais decidissem tirá-la de lá, dois períodos na Downe House, um internato a poucos quilômetros de Bucklebury.

Agora a colegial tremia novamente, diante da perspectiva de começar em mais uma escola — pela quarta vez numa década. Esse tipo de situação, que já é desesperadora naturalmente, era ainda mais intimidante porque as outras alunas procediam, todas, das mais altas esferas da sociedade.

Esse era um sinal de que tudo o que a avó de Kate, Dorothy, havia ambicionado estava sendo conquistado pela filha Carole. Ela passou a integrar a classe média alta, morando numa casa nobre tradicional num dos Home Counties (os condados que circundam Londres) e matriculou os filhos numa escola altamente seletiva.

As aspirações de Carole seriam a formação da filha. Kate pode ter se sentido totalmente fora de sua realidade quando foi para Marlborough, mas dez anos depois havia se transformado numa mulher jovem e confiante, que encarava o mundo à sua maneira e namorava o segundo homem da linha de sucessão ao trono.

O Marlborough College, que tem por lema "Deus Dat Incrementum" (Deus dá o desenvolvimento ou Deus dá o crescimento — do versículo 3:6 de 1Coríntios), foi fundado em 1843, por filhos de padres da Igreja da Inglaterra, e poucas décadas depois já havia se tornado uma das principais escolas públicas para homens. Embora atualmente ela atraia os filhos de nobres e socialites, os ex-alunos, chamados de Old Marlburians, formam um grupo bem eclético, que inclui: o premiado poeta sir John Betjeman; o historiador de arte e espião soviético Anthony Blunt; o iatista que deu a volta ao mundo Francis Chichester; o ator James Mason; o poeta da guerra Siegfried Sassoon; o político conservador Rab Butler e o cantor Chris de Burgh.

Erguida ao lado do monte de Marlborough — uma antiga construção que fazia parte de um típico castelo normando —, o colégio fica no meio de um pátio dominado por uma capela vitoriana gótica com vitrais de William Morris. O campus da escola, ladeado pelo rio Kennet, se espalha por toda a cidade. Hoje em dia o colégio tem seu próprio lago de peixes e um observatório, além de amplos campos para jogos. São onze campos de rúgbi, sete de futebol, oito de críquete, seis de hóquei na grama, três de lacrosse, duas quadras de vôlei, doze de tênis e uma pista de automobilismo.

É nessa atmosfera atlética que Kate floresceria. Entusiasta dos esportes, ela foi para Marlborough seis anos depois de a instituição começar a aceitar alunos de ambos os sexos — apesar de a escola ter começado a aceitar alunas do ensino médio desde 1968 — e se mudou para o alojamento feminino em Elmhurst, uma casa do século XIX. Havia um próprio jardim e uma ala construída especialmente para abrigar as alunas do ensino médio, e ficava a pouca distância do pátio central.

Uma das primeiras garotas que ela conheceu quando chegou foi Jessica Hay, cinco meses mais velha do que ela. Jessica a levou até o dormitório, ajudou a desfazer a mala e foi jantar com ela no refeitório. Jessica lembra que Kate era uma adolescente tímida e desajeitada, e disse ao *News of the World* que a recém-chegada tinha ficado ainda mais nervosa por causa do hábito dos meninos mais velhos de dar publicamente notas de 1 a 10 para as garotas, escrevendo os números num guardanapo na hora do jantar. Jessica lembra que a companheira de dormitório só ganhou notas 1 e 2.

A falta de confiança de Kate também foi percebida por outra colega da escola, Gemma Williamson, que ficava na Mill Mead House, do outro lado do terreno da escola. "Catherine chegou de repente, no meio do ano", disse ao *Daily Mail*, numa entrevista sobre a amizade entre elas. "Ela era pouco segura de si."

No início, Kate morria de saudades de casa em Marlborough e não passava muito tempo com as outras garotas depois de jantar no Norwood Hall. Em vez disso, preferia se esconder no alojamento, estudando e fazendo os deveres — tudo isso sentindo saudades da família.

Muitos dos colegas dela eram filhos de condes, duques e barões. Um desses alunos, por exemplo, era Sebastian Seymour, filho do duque e da duquesa de Somerset, que depois iria para a Cirencester Agricultural College, a tradicional faculdade onde eram preparados os fazendeiros da elite. O clima de privilégios deve ter sido bastante avassalador, mas a bem-comportada aluna fez amigos aos poucos — apesar de sua falta de disposição para a rebeldia. Apelidada de "Middlebum", um jogo de palavras com o seu nome,* ela se tornou conhecida por sua animação, sua lealdade e por ser uma pessoa de confiança — embora raramente participasse dos agitos. Jessica lembra que quando suas companheiras de alojamento davam festas, se embebedando com garrafas de vinho e de vodca que conseguiam contrabandear dentro da escola, Kate ficava de fora, olhando. Ela não fumava nem bebia, e gostava de ficar sempre sóbria, de guarda caso a inspetora da escola pegasse as amigas. Jessica contou ao *News of the World*: "Nunca a vi ficar bêbada. Mesmo após o término das provas do GCSE**, ela só tomou alguns goles de vodca".

A confiança de Kate melhorou sensivelmente em 1997, quando a irmã Pippa também entrou para a escola. Em vez de se rebelar e encontrar maneiras de burlar as regras, ela se concentrava em estudar suas 11 matérias. Kathryn Solari, colega das aulas de biologia, lembra que: "Catherine sempre foi muito doce e gentil, tratava

---

* *Bum* significa "vagabundo" em inglês. (*N. do T.*)

** General Certificate of Secondary Education (Certificado Geral de Educação Secundária). (*N. do T.*)

todo mundo bem. Era uma boa menina e muito bem-comportada, estava sempre fazendo o que era certo, e gostava muito, mas muito de esportes. Não vou dizer que ela era a mais brilhante, mas se esforçava muito. Duvido que você encontrasse alguém que falasse mal dela."

Virgina Fowler, uma ex-aluna que tinha uma amiga em Elmhurst, lembra que Kate era sempre muito gentil com os recém-chegados. "Ela era sempre receptiva. Não olhava as meninas novas de cima para baixo, como faziam algumas das outras garotas."

A dedicada adolescente jogava hóquei no time da escola, estava na primeira dupla de tênis,* gostava muito de *netball* e das corridas *cross-country*, e costumava superar os garotos no salto em altura, como acontecia na escola primária. Ela recebeu tantos prêmios no dia de encerramento que mal conseguia voltar ao seu assento entre as apresentações.

Charlie Leslie, um grande esportista, alguns anos mais velho que ela, descreveu-a para os repórteres como uma "garota absolutamente fenomenal". Ela era uma pessoa "realmente popular, talentosa, criativa e atleta", lembra. "Era capitã do time de hóquei da escola e jogava na primeira dupla do tênis", mas, apesar dessas qualificações, era "muito ponderada e de pés no chão".

Depois de fazer o exame de GCSE, onde passou com notas altíssimas, Kate voltou para Bucklebury, para passar as férias de verão. E lá ocorreu uma metamorfose.

Foi no primeiro dia do período de outono de 1998, quando voltou para Marlborough como formanda do ensino médio, vestindo a

* Nas escolas inglesas, as equipes de tênis têm seis jogadores, divididos em três duplas. A primeira dupla é a melhor das três. (*N. do T.*)

saia longa que era o uniforme desse nível, que Kate finalmente revelou a determinação para subir na vida, marca da família. Tinham deixado de existir os dias do rosto pálido, do cabelo desarrumado e da imagem de CDF. Ela havia se transformado numa das garotas mais atraentes da escola.

"Foi bem de repente", contou Gemma ao *Daily Mail*. "Catherine voltou das longas férias de verão, no ano seguinte, absolutamente linda. (...) Ela nunca usava roupas muito elegantes ou insinuantes, só blusão e calça jeans, mas mostrava um senso nato para a moda."

Foi esse senso nato para a moda, assim como a transformação na aparência, que atrairia os garotos da escola. Ao contrário das colegas mais atiradas, ela continuou discreta e manteve sua dignidade, revelando critério e reserva que fariam dela a companhia ideal para um príncipe. "É justo dizer que Catherine não era lá muito festeira", declarou Gemma, acrescentando achar que os pais de Kate haviam lhe ensinado "valores morais muito fortes". Ela recorda: "Um grupinho nosso quase sempre dava uma escapada até Reading para beber, mas ela nunca nos acompanhou. Ela costumava dar uma risadinha quando a gente contava o que tinha feito, mas simplesmente aquela não era a dela".

Nessa época, Jessica namorava Nicholas Knatchbull, um dos afilhados do príncipe Charles, que era o "pastor", ou o mentor, do príncipe William em Eton. Ela havia conhecido o herdeiro da fortuna da família Mountbatten no casamento de Tim Knatchbull, primo de Nicholas, com Isabella Norman, uma amiga da família de Jessica. Em outra entrevista, para o *Mail on Sunday*, ela adorou relatar como foi apresentada à rainha e aos outros membros da família real, inclusive ao príncipe William, em Broadlands, uma mansão palaciana da família do namorado na área rural de Hampshire.

Ao contrário de sua colega de escola, Kate ainda não havia conhecido o melhor partido da Inglaterra entre os estudantes, mas parecia ainda sonhar em conquistar o coração de um príncipe.

Já naquele tempo, ela tinha o apelido de "Princess in Waiting" (Aspirante a princesa) — mas, naquela época, não vinha da inspetora afoita, mas sim, da parte de suas brincalhonas amigas de escola. Segundo Jessica, ela, Kate e outra garota, Hannah Gillingham, que atuavam nas mesmas equipes esportivas, costumavam ficar na cozinha do internato comendo sanduíches de Marmite (extrato de uma levedura) esquentados no micro-ondas — uma das atividades prediletas de Kate — brincando com a possibilidade de ela se casar com o príncipe.

"A gente ficava sentada falando dos meninos da escola e pensando nas possibilidades", revelou Jessica para o *Mail on Sunday*, mas Catherine sempre dizia: "Não gosto de nenhum deles. Acho que são todos meio brutos." Depois, ela falava brincando: "Não tem ninguém igual ao príncipe William." (...) Ela sempre dizia: "Aposto que ele é gentil de verdade. Dá para ver, só de olhar para ele."

Jessica não era a única garota da idade de Kate a circular no meio da realeza. Emilia d'Erlanger, sobrinha do décimo visconde de Exmouth, era uma das melhores amigas do príncipe William. Caçula dos cinco filhos de Robin d'Erlanger — contador e piloto comercial como o avô de Kate — e sua mulher Elizabeth — diretora regional da Sotheby's em Devon —, Emilia, que era da mesma turma de história da arte de Kate em Marlborough, chegou a ser relacionada como uma possível noiva para o príncipe. Nas férias de verão, depois do penúltimo ano de escola, ela foi convidada por William para um cruzeiro de dez dias, oferecido pelo pai e por Camilla Parker-Bowles, a bordo de um iate de luxo de 400 pés, o *Alexander*, pertencente a John Latsis, o bilionário grego da indústria naval.

Enquanto Emilia passava as férias com o príncipe, Kate teve que se contentar com a mais prosaica das companhias: os próprios pais. Ela voltou para a escola no outono seguinte e foi eleita representante de turma. "Catherine era uma garota muito dedicada e responsável", lembra o ex-aluno William Garthwaite, que era do mesmo ano de Kate. "Ela chegou tarde [na escola] e virou representante de turma. Isso já diz muito. Ela se saiu muito bem."

Como a maioria das adolescentes, as garotas de Marlborough passavam horas fofocando sobre meninos. Mas enquanto algumas delas perdiam a virgindade, Kate, aparentemente, era mais resistente. "Era uma garota muito bonita, e um monte de garotos gostava dela" contou Jessica para o *Mail on Sunday* "mas ela simplesmente passava por cima dessas coisas. Ela não se mostrava muito interessada e seus conceitos morais eram bem-estabelecidos."

"Eu tinha a nítida impressão de que Catherine queria se guardar para alguém realmente especial", disse Gemma ao *Mail.* "Ela fazia um estilo mais conservador. (...) Não que alguém já tenha dito isso a ela, embora (...) ela fosse uma pessoa legal de verdade, de quem as meninas gostavam tanto quanto os rapazes."

Embora Kate se destacasse dos outros como um modelo da mais absoluta retidão, é dito que ela teve vários admiradores na escola, com quem pode ter tido um envolvimento romântico ou não. Um dos nomes citados nos boatos era o de Charlie von Mol, descrito pelas outras colegas como "a lenda do colégio". Ele era dois anos mais velho que Kate e nutria a mesma paixão que ela pelos esportes: era do time titular de rúgbi. Jessica se lembra de uma noite em que a amiga, depois de muito pensar, deu uma escapada para a floresta para ficar com ele, mas depois disse que achava que "só tinha feito aquilo porque as amigas a tinham empurrado".

Falou-se também sobre dois outros garotos de Marlborough como ex-namorados de Kate, mas o fato é que essas relações podem ter sido apenas platônicas. Houve alguma especulação de que Willem Marx, um gênio da matemática, filho de pai holandês e de mãe inglesa, pode ter sido o primeiro amor da vida dela. Os dois continuaram amigos, e Willem, formado em Oxford e jornalista, desde então acompanha Kate a todos os lugares quando ela não está com William. Ela foi fotografada com ele em maio de 2008, saindo da boate Boujis, onde beberam Crack Daddies — um coquetel de champagne —, e dançaram até de madrugada.

Outro possível ex-namorado é o jogador de rúgbi Oliver Bowen, que estava um ano à frente dela. Jessica, no entanto, em entrevista ao *News of the World*, diz achar que a relação era mais platônica do que romântica, mesmo com o casal sendo muito próximo.

Tudo isso pode fazer Kate parecer uma rainha gélida, excessivamente séria, mas suas velhas amigas de escola a descrevem como "pateta", já que ela, obviamente, gostava de uma boa piada e tinha as mesmas ansiedades e preocupações de qualquer adolescente. Uma colega escreveu no livro do ano de 2000: "A aparência perfeita de Catherine é bem-conhecida, mas a obsessão que ela tem com os peitos, não. Muitas vezes, ela é pega olhando debaixo do top e gritando: 'Eles estão crescendo!'"

Entretanto, o comportamento reservado e seu esforço em Marlborough certamente compensaram, pois ela conseguiu passar em três disciplinas de nível avançado* — com nota A em matemática e arte e B em inglês —, o que significava que ela podia escolher a universidade que bem-entendesse. A questão passava a ser qual escolher.

---

* Em inglês, "*A level*" ou "*A level studies*". Método criado pela Inglaterra, na década de 1950, por meio do qual os alunos de ensino médio se especializam em matérias de sua afinidade, deixando de lado as que lhes interessam menos. Uma universidade de ponta, normalmente, exige que os alunos passem em pelo menos três matérias de estudos avançados. (*N. do T.*)

# Capítulo 14

## *Interlúdio em Florença*

Passeando pelas ruas de calçamento antigo da cidade medieval de Florença, explorando suas famosas galerias de arte, praças e igrejas, Kate Middleton se maravilhou com a beleza da cidade que foi o berço da Renascença italiana e inspirou E. M. Foster a escrever o romance *Uma janela para o amor.* Seguindo os passos de Lucy Honeychurch, a bela e jovem heroína do livro, e de sua acompanhante Charlotte Bartlett, Kate, com 18 anos e amante de fotografia, registrou em fotos algumas das joias da arquitetura da Renascença.

Artista promissora e fotógrafa de talento, ela havia saído do Marlborough College com nota A em estudos avançados de arte e sedenta por aprender mais sobre seu tema favorito. Dois meses depois, a ingênua adolescente morava numa das cidades mais bonitas do mundo, perambulando pelas ruas e estudando os quadros e as esculturas que tanto amava.

Com seu Duomo, ou catedral, de mármore branco, verde e rosa dominando o céu da Toscana; sua famosa ponte medieval, a ponte Vecchio, se estendendo sobre o rio Arno; e seus imensos tesouros como o *David* de Michelangelo e *O Nascimento de Vênus*, de Botticelli, Florença é um paraíso para turistas e amantes da arte. Conhecida como o "berço da Renascença", ela se tornou um tradicional ponto de peregrinação para garotos e garotas de escolas públicas que queiram estudar história da arte numa das principais universidades da Inglaterra. Uma viagem à cidade — que um dia foi dominada pela família Médici e que agora hospeda alguns dos maiores tesouros de arte do mundo — transformou-se em rito de passagem para os adolescentes de classe média alta, da mesma maneira que o Grand Tour era um pré-requisito indispensável para os aristocratas privilegiados do século XIX.* Kate havia se inscrito para cursar história da arte em várias universidades e era quase certo que ela passaria parte de seu ano sabático na Itália, antes de enfrentar os rigores diários da vida de estudante.

Kate chegou a Florença no início de setembro de 2000, para fazer um curso de italiano em 12 semanas no mundialmente conhecido British Institute. Ela era uma entre cerca de 12 garotas de sua turma no Institute, fundado na virada do século anterior para reforçar as relações culturais entre a Itália e os países de língua inglesa, e se localizava no centro da cidade no Palazzo Strozzino.

Do outro lado do mundo, a mais de 9 mil quilômetros de distância, o príncipe William passava um mês trabalhando num programa de pesquisa científica e ecológica, o Shoals of Capricorn Project, para a Royal Geographical Society, na minúscula ilha de

---

* O Grand Tour era uma viagem que ia da Inglaterra à Itália, geralmente passando pela França, Alemanha e Suíça, que servia de rito de passagem para os jovens ricos ingleses, em busca das raízes da civilização ocidental. (*N. do T.*)

Rodrigues, 600 quilômetros a nordeste das ilhas Maurício, no oceano Índico. Apresentando-se como "mr. Brian Woods", ele chegou à ilha em 28 de agosto e trabalhou por um mês no projeto. No começo, ficou no Domaine de Décidé, uma estalagem de paredes brancas, teto de zinco e cortinas pretas, que ficava numa trilha a meia hora da capital. Depois, se mudou para uma casa particular em Anse aux Anglais — a baía dos Ingleses —, mais próxima da civilização.

Como Kate, ele havia recebido os resultados de seus estudos avançados (A em geografia, B em história da arte e C em biologia) no dia 17 de agosto. O príncipe Charles enviou o primeiro e-mail de sua vida divulgando as notas ao filho, que estava num exercício de sobrevivência do Exército na selva de Belize. Mas, ao contrário de Kate, William já havia escolhido a universidade que frequentaria: St. Andrews.

Uma colega do British Institute lembra que, quando Kate chegou a Florença, ela ainda não havia decidido onde estudaria.

"Ela ainda não tinha certeza de para onde ia", declarou. "Certamente, não havia se decidido por St. Andrews àquela altura."

Era uma época de formação para a jovem, prestes a entrar na vida adulta. Embora ela já tivesse estado longe dos pais no internato, era a primeira vez que levava uma vida independente a deles. Ainda sem ter desenvolvido o gosto pela moda que fez com que ela fosse recentemente comparada à princesa Diana, aparentava ser uma típica patricinha inglesa, com seus cabelos encaracolados, blusa Ralph Lauren e blusão com gola em V. Sua única concessão ao estilo estudantil eram as bijuterias étnicas que usava.

Ao chegar à cidade, começou dividindo um apartamento com garotas diferentes, incluindo a sobrinha do cantor Chris Rea, Alice Whitaker. Elas moravam em cima de uma delicatéssen, no andar mais alto de um tradicional edifício de pedra que havia sido convertido em vários apartamentos — se chegava a ele por uma escadaria de pedra. O apartamento ficava numa pequena rua entre a Piazza degli Strozzi e a Piazza della Repubblica, podendo-se ir a pé ao Institute. Pelos três meses seguintes ela mergulharia na vida estudantil italiana, comprando iguarias no mercado coberto — em frente à histórica igreja de San Lorenzo, que abriga o mausoléu da família Médici — e se encontrando com as amigas em cafés excêntricos e bares animados.

Foi num desses bares da moda, o Antico Caffè del Moro — conhecido como Art Bar ou Café des Artistes —, que começou a circular o boato, entre os estudantes ingleses na Itália, de que o príncipe William passaria algum tempo na capital da Toscana, depois de sair de Rodrigues. O príncipe Charles havia almoçado em Highgrove com o prefeito de Florença, e isso, inadvertidamente, levantou rumores de que seu filho logo se juntaria a outros sete ex-etonianos que participavam do prestigioso John Hall Pre-University Course, ao custo de 5 mil libras, que é realizado em Veneza, Florença e Roma. Foi apenas quando William viajou para as remotas montanhas da Patagônia chilena, em 1º de outubro — para participar de sete semanas de trabalho voluntário com a organização de caridade Raleigh International —, que os boatos acabaram perdendo força.

Naquela noite no Café des Artistes — um pequeno e escondido bar boêmio administrado por dois irmãos, famoso por seus coquetéis espetaculares — Kate tomava uma taça de vinho quando a conversa passou para os boatos de que o príncipe estudaria na cidade. Apesar do desejo que o príncipe, supostamente, despertava em Kate em Marlborough, as amigas dizem que ela recebeu a notícia com um ar meio blasé.

Aparentemente, ela estava mirando um alvo mais fácil de ser alcançado, um ex-marlburiano chamado Harry, que estudava em Florença no curso John Hall. Uma aluna que conheceu a futura princesa no ano sabático dela conta que, no momento em que Kate chegou a Florença, Harry estava à frente do príncipe em sua preferência. "A única vez que eu me lembro de ela falar de William foi quando nós descobrimos que ele estava vindo estudar em Florença", disse a amiga anônima. "A gente sonhava em ficar com ele, mas, para ser sincera, Kate nunca mostrou qualquer interesse por ele, nem falava muito sobre o assunto. Ela, certamente, não estava indo para St. Andrews com a intenção de fisgá-lo, ou coisa parecida. O fato é que ela estava mais ligada num garoto chamado Harry. (...) Eles vinham se encontrando, e ele a carregava de um lado para outro."

Apesar de Kate ter atraído bastante atenção dos italianos no tempo em que permaneceu na cidade — e os italianos são muito conhecidos por se interessarem pelas inglesas —, ela evitou qualquer ligação romântica, mantendo o comportamento pelo qual se tornou conhecida em Marlborough. "Todas nós éramos garotas muito bem-comportadas", contou uma amiga. "Ela era bem tímida com os rapazes, nunca parecia estar realmente à vontade. Ficava toda sem jeito quando eles se aproximavam."

Enquanto algumas das outras alunas aproveitavam a recém-adquirida liberdade para namorar, beber muito ou experimentar drogas, Kate ganhou fama entre as alunas de ser uma discreta rosa inglesa. "Kate gostava de beber vinho, e sempre tomava alguns copos durante o jantar, mas ela, realmente, não conseguia beber muito", contou uma colega, em entrevista ao *The Mail on Sunday.* "Ela ficava boba e risonha depois de alguns copos, e aí parava. Nunca queria ficar bêbada mesmo, nem se permitia perder o controle. Quando os outros usavam drogas perto dela, ela não julgava ninguém. Aliás, ficava até interessada no efeito das drogas, mas, simplesmente, não queria experimentar. Eu também nunca a vi fumando."

Quando Kate estava na metade do curso, seus dedicados pais, Michael e Carole, pegaram um avião para Florença para passar um feriado prolongado e ficaram num hotel perto dela. Mas enquanto seu pai desaparecia na multidão — uma característica que a filha aparentemente herdou —, Carole chamava atenção. "Kate nunca foi uma pessoa de buscar os holofotes", lembrou uma colega ao *Mail on Sunday*. "Ela era divertida e sociável, mas muito na dela. Já a mãe era muito diferente", continuou. "Acho que Kate puxou mais ao pai."

Na parte final do curso, antes de voltar para passar o Natal em casa, a futura princesa participou de um desfile de moda organizado pela americana Johns Hopkins University. Enquanto os outros alunos aproveitaram a oportunidade para beber até cair, Kate bebeu um copo de vinho a noite inteira. "O evento aconteceu num clube pequeno, e todo mundo se sentou em almofadas espalhadas pelo chão", contou uma amiga ao *Mail on Sunday*. "Foi uma bebedeira geral, com todo mundo entornando uísque, coquetel e todo tipo de mistura. Esse foi um exemplo típico da situação em que Kate bebia só um copo de vinho a noite inteira. Estava bem claro que a intenção da maioria das pessoas era beber até não aguentar, mas não a dela. Ela não gostava de perder o controle, e isso não quer dizer que ela não fosse sociável; se misturava com as pessoas e adorava dançar."

Nos oito meses seguintes, Kate viajou mais. Há relatos de que ela foi ao Chile durante o ano sabático, embora não esteja bem claro quando isso aconteceu ou o que ela foi fazer lá — nem se ela realmente foi. O que se sabe é que ela viajou nas férias de verão com a família para Barbados e que ficou em Holetown, no exclusivo hotel Sandpiper, no meio da costa oeste da ilha. O hotel, que tem uma praia particular, é cercado de jardins exuberantes, cheios de flores tropicais, e lá Kate passou várias horas lendo e tomando banho de sol.

"Eles iam passar as férias em Barbados quase todo verão", conta um amigo "mas o interessante é que iam no começo da temporada (fim de julho e começo de agosto), a época mais barata. Quem é rico mesmo não vai nessa época do ano. Costuma ir no Natal."

Kate pode ter ido com Ian Henry a Barbados, nas férias. Naquele verão, ela, que adorava velejar, embarcou em um iate que dava a volta no Solent, o estreito que separa a ilha de Wight da Inglaterra. Enquanto estava em Southampton, conheceu um marinheiro chamado Ian, de Taunton, em Somerset, com quem um tabloide alega que ela teve um rápido namoro, tirando férias escondidas no Caribe. "Somos muito bons amigos", confessou ele ao *Daily Mirror*, depois que começaram a correr as notícias do relacionamento dela com o príncipe William "mas já não falo com ela há um bom tempo. Nós nos conhecemos há alguns anos, velejando. Eu estava em um barco em Southampton e ela, em outro. Às vezes, saíamos para velejar juntos. Ela é uma pessoa muito divertida. Eu diria que ela é alegre, extrovertida e com os pés no chão. Não sabia que ela estava saindo com o príncipe William; ela é muito reservada e não gosta de ser o centro das atenções."

Depois do romance de verão, os dois partiram em direções diferentes, Ian para Oxford e Kate para St. Andrews. Esse seria o lugar onde ela encontraria o seu príncipe.

# Capítulo 15

## Uma Rainha nas Passarelas

Usando um vestido preto de renda sobre um sutiã preto e calcinha preta, Kate Middleton desfilou pela passarela da cidade universitária de St. Andrews, em Fife, na Escócia, exibindo seu esbelto corpo.

Sob o olhar atento do príncipe William — que pagou 200 libras por um assento vip na primeira fila —, a morena de 20 anos, que chegava ao fim de seu primeiro ano na universidade, participava de um desfile filantrópico, patrocinado pelo designer Yves St. Laurent. O desfile anual Don't Walk se revelou o ponto de virada da vida da "rosa inglesa", que chegara no outono anterior à mais antiga instituição de ensino escocesa. Agora, apenas sete meses depois, ela se via inserida no círculo mais próximo do príncipe e chamava a atenção do solteiro mais cobiçado do Ocidente.

"Fiquei nas alturas quando Kate desfilou pela primeira vez com meu vestido na passarela, porque ela tinha um corpo fabuloso e ficou absolutamente esplêndida nele", declarou a designer Charlotte Todd, que estava se formando em moda. Numa entrevista que ela deu, depois de confirmado que Kate e William estavam namorando, acrescentou: "É fantástico pensar que uma de minhas criações foi exibida por uma mulher que um dia pode ser a rainha da Inglaterra."

Situada na cidade costeira de St. Andrews, na costa leste da Escócia — que um dia foi a capital eclesiástica da região e hoje é tida como o berço do golfe moderno —, a St. Andrew's University fica de frente para as ruínas da torre de uma catedral do século XI e para o castelo de St. Andrew. Fundada em 1413, é a universidade mais antiga da Escócia e uma das mais prestigiadas de toda a Grã-Bretanha, ocupando consistentemente as primeiras posições do guia de universidades do *Sunday Times*. Ostentando entre seus alunos o rei Jaime II da Escócia, o Prêmio Nobel sir James Black, Edward Jenner (que descobriu a vacina contra a varíola), o primeiro-ministro da Escócia, Alex Salmond, e a romancista Fay Weldon, é uma instituição muito frequentada por alunos ricos e de destaque.

A cidade é tomada por alunos — correspondentes a um terço da população — que caminham pelas ruas, indo de bicicleta às palestras ou frequentando os bares e pubs, geralmente trajando o característico uniforme vermelho. Com destaque entre os meios de comunicação da cidade aparece o jornal estudantil *The Saint*, um dos quatro únicos da Inglaterra a se manter independente da universidade e da união dos estudante, que contribuiu para a crescente reputação de a universidade ter uma vida social agitada, principalmente pela pesquisa divulgada pela imprensa nacional, que revelava que os alunos tinham uma vida sexual muito ativa e que transavam nas lavanderias dos alojamentos e até nas ruínas da catedral.

É quase certo que Kate chegou a St. Andrews antes do começo do semestre de Martinmas,* em 24 de setembro de 2001, para a semana dos calouros. Ela se mudou para o St. Salvator's Hall — considerado pela maioria dos estudantes como a melhor ala de alojamentos, porque fica no quadrilátero que forma o centro dos antigos prédios da universidade —, pelo qual pagou 2 mil libras de aluguel anual. Embora seu quarto fosse modesto — a mobília era constituída por uma cama, uma mesa de madeira, e uma pequena pia —, o resto da ala residencial era bem mais impressionante, com um refeitório com painéis de madeira e uma sala comunitária com lareira de pedra, piso de parquete, tapetes vermelhos e confortáveis poltronas.

Do lado de fora dos portões da St. Salvator's, no mesmo quadrilátero, as iniciais "PH" aparecem gravadas, nas pedras do calçamento, indicando o lugar em que o mártir protestante Patrick Hamilton foi queimado vivo, pendurado em um poste. Segundo a lenda, o aluno que pisar nessas pedras é reprovado. A tradição diz que a única maneira de se livrar da maldição é mergulhando no Mar do Norte no dia 1º de maio.

Foi no St. Salvator's Hall, apelidado de Sally's, que Kate esteve com o príncipe pela primeira vez, um acontecimento inevitável

---

* Nas antigas universidades escocesas, os semestres ainda mantêm seus nomes tradicionais: Candlemas, uma festa cristã do dia 2 de fevereiro e Martinmas, em homenagem ao dia de São Martin, 11 de novembro. (*N. do T.*)

se considerarmos que ele fazia o mesmo curso, história da arte, e morava na mesma ala dela.

William Wales, como o príncipe decidiu se chamar, chegou à universidade depois da semana dos calouros, alegando não querer perturbar a vida dos estudantes normais. Recepcionado por uma bateria de fotógrafos e milhares de alunos e moradores curiosos, ele foi de carro desde o castelo de Balmoral, anunciando que a rainha-mãe havia se despedido dele com a seguinte frase: "Se tiver uma festa boa lá, me chame." Numa entrevista antes de começar o período, ele afirmou: "Eu sabia muito bem que ela me tiraria dos holofotes."

A rainha-mãe tinha ligações pessoais com a universidade. Já havia ido lá várias vezes e recebido o título de Doutora em Direito *honoris causa* em 1929, quando inaugurou o Younger Hall; além disso, o Queen's College recebeu esse nome em sua homenagem. Por tudo isso, St. Andrews era o lugar perfeito para o príncipe estudar, mais tranquila que a maioria das cidades universitárias, perto de Balmoral e distante dos paparazzi de Londres. Foi uma escolha que a rainha adorou. Seu primo, James Ogilvy também havia estudado história da arte lá e ela esperava que a chegada do neto pudesse melhorar a imagem que os escoceses tinham da monarquia.

Entretanto, sempre muito atento ao seu papel na vida, o zeloso príncipe decidiu que a melhor maneira de evitar uma publicidade negativa seria criar uma barreira entre ele e os demais alunos, isolando-se em seu quarto ou na biblioteca da universidade. Assim, ele recusaria convites para participar de clubes e sociedades e evitaria as festas. Foi uma decisão que atrapalhou seu primeiro semestre em St. Andrews, pois o autoimposto exílio impossibilitou que ele se integrasse à vida comum dos estudantes. "Eu achava que podia acabar na sarjeta, totalmente arrasado", confessou ele, num momento de franqueza, quando lhe perguntaram numa entrevista por que ele não havia participado da semana dos calouros. "E as pessoas que eu conhecesse naquela semana provavelmente não seriam minhas amigas mesmo."

Apesar disso, o príncipe ainda conseguiu fazer alguns amigos, bem como se reencontrar com alguns colegas. Embora William e Kate morassem em andares diferentes daquele alojamento — que colocava pessoas do mesmo sexo no mesmo andar —, eles acabaram se aproximando pelos interesses comuns, enquanto estudavam e se divertiam juntos. A linhagem de Kate podia não ter o mesmo sangue azul do príncipe, mas eles tinham inúmeras similaridades, pois haviam sido criados num ambiente rural — Kate, na aldeia de Bucklebury, e William, em Highgrove, propriedade de seu pai em Gloucestershire. Os dois adoravam o campo, um pré-requisito para se encaixar na família real, onde a regra é caçar, atirar, pescar, assistir a jogos de polo e ir às corridas. Os dois jovens haviam frequentado escolas públicas privativas, em condados vizinhos, onde os alunos tinham vida social dentro e fora da escola e se enfrentavam nos campeonatos esportivos — outro interesse em comum. Enquanto Kate era boa em hóquei e *netball*, William tinha talento para rúgbi, futebol e polo, e os dois adoravam esquiar e jogar tênis. Depois da escola, passaram o ano sabático ampliando seus horizontes e viajando pelo mundo. Como já relatado, alguns relatos sugerem que ambos tenham estado no Chile.

Aos poucos, Kate se tornou um membro da turma de William em St. Andrews, que também incluía Bryony Daniels, filha de um rico proprietário de terras; Virgina Fraser, cujo pai, lorde Strathalmond, é avaliador de seguros do Lloyd's de Londres; e Olivia Bleasdale, filha de um oficial do Exército.

# Kate

Não se sabe exatamente como Virgina e Olivia conheceram William, mas Bryony, criada em Paines Manor — uma fazenda jacobina em Pentlow, Suffolk — por seus pais David e Pauline, conheceu o príncipe na primeira semana que passou em St. Andrews, quando começaram a ter aulas de geografia juntos. Olivia, a filha do tenente-coronel Jeremy Bleasdale, da Artilharia Real, pode tê-lo conhecido em seus tempos de escola na destacada Westonbirt School, a apenas 1,5 quilômetro de Highgrove; Ginny pode ter sido apresentada a ele por Kate, que a teria conhecido no pouco tempo que passou em Downe House, cujas antigas alunas incluem lady Gabriella Windsor, filha do príncipe Michael de Kent.

Contudo, apesar de Kate e as outras garotas serem vistas como namoradas em potencial do príncipe, nesse estágio ainda não havia namoro algum. Ela se dedicou à vida universitária, enquanto ele mantinha uma atitude discreta, por medo de comprometer o nome da família real. Isso significava evitar bebidas em excesso, usar drogas ou beijar em público.

Apesar de toda a sua determinação de se manter discreto, semanas depois William estava namorando Carly Massy-Birch, uma morena bonita com rosto de menina; ela trabalhava, após formada, como atriz, e já havia aparecido em algumas peças de teatro e de rádio. Ela também tinha muito em comum com o príncipe, tendo sido criada em Axminster, no interior do condado de Devon, onde seus pais, Mimi e Hugh, administravam uma fazenda. Ela, William e Kate eram amigos muito próximos, continuando assim mesmo depois que o relacionamento entre Carly e Will acabou e ele começou a sair com Kate.

"Ela saiu com William por umas seis ou sete semanas, depois que eles chegaram a St. Andrews", diria a mãe de Carly, depois, para os jornais. "Todos os três são ótimos. (...) Ela realmente quer que Kate se case com Wills, para ter certeza de que poderá ir ao casamento. Se ele se apaixonar por outra pessoa, ela tem medo de não ser convidada. (...) Carly sempre foi muito próxima aos dois, e isso nunca mudou."

Kate também começou a sair com alguém que a conquistaria no primeiro ano da universidade. Rupert Finch tinha 22 anos e estava no último ano de direito em St. Andrews quando a conheceu. Ele também adora esportes, não é surpresa alguma. Talentoso jogador de críquete, não só era membro do time da universidade como também foi o capitão da equipe numa viagem de verão que fizeram à África do Sul. Rupert foi criado pelos pais, John e Prudence, numa grande fazenda em Fakenham, Norfolk, em terras que pertenciam ao conde de Spencer, tio de William. Enquanto o pai cuidava da terra, a mãe guiava excursões a cavalo. Não se sabe ao certo quando a amizade virou romance, ou se eles continuaram namorando depois que ele saiu da universidade, no verão seguinte, para entrar no escritório Mills & Reeve como trainee. Revelando enorme discrição, ele nunca falou do relacionamento e diz que jamais pretende falar sobre o assunto.

William e Carly romperam mais ou menos no Raisin Weekend, um festival anual de hedonismo, realizado no último fim de semana de novembro. Os calouros são entretidos por seus "pais" acadêmicos, ou mentores, numa tradição que parece remontar há vários séculos. Os calouros costumam participar de uma festa do chá oferecida pelas mães, ir para um pub acompanhados dos pais e colocar uma roupa elegante para a tradicional guerra de espuma. Embora esse último evento, o auge da diversão no fim de semana, aconteça no quadrilátero de St. Salvator, do lado de fora do edifício em que William e Kate moravam, não se viu sinal dele nessas festividades, e se ela esteve lá, passou despercebida.

*Kate*

O rompimento com Carly talvez tenha sido o catalisador de uma autoavaliação por parte do príncipe. Embora tenha feito alguns bons amigos à época em que voltou para Highgrove — no dia 15 de dezembro, para as férias de Natal —, ele estava em dúvida sobre a universidade que escolhera e pensava em se mudar para um campus mais próximo de casa. Sentindo-se só e isolado, naquela cidade pequena e relativamente remota, dos amigos que moravam mais perto de sua casa, William realmente considerava a adaptação difícil. Ele também se sentia frustrado com a atenção que recebia, no campus, dos estudantes americanos, que olhavam para ele embasbacados e o seguiam como se fossem parte de um rebanho de ovelhas. O príncipe Charles o alertou para o quanto sair de St. Andrews seria ruim para sua imagem pública, mas normalmente é Kate quem recebe o crédito por tê-lo convencido a ficar em St. Andrews por mais algum tempo, após a "balançada" dele, como asseguraram os assessores da realeza. Para o período seguinte, ela sugeriu que ele talvez se sentisse mais feliz passando para o curso de geografia, em vez de continuar com história da arte, e foi o que ele fez, no final do segundo ano.

"Morar no alojamento da universidade durante o primeiro ano foi uma boa ideia", comentaria William mais tarde. "Foi lá que conheci a maioria dos meus amigos. Todos são colocados juntos imediatamente, um monte de gente na mesma situação, e foi tudo bem divertido."

Apesar das dúvidas sobre sua escolha, tanto ele como Kate voltaram à universidade em 9 de janeiro — dia do 21º aniversário dela —, para o que restava do primeiro ano. No momento em que ela desfilava pela passarela naquele mês de abril, os dois já tinham encontrado seu chão e estavam bem-adaptados à vida na universidade, embora de maneiras um tanto diferentes.

Enquanto a primeira aparição pública do príncipe desde que chegara à universidade — que se recusava a participar de eventos que mais chamavam a atenção, como o baile dos calouros — fosse um sinal de sua intenção de se envolver mais na vida universitária, o desfile de Kate na passarela revelava um lado mais ousado e aventureiro da jovem senhorita que até então sempre fora muito reservada.

Esse aumento de confiança também se revelou na abordagem [illegible] que ela [illegible] em relação ao Kate Kennedy Club, uma organização de elite para os alunos homens, na mesma linhagem do Bullingdon Club de Oxford. O clube sempre foi criticado por ser machista e, geralmente, chauvinista. William, sempre cauteloso, se recusou a fazer parte dele, no início, mas ela fundou uma organização rival, o Lumsden Club, só para alunas mulheres. O clube tinha o objetivo de forjar melhores relações entre "a cidade e as saias". O nome foi uma homenagem a Louisa Lumsden — figura de projeção na St. Andrews do século XIX, que recebeu a comenda de dama em reconhecimento aos seus serviços em prol da educação das mulheres — e o clube tinha o intuito de promover as artes e angariar fundos para instituições de caridade para mulheres, por meio de uma série de eventos sociais de arrecadação — como o coquetel Red-Hot Martini e uma festa da Pimm's, ao longo do ano.

Aos poucos, William seguiu o caminho apontado por Kate e começou a participar da vida estudantil. Era comum vê-los bebendo e conversando no Ma Bells, o bar do térreo do St. Andrews Golf Hotel, próximo da universidade e com vista para o mar. Conhecido como "Yah Yah Bells", por sua fama de reduto das patricinhas da universidade, o local costumava ferver à noite com estudantes que dançavam ao som do DJ residente. Outros points favoritos eram o The Gin House, a algumas quadras dali, na South Street, e o Broons, na North Street, perto dos alojamentos. De vez em quando, ele e os amigos iam para o teatro Byre, na Abbey Street, do outro lado da cidade, o lugar perfeito para uma anônima saída noturna. "Todo mundo pensa que eu bebo cerveja, mas na verdade eu gosto de cidra", comentou o príncipe William numa das entrevistas oficiais que deu em seu tempo de estudante; parte de uma estratégia para manter a imprensa afastada.

William também voltou a praticar esportes, entrando para o clube de atletismo da universidade, jogando rúgbi e participando da liga de futebol dos domingos, além de integrar o time de polo aquático. Adepto do esqui aquático e também do surfe, ele podia ser visto muitas vezes no Mar do Norte sobre as ondas, sendo levado por uma lancha ou, se o mar estivesse agitado, sendo arrastado num imenso tubo amarelo inflável com o formato de uma banana. Ele começou a correr de manhã cedo ao longo da amurada da praia, para se manter em forma e eliminar os maus efeitos de sua alimentação de estudante; não só passara a gostar de fast-food, como também era visto regularmente comprando doces no Burns Sweet Shop, na Market Street, ou misturando tudo no Woolworths.

No final do primeiro ano, Kate já estava próxima o suficiente do segundo na linha de sucessão ao trono para ser convidada a dividir um apartamento com ele e dois de seus amigos mais próximos no centro da cidade. E foi uma nova Kate, mais confiante, que saiu de St. Andrews para as férias de verão.

Porém, apesar de sua promoção ao círculo real, a garota de 20 anos ainda tinha que pagar o crédito universitário. Ela foi contratada pela requintada empresa de alimentação Snatch para servir bebidas num dos eventos sociais da estação, a regata Henley, com um salário de 5,25 libras a hora. "Kate é uma ótima barwoman", disse aos jornais o proprietário Rory Laing. "Nós a contratamos para a regata Henley, e, se Deus quiser, ela vai trabalhar conosco no bar Snatch que temos em Cowes. Como costumamos empregar

O bisavô de Kate, Charlie Goldsmith (sentado, à esquerda), durante a Primeira Guerra Mundial. *(Cortesia de Kim Sullivan)*

O avô de Kate, Ronald Goldsmith (à frente), com (da esquerda para a direita) o cunhado Henry "Titch" Jones, a cunhada Emma Goldsmith, a irmã Ede Jones, o irmão Charlie Goldsmith, a mãe Edith Goldsmith e a irmã Joyce Plummer.

As tias-avós de Kate, irmãs de Ronald Goldsmith (da esquerda para a direita): Hetty, Ede, com Joyce no colo, e Alice.

A avó de Kate, Dorothy Harrison, e o avô, Ronald Goldsmith, em 8 de agosto de 1953, dia do casamento deles, na Igreja da Santíssima Trindade, em Southall.

O trisavô de Kate, Frank Lupton.
*(Cortesia de Arthur Lupton)*

A bisavó de Kate, Olive Lupton.
*(Cortesia de Arthur Lupton)*

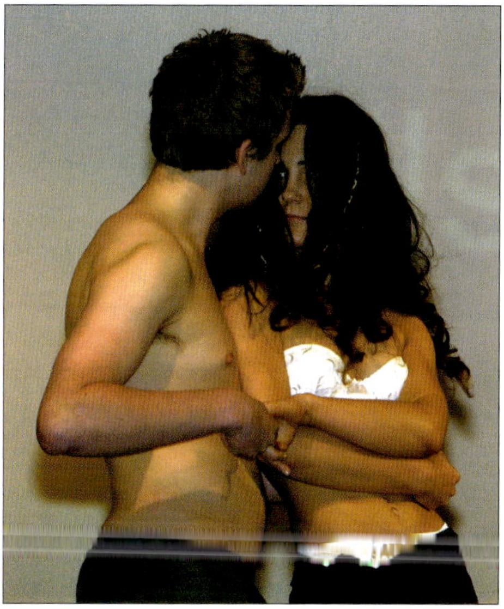

Kate e Fergus Boyd em Don't Walk, desfile beneficente em St. Andrews, 2002. *(© Getty Images)*

Kate na passarela, em St. Andrews.

Kate no casamento de Hugh van Cutsem e Rose Astor, em junho de 2005. Foi a primeira vez que ela e o príncipe William apareceram juntos em um evento da alta sociedade.

Kate na cerimônia de sua formatura, St. Andrews, 2005. *(© Getty Images)*

Kate e William são fotografados se beijando pela primeira vez, em Klosters, 2006. *(© David Parker)*

Kate na Cheltenham Gold Cup, 2006.
*(© Getty Images)*

Kate vestindo BCBG Max Azria no Boodles Boxing Ball, 2006. *(© Alan Davidson)*

O olhar apaixonado: Kate e William na saída do Boujis, 2006.
*(© Matrix Syndication)*

Kate com o pai, na formatura de William em Sandhurst, em dezembro de 2006. *(© Getty Images)*

Kate e William no Cheltenham Festival de 2007, pouco antes da separação. *(© Getty Images)*

Kate (terceira fila, à direita) e William no Concerto para Diana, em julho de 2007. *(© Getty Images)*

Kate e Chelsy Davy no casamento de Peter Phillips e Autumn Kelly, em maio de 2008. *(© Goff Photos)*

Kate com um vestido Issa no Boodles Boxing Ball de 2008.
*(© Davidson/O'Neill/Rex Features)*

Kate assiste à posse do príncipe William na Order of the Garter, em junho de 2008.
*(© Getty Images)*

ex-alunos de escolas com internato, ela se encaixa perfeitamente nesse perfil. E ela é bonita, recebe gorjetas muito altas."

Naquele verão, Kate revelou um talento único para equilibrar dois aspectos bem distintos de sua vida — o de companheira real e o de aluna esforçada —, mostrando a combinação de sofisticação e de "garota comum que mora ao lado", que seria sua marca registrada

# Capítulo 16

## Um Companheiro Real

Kate Middleton parecia a bela do baile num estonteante vestido estilo melindrosa, enquanto ficava de pé numa tenda no terreno da grande casa de tijolos vermelhos de seus pais, numa festa para comemorar seu aniversário de 21 anos. Bebendo champanhe e recebendo os convidados, ela conversou com as amigas da Marlborough College e da St. Andrews University — todas vestidas como ela, com roupas dos anos 1920 —, enquanto esperava pelo príncipe William, o convidado de honra.

Embora o casal já viesse compartilhando um apartamento na cidade universitária por todo o ano letivo anterior, o comparecimento dele à festa em junho de 2003 — cinco meses depois da verdadeira data do aniversário — indicava o quanto eles haviam se aproximado. Ele chegou tarde e saiu logo depois do jantar à mesa, antes que o baile começasse, voltando a Highgrove a fim de se preparar para a própria comemoração de 21 anos.

Os comentaristas afirmam que a festa dela foi o início do namoro que arrebataria a Inglaterra por muitos anos. Mas só uns poucos amigos mais próximos do casal sabem quando a amizade se transformou realmente em amor.

Os primeiros boatos sobre o início da relação entre William e Kate começaram depois das férias de primavera em 2002, no final do primeiro ano deles em St. Andrews; foi quando William anunciou que planejava se mudar do alojamento da universidade e morar num apartamento com mais três amigos, entre eles Kate. Naquela época, os dois riam das insinuações de que estavam namorando, insistindo que eram "apenas bons amigos", embora William fosse jovem, solteiro e desimpedido, e Kate estivesse quase desimpedida. Sua relação com Rupert Finch estava ficando morna — e o namoro com o príncipe começava a aparecer no horizonte.

Eles se juntaram a Fergus Boyd, filho de um advogado rural da cidade de Broughton Gifford, em Wiltshire, e a Olivia Bleasdale, que também cursava história da arte. Eles encontraram um apartamento numa das ruas mais cobiçadas da cidade.

Fergus, um dos melhores amigos de William na universidade, se aproximou do príncipe nos campos de rúgbi de Eton, e agora estudava geografia no mesmo módulo que ele, em St. Andrews. Ele foi modelo no desfile filantrópico da universidade, como Kate, e participou de uma excursão de críquete naquele verão — com Rupert, o namorado dela — à África do Sul. Hoje trabalhando como consultor financeiro da Smith & Williamson, ele sempre protegeu o casal real; é uma das poucas pessoas que sabe se a amizade virou namoro durante o segundo ano de universidade. Evidentemente, quando Kate e William passaram a morar juntos, houve rumores insistentes de que fossem mais do que amigos, o que levou o palácio a negar que estivessem "morando juntos" — indicando que não dividiam o mesmo quarto.

A presença de William em St. Andrews teve um efeito significativo no mercado de aluguéis, uma vez que estudantes americanas chegavam à cidade costeira dispostas a pagar valores acima dos de mercado só para ver seu herói de relance. Os preços começaram a ficar no mesmo nível dos de Londres, e estudantes começaram a acampar, em sacos de dormir, na calçada diante das imobiliárias, para serem o primeiro da fila a alugar um apartamento.

Com seus contatos, o trio de bem-nascidos conseguiu alugar uma *maisonette* numa tradicional casa georgiana com varanda. Os amigos se mudaram para o apartamento no centro da antiga cidade de St. Andrews, antes do início do semestre de Martinmas, em 23 de setembro de 2002. Era o lugar perfeito para os quatro universitários relaxarem depois de passar o dia assistindo a aulas e palestras. Os novos condôminos se revezavam para preparar o jantar, uma tarefa que William tinha muita dificuldade em desempenhar, apesar de ter tido aula de culinária em Eton. "Eu cozinho regularmente para eles, e eles para mim", afirmou numa entrevista, no final do ano letivo, "embora não preparemos jantar há algum tempo, porque todos estamos ocupados com as provas e trabalhando muito. Há uns cozinheiros muito bons aqui em casa, e sou totalmente desnecessário, como comprovou minha experiência ao fazer uma *paella* em Eton, que foi gravada. Nós costumamos comer galinha com curry e macarrão. Mas também saímos bastante para comer fora, dependendo do que acharmos melhor."

Em geral, os quatro universitários eram muito discretos, indo a pé ou de bicicleta para as aulas, fazendo compras no Safeway e passando as noites em casa, ouvindo o R&B de William ou o jazz de Fergus em alto volume. O príncipe raramente saía durante a semana — exceto para ir às aulas ou à biblioteca da universidade —, a não ser nas tardes de quarta-feira, quando praticava esportes. E tanto William, que fora eleito capitão da equipe de polo aquático da universidade, como Fergus treinavam por duas horas nas noites de quinta, na piscina da St. Leonards School.

Comentando sobre como era morar numa república, ele disse:

"Faço muitas compras; inclusive, até gosto de fazê-las. Eu me empolgo muito, sabe, quando compro comida. Compro um monte de coisas e, então, volto para casa e vejo que a geladeira está cheia das mesmas coisas que comprei. (...) Todos nós nos damos bem e começamos a revezar as tarefas, mas é claro que acabou virando uma bagunça. Todo mundo ajuda quando pode. Eu tento ajudar sempre que dá, e eles fazem a mesma coisa por mim, mas no fim você tem que se virar sozinho."

Os únicos sinais do morador mais famoso da cidade e de seus condôminos eram a presença de vans de vidro fumê do lado de fora da propriedade 24 horas por dia, carros de patrulha ao longo da rua inteira e um número maior de câmeras de segurança apontadas para o apartamento, o que fez os moradores do lugar dizerem que aquela era a segunda rua mais protegida da Inglaterra, só perdendo para a Downing Street.* Os guardas de segurança acompanhavam o príncipe até a universidade e o esperavam na lojinha na rua próxima do auditório.

Pouco depois de Kate ir morar com ele, no final de novembro de 2002, os pais dela compraram um apartamento no centro de Chelsea. O fato pode ter sido mera coincidência, mas significava que a filha teria uma base em Londres para as festas da sociedade.

Menos de uma semana depois, a jovem passava seu primeiro fim de semana numa expedição de caça comandada por William na Wood Farm, em Sandringham, Norfolk. Ela era uma das seis garotas e dez garotos, incluindo o príncipe, que se apinharam na casa de campo de seis quartos. Não se sabe como os quartos foram divididos, o que levou a mais especulações sobre a amizade entre os dois. Entre os convidados daquele fim de semana estavam Olivia

---

* Rua onde fica a residência oficial do primeiro-ministro britânico. (*N. do T.*)

Bleasdale, Virginia Fraser — que morou na mesma rua deles na época da universidade — e Natalie Hicks-Lobbecke, chamada de "Nats" pelos amigos, filha de um militar e que na época estudava na Bristol University. Em vários momentos surgiram especulações ligando cada uma dessas garotas ao príncipe.

A 1,5 quilômetro dali, em Sandringham House, o pai de William estava sendo o anfitrião de um acontecimento bem mais sóbrio na mansão eduardiana da rainha. Entre os convidados do príncipe Charles estavam a rainha da Dinamarca, que precisou sair mais cedo por causa de uma dor nas costas; o afilhado da rainha, sir Nicholas Bacon, advogado e dono de 8 mil metros quadrados de terras em Norfolk que, assim como Charles, aprecia jardinagem; o membro conservador do Parlamento, Nicholas Soames; Jolyon Connell, editor da revista *The Week*; e o proprietário de terras lorde Cavendish.

Não há coisa alguma que sugira que Kate (ou qualquer dos convidados de William naquele fim de semana) tenha estado com o príncipe Charles, embora ele tenha providenciado para que a equipe de alimentação de Sandringham organizasse um serviço de luxo para os convidados do filho. No entanto, não demoraria muito para que ela fosse apresentada ao pai de seu colega de quarto.

Cinco meses depois, no dia 3 de maio de 2003, a relação entre William e Kate pareceu dar mais um passo, quando eles compareceram ao Baile de Maio, evento anual organizado pelo famoso Kate Kennedy Club, do qual William, agora, era membro. Tendo conseguido entradas vip para a festa beneficente, eles passaram a maior parte do baile — realizado na fazenda Kinkell, nos campos de Fife — juntinhos num canto, com os amigos mais próximos, o que levaria a boatos de que os dois só tinham olhos um para o outro.

Algumas semanas depois, Kate foi vê-lo jogar rúgbi num torneio patrocinado pela The Gin House. Torcendo para o time dele — o pub West Port Bar — da linha lateral, ela parecia mais uma namorada esperando o amado do que uma companheira de república. Durante os intervalos do jogo, enquanto William não jogava, o casal se deitava lado a lado ao sol de primavera, conversando, e pareciam tão à vontade na presença um do outro que voltavam os rumores de que a relação tinha avançado um estágio. Depois do jogo, no qual os perdedores — William e equipe — levaram para casa o prêmio de consolação de três caixas de cerveja, eles foram para o West Port Bar, onde beberam um pouco e dançaram. Conhecido pela generosidade, o príncipe muitas vezes pagava uma rodada de bebida para todos.

Em um mês, o semestre de Candlemas chegava ao fim, encerrando o segundo ano de Kate e William na prestigiosa universidade. Terminadas as provas, os dois saíram do apartamento e partiram para as longas férias de verão. Mas não ficariam separados por muito tempo.

Embora Kate tivesse feito 21 anos no início do ano, tanto ela como William comemoraram seus aniversários durante aquele verão idílico de 2003. Enquanto ela deu uma festa reservada, só compareceram o príncipe e alguns amigos mais próximos, a festa dele, semanas mais tarde, foi grandiosa, com a maior parte da família real e várias celebridades entre os presentes. Organizada por Michael Fawcett, o valete do príncipe de Gales, a comemoração foi realizada no dia 21 de junho de 2003 — o dia de fato do aniversário —, no castelo de Windsor. O maior e mais antigo castelo ocupado do mundo foi transformado numa selva africana, com dois enormes falsos elefantes que se elevavam sobre os convidados, com as trombas entrelaçadas na forma de um arco sobre a pista de dança. Peles de animais decoravam as paredes, e uma gigantesca cabeça de girafa estava orgulhosamente por cima de um bar dourado, que serpentava por todo o comprimento do salão. Do outro lado da parede havia uma máscara tribal. Trezentos convidados, todos fantasiados, dançaram ao som da banda Shakarimba, um grupo de seis integrantes trazido de Botswana, e William entrou na onda subindo ao palco e tocando tambor. Entre os convidados estavam seus tios, o conde de Spencer e o príncipe Andrew, ambos vestidos como grandes caçadores com roupas de safári; o comediante Rowan Atkinson e o jogador de polo Luke Tomlinson. A avó de William estava deslumbrante, fantasiada de Rainha da Swazilândia, de toga branca, um cocar tribal e um gigantesco casaco de pele. O pai vestia roupa de safári e chapéu de caçador, e as primas Beatrice e Eugenie usaram roupas iguais de pele de leopardo.

O pessoal de St. Andrews chegou numa van branca meio velha, decorada com balões e lantejoulas. Mas a presença de Kate mal foi comentada pela mídia, tendo sido ofuscada por dois acontecimentos. O primeiro foi a prisão de um penetra chamado Aaron Barschak — um autointitulado "terrorista comediante" — que conseguiu, vestido de Osama bin Laden, entrar na festa e subir ao palco do Great Hall, arrancando o microfone das mãos do príncipe, que agradecia à rainha e ao príncipe Charles pela festa. Enquanto William mantinha a calma, Barschak era arrastado para fora do palco e preso, apesar de não ter sido processado.

O segundo acontecimento foi a presença de Jessica "Jecca" Craig, filha de um conservacionista rico que na época muitos acreditavam ser a primeira namorada séria de William. Ele tinha se aproximado dela quando visitou, em seu ano sabático, a reserva ambiental de 183 quilômetros quadrados que a família Craig possuía no sopé das montanhas do Quênia, dois anos antes — houve relatos, inclusive, de que tiveram um "noivado de mentirinha". Mas só os dois sabiam se ainda havia algum sentimento entre eles, quando ela pegou o avião para comparecer à festa "Out of Africa", na Inglaterra.

De qualquer modo, o príncipe parecia aflito em afastar os boatos sobre esse possível envolvimento e provar que estava solteiro, por meio de uma declaração pública, aprovada pelo príncipe Charles, em que negou qualquer namoro com a jovem — a primeira e única vez que uma atitude desse tipo foi tomada. A declaração foi vista como uma tentativa enfática de frear a imensa especulação da mídia sobre esse relacionamento, ainda mais intensificada quando o namorado dela, Henry Ropner, só recebeu na última hora um convite para a festa.

Não só William negou ter um relacionamento com Jecca, como também negou ter uma namorada. Numa entrevista cedida para celebrar o aniversário, ele afirmou: "Sempre há muita especulação a respeito de toda garota solteira que anda comigo, e, a propósito, isso me irrita um pouco, depois de algum tempo, especialmente porque é um completo aborrecimento para elas. Essas coitadas, que acabei de conhecer ou que são só minhas amigas, de repente se veem alvo dos refletores, as pessoas ligam para a casa dos pais delas e tudo mais. Realmente considero um pouco injusto com elas. Eu já estou acostumado, porque acontece sempre. Mas para elas é muito difícil, e isso não me agrada. Se eu gosto de uma garota, e ela também gosta de mim, o que é raro, eu a convido para sair. Mas, ao mesmo tempo, não quero deixá-las numa situação difícil, porque, por um lado, muita gente não sabe o que acontece só de me conhecer; por outro, se fosse mesmo minha namorada, isso provavelmente causaria irritação."

Naquele verão, portanto, o príncipe comunicou ao mundo que estava solteiro, mas não demoraria muito para que as luzes da mídia se dirigissem para Kate e ficasse claro que um novo romance real tinha, de fato, começado.

# Capítulo 17

## Mãos Frias, Corações Aquecidos

De casaco preto e colete vermelho, Kate Middleton dividiu um carrinho de teleférico com o príncipe William nas montanhas de Klosters — um exclusivo resort de inverno nos Alpes suíços que se tornou um dos locais favoritos da família real inglesa —, revelando que ela havia conquistado o coração do solteiro mais desejado da Inglaterra.

Depois de meses de especulação sobre o namoro, o casal, ambos com 21 anos, era finalmente clicado pelas lentes do paparazzo Jason Fraser, ironicamente o mesmo homem que filmou o famoso beijo da princesa Diana em Dodi Fayed num iate no mar Mediterrâneo. Aquele momento de carinho entre o jovem casal, em 31 de março de 2004, foi registrado. As fotos publicadas no jornal *The Sun* enfureceram os assessores da Clarence House, o escritório particular do príncipe de Gales, que tinha feito um acordo de cavalheiros com a mídia para permitir ao príncipe um pouco de privacidade enquanto ele estivesse na universidade.

O casal, que cursava o terceiro ano em St. Andrews, tinha viajado do aeroporto de Heathrow a Zurique quatro dias antes, no começo das férias de primavera, para passar uma semana nas montanhas com os amigos mais íntimos e confiáveis. Na comitiva estavam Harry Legge-Bourke, irmão mais velho de Tiggy, a ex-babá real; Guy Pelly, ex-aluno do Cirencester Agricultural College; e William van Custem, amigo da família real, e sua namorada Katie James, todos de confiança e capazes de guardar segredo

De dia, o grupo ia para as pistas; à noite, explorava as alternativas *après ski*, passando uma noite num bar com caraoquê e, outra, jantando num restaurante com vista para a cidade, com o príncipe Charles e seus habituais companheiros de esqui Charlie e Patty Palmer-Tomkinson.

As férias na neve puseram um fim à crescente especulação sobre o grau de intimidade da amizade entre William e Kate, uma suspeita iniciada 18 meses antes — quando se mudaram para um apartamento com outros dois alunos no início do segundo ano de faculdade — e que desde lá só ganhava força.

O começo do terceiro ano deve ter sido um período difícil para a jovem, que chorava a morte do avô materno, Ronald Goldsmith, há algum tempo confinado a uma cadeira de rodas, sofrendo com o entupimento de uma artéria coronariana. Ele foi o primeiro de seus avós a falecer; seu coração parou no dia 10 de setembro de 2003, quando ele estava com 72 anos, na casa que dividia com a mulher Dorothy, em Pangbourne, Berkshire.

Naquele outono, ao voltarem para a Escócia, Kate, William e Fergus decidiram se mudar do centro da cidade e ir para uma fazenda nos arredores de St. Andrews, onde William e Kate, ambos amantes do campo, poderiam ficar mais à vontade. Quando o semestre de Martinmas começou, em 29 de setembro de 2003, os quatro amigos se mudaram para a Balgove House, na propriedade de Strathtyrum. Eles permaneceram lá até concluírem a universidade.

Antes da mudança, William declarou: "A maioria das pessoas gosta de se mudar, e essa sempre foi a minha intenção. Nesse terceiro ano, não tenho tantas aulas ou palestras e não preciso passar tanto tempo na universidade. Aí eu pensei: que tal me mudar para outro lugar? Acho que, no fim das contas, eu sou mesmo um garoto do campo. Amo o barulho das cidades e sair com os amigos, beber com eles e tudo mais. É legal. Mas, ao mesmo tempo, gosto de espaço e liberdade."

A casa, localizada em vastos campos cheios de orquídeas e de arbustos de fúcsia, era o lugar idílico para o príncipe cortejar a namorada; a casa não só era discreta, como também absolutamente segura. Quando a comitiva real entrou lá, uma operação de 1,5 milhão de libras já havia sido deflagrada para evitar outra falha humilhante da segurança, como a do penetra no aniversário. Uma casa vizinha foi escolhida como o centro de uma operação de segurança, e vários pelotões de oficiais foram destacados para vigiar a fazenda 24 horas por dia. A casa também sofreu uma varredura, à procura de bombas, e câmeras de circuito interno de tevê. Botões de alarme foram instalados, com ligação direta para a delegacia de polícia local e para o Palácio de Buckingham, para o caso de alguma emergência.

O aumento da privacidade e da liberdade na nova casa deu a William e Kate a oportunidade de começar seu tórrido relacionamento longe do olhar dos curiosos, uma raridade para os membros da família real, e ainda mais para o jovem príncipe. Quando se divulgou a confirmação de que eles estavam namorando, as primeiras notícias revelaram que já vinham saindo desde o Natal, embora também houvesse boatos de que já estivessem namorando desde o verão anterior, mais ou menos na época das festas de aniversário.

De qualquer maneira, o jovem casal se comportava com a maior discrição ao aparecer em público, numa tentativa deliberada de manter o namoro em segredo. Aparentemente, eles tinham um pacto de não demonstrar qualquer gesto afetuoso um pelo outro em público, deixando a casa separados de manhã e nunca eram vistos de mãos dadas. Eles mantiveram a natureza do relacionamento totalmente oculta do mundo exterior, passando noites românticas em casa, escapando para Birkhall (uma mansão de 14 quartos às margens do rio Muick, perto de Balmoral, herdada pelo príncipe Charles da rainha-mãe) e passando fins de semana em Highgrove, onde Kate conheceu o pai do namorado. Eles seguiam para lá no Golf dele para fins de semana de caça.

A primeira pista de que o relacionamento havia avançado um passo aconteceu algumas semanas antes da viagem a Klosters, quando eles foram cavalgar com o Middleton Hunt, North Yorkshire, e William a apresentou aos amigos como sua "namorada". Semanas depois, já era de conhecimento público que eles estavam mesmo juntos.

Quando William e Kate voltaram da Suíça, continuaram levando a vida normalmente, apesar do fato de o namoro agora ter se tornado um assunto público. Agindo no padrão de sempre, se mantiveram isolados na casa de campo, saindo poucas vezes, a não ser que pudessem garantir a privacidade.

Na verdade, estavam mais prudentes do que nunca. Enquanto no ano anterior Kate tinha assistido das laterais quando William disputava o torneio de rúgbi da cidade, em 2004 ela foi ainda mais discreta: não foi vê-lo jogar com o seu velho time, o West Port Bar, uma das 12 equipes que participavam do torneio. Centenas de alunos e pessoas comuns apareceram para ver as partidas, organizadas pelos donos dos pubs de St. Andrews, e mais especificamente — sem dúvida — para ver o príncipe, com a camisa 4, se esforçar e jogar ao lado de seu colega de república Fergus Boyd. Convocado como substituto, ele levou umas entradas duras e atropelou um dos adversários na disputa pela bola, mas mesmo assim a equipe perdeu dois dos três jogos que disputou. Só à noite, na festa pós-torneio no St. Andrews Golf Hotel, Kate apareceu para mostrar solidariedade ao namorado. O casal se beijou em público pela primeira vez, mas não havia qualquer fotógrafo por perto.

Algumas semanas depois, eles vestiram roupa de festa para o anual Baile de Maio, mais uma vez realizado na fazenda Kinkell, cujo tema naquele ano era "Santos e Pecadores". Como no ano anterior, o casal real teve entrada vip para o evento beneficente, de modo que conseguiu evitar o tumulto. "William recebeu um passe livre a todas as áreas, por razões de segurança", admitiu Alex Walsh, presidente do Kate Kennedy Club.

A discrição do casal foi absolutamente extraordinária. O fotógrafo Zygmunt Sikorski-Mazur, um ex-advogado, que tirava fotos do círculo próximo a William para revistas de sociedade como a *Tatler* e a *Harpers & Queen*, já fotografou o companheiro de república Fergus Boyd e as amigas íntimas Olivia Bleasdale e Bryony Daniels, mas nunca conseguiu tirar uma foto dos namorados. "Eram pessoas muito simpáticas", conta Zygmunt, que tem 60 anos. "Eram sempre muito amáveis e me ajudavam com as fotos. Como com qualquer jovem casal que estivesse naquela situação, havia muita alegria, mas eles sempre pareciam saber que havia um limite que não se podia atravessar. Quase sem exceção, eram pessoas muito bem-educadas, de algumas das famílias mais ricas do país. É incrível olhar para trás e ver que nunca consegui fotografar Kate, e muito menos William. Não que eles tentassem deliberadamente me impedir. Acredito que eles tinham uma rede de proteção muito boa e queriam manter a vida universitária atrás de uma cortina de discrição, quase o tempo todo. Para conseguir permissão para fotografar alguns desses eventos, como os grandes bailes, eu precisava de semanas de negociação, e, obviamente, não era segredo algum que a imprensa estaria nesses eventos. Isso significava que William e Kate manteriam uma grande distância dela. Mas muitas vezes eu ouvia que eles apareciam em eventos que eu não havia coberto, ou, então, que só chegavam muito tarde, depois de eu já ter ido embora.

Cheguei a ver os dois juntos uma vez, com Fergus, tomando um drinque num pub do centro da cidade, ironicamente no mesmo lugar que eu tinha marcado para encontrar com um repórter, antes de irmos ao baile de outono de 2004. Os três pareciam estudantes absolutamente comuns, iguais aos outros, enquanto bebiam devagar, muito interessados na própria conversa, que sem dúvida era sobre a universidade. Não é de surpreender que eles não tenham comparecido ao evento", finaliza Zygmunt.

Jules Knight, que estudou história e filosofia moral com William e foi vizinho do casal no segundo ano, integrava o círculo de amigos próximos. "Nem Will nem eu tínhamos fama de ser estudiosos", disse ele depois, numa entrevista ao *Daily Mirror.* "Éramos os únicos alunos do curso de filosofia moral e ficávamos brincando de jogo da velha durante as aulas, e pegando no pé um do outro. Eu me lembro de ele ter dado uma festa na casa dele em que o alarme de incêndio disparou. Ele teve que desligar o quadro de luz para fazê-lo parar e, ao fazer isso, desligou também todas as câmeras secretas. De repente, a gente se viu cercado pelos guardas da segurança."

Jules, hoje membro do grupo de música clássica Blake, ajudou a organizar o Baile de Maio daquele ano, e também era amigo de Kate. "Kate é uma garota doce, que não fica fazendo pose", comentou. "Não acredito que algum de nós pudesse imaginar que ela seria uma das mulheres mais fotografadas do mundo. (...) Kate nunca achou que entraria para a família real. Era só uma menina comum." "Ele falou também: — Todos nós estávamos numa bolha segura em St. Andrews. Não havia intromissões. Kate e Will podiam beber e ficar de mãos dadas que ninguém sequer piscava."

O Baile de Maio era o último grito de liberdade antes que os alunos tivessem que se isolar e estudar para as provas, iniciadas em 17 de maio de 2004. Semanas depois, teriam início as férias de verão, que começaram oficialmente quando os namorados se vestiram de Rhett Butler e Scarlett O'Hara, o casal principal de *E o vento levou*, para uma festa à fantasia oferecida por um colega.

O relacionamento mal havia começado a engrenar e já surgia a especulação de que ele estaria condenado, por conta de boatos — espalhados no seio da realeza — de que o príncipe planejava passar o verão na África, visitando Jecca Craig, sua namorada de adolescência, em vez de fazer uma viagem romântica com a namorada de então. No fim, Kate aparentemente acabou ganhando o que os tabloides chamaram de "a Batalha das Mocinhas", pois William decidiu não visitar Lewa Downs, a reserva de caça dos Craig no nordeste do Quênia, pela primeira vez em três anos. Se ele realmente planejava empreender essa viagem, não é possível saber. Mas é certo que ele, assim como o pai, geralmente faz o que quer e dificilmente mudaria de ideia por causa de uma pressão da mídia ou de uma namorada.

No final de julho, William e Kate foram de avião numa comitiva de oito pessoas para a ilha de Rodrigues, onde faz sol o ano inteiro. Chamada de Cinderela das ilhas Mascarenhas, a pequena e pacata ilha vulcânica é rodeadas de recifes de corais e charmosas lagoas. Com apenas 18 x 8 quilômetros de território, elas têm muitas ilhas desertas e florestas que são a casa dos raros morcegos dourados. O príncipe estivera lá pela primeira vez durante seu ano sabático. Agora, quatro anos depois, voltava com a garota que havia conquistado seu coração. O casal ficou numa pensão que custava 25 libras por noite, indo se recolher cedo e se levantando também cedo. Enquanto Kate se deitava ao sol, William vestia uma roupa de mergulho e saía para explorar o fundo daquelas águas claras e azuis, ou andava de jet ski no litoral.

Era a primeira vez que os dois passavam juntos as férias de verão, um rito de passagem em qualquer relacionamento. O fato de eles terem viajado em grupo, e não só os dois, fez surgir algumas insinuações de que ele não gostava dela tanto quanto ela dele. No entanto, é comum que estudantes — especialmente os que podem pagar por mais de uma temporada de férias — viajem em grupos.

Dias depois de voltarem para casa, eles se separaram, quando William viajou para Nashville, nos Estados Unidos, para passar um período com a herdeira americana Anna Sloan, que supostamente é a única garota a ter recusado um convite para sair com o segundo na linha de sucessão do trono. Se ele foi com o aval de Kate é algo que só se pode especular, mas, com toda certeza, ela manteve uma bela cara séria diante das suposições de que sua relação estava tendo problemas.

Anna, que estudava na Edinburgh University, é filha do falecido empresário e advogado George Sloan. O campeão amador de hóquei que disputou o Grand National de 1969, faleceu em 2001 depois de dar um tiro acidental em si mesmo na propriedade de 147 hectares da família. Anna, que também gostava muito de cavalgar, aparentemente se identificou com o príncipe por causa da experiência trágica de perder um dos pais. Ela o convidou a visitar a imensa propriedade da família, com direito a piscina, nos vastos montes do Tennessee. William estava entre os 15 convidados que passaram uma semana na cidadezinha de Leipers Fork, mas acredita-se que Kate não tenha sido convidada.

Durante as férias, o príncipe passou a ser uma espécie de atração turística, apesar de a região ter fama de ser a Hollywood do sul e do zelo com que ele guardava sua privacidade. Os habitantes locais o viam em todo lugar que ele ia: fazendo compras na famosa loja de roupas Abercrombie & Fitch; comendo panquecas e ovos com bacon na lanchonete Country Boy e comprando cerveja no Puckett's. "Ele estava com alguns amigos e parecia ser um cara absolutamente comum", contou o dono do estabelecimento, Billy Raynor, aos repórteres. "Perguntei a ele: 'Tem certeza de que você vai beber tudo isso?'", e eles riram e disseram que ia dar tudo certo. Tinha um garoto novo aqui que usava a mesma camisa que o príncipe, e William fez um comentário sobre isso. Ele pagou a conta em dinheiro e depois todo mundo foi embora.

A turma de amigos também jantava no Sperry's, um restaurante em Nashville decorado com gravuras de caçadas à raposa na Inglaterra e com brasões de família, onde uma vez eles tomaram mais de 12 garrafas do vinho da casa, dividindo a conta de 330 libras ao final da refeição. O príncipe causou grande comoção e quem estava lá ficou de boca aberta, enquanto ele engolia um filé mignon envolto em bacon e recheado de blue cheese, acompanhado de creme de espinafre. A barwoman LuAnn Reid se lembra daquele dia. "Tinha sempre um monte de gente indo ao banheiro para poder passar por ele. Os clientes ligavam para as filhas e netas, para elas virem vê-lo. Começaram a chegar tantas garotas que por algumas horas o Sperry's se transformou numa concentração de adolescentes."

Enquanto o namorado se divertia nos Estados Unidos, Kate manteve a cabeça baixa e ignorou todas as fofocas sobre os flertes dele com outras mulheres. Ela não poderia mesmo evitá-los se quisesse namorar um príncipe que viajava pelo mundo inteiro.

Dizem que ao voltar dos Estados Unidos ele pegou a namorada, que já vinha sofrendo há muito tempo, e partiu para umas férias românticas na propriedade de Birkhall. Eles já tinham passado muitos fins de semana por lá, mas parece que essa foi a primeira vez em que o príncipe Charles e Camilla Parker Bowles também estiveram presentes.

Esse interlúdio no Highland pode ser considerado uma espécie de compensação a Kate por mais uma separação forçada, antes de o casal voltar a St. Andrews. Fontes declaram que ela não gostou quando o namorado partiu em mais uma viagem com seis amigos homens para férias no mar Mediterrâneo, ficando num iate de luxo de propriedade da família Latsis. Era a quarta viagem de férias de verão em quatro meses, mas, como nem é preciso ressaltar, ela não tinha outra escolha. A jovem não foi convidada para o cruzeiro de cinco dias só com rapazes pelas ilhas do mar Jônico para o qual William, supostamente, contratou uma tripulação só de mulheres, uma jogada que pode ser vista como destinada deliberadamente a irritar a namorada. No entanto, o príncipe pode simplesmente ter desejado criar uma cortina de fumaça, tomando o cuidado de desviar a atenção do público de seu relacionamento com Kate.

# Capítulo 18

## Finalmente Formados

Sentada no colo do príncipe William durante um almoço de férias em Klosters, Kate Middleton não poderia ter encontrado uma maneira mais eficaz de refutar os boatos de que o namoro estava acabando. Participando de uma conversa amigável e tranquila com o príncipe Charles — rindo e fazendo piadas com o príncipe Harry —, ela realmente mostrou ao mundo que o relacionamento contava com a fundamental bênção da família real.

Em 30 de março de 2005 — quase um ano depois que Kate e William permitiram ser fotografados —, sem querer, num teleférico do resort suíço, os dois expuseram seu caso de amor pela primeira vez à opinião pública. Agora, depois que várias especulações se formaram sobre o futuro, o casal, avesso a publicidade, estava sendo abertamente afetuoso, provando de uma vez por todas que a relação continuava em bons termos.

A presença dela nas férias da família parecia ser sinal de que o namoro estava ficando mais sério e era a indicação mais forte de que eles não estavam planejando seguir caminhos diferentes quando saíssem da universidade.

A bela cidadezinha suíça de Klosters, a 8 quilômetros de Davos e a uma hora e meia de carro do aeroporto de Zurique, é o refúgio de esqui escolhido pela família real britânica. Seu principal teleférico, que vai até o alto do Gotschnagrat, foi batizado de "Príncipe de Gales". Charles esquia no local desde o início do casamento com a princesa Diana, em 1981. O resort também traz algumas lembranças tristes para a família real. Foi lá que o ajudante de ordens da rainha, o major Hugh Lindsay, perdeu a vida em março de 1988, soterrado por uma avalanche. Naquelas férias, o príncipe Charles também estava acompanhado de Charles Palmer Tomkinson, um ex-esquiador olímpico que o havia treinado quando mais jovem, e sua mulher Patty, que foi levada de helicóptero ao hospital de Davos com o major Lindsay, com ferimentos nas pernas.

Nessa viagem, contudo, Charles estava certamente olhando mais para o futuro do que para o passado, já que passara as últimas duas semanas no papel de um homem solteiro que esquiava com os dois filhos, tendo optado por viajar antes de seu casamento com Camilla Parker Bowles. A futura duquesa da Cornualha, que tem medo de altura e nunca aprendeu a esquiar, continuou na Inglaterra, preocupada com os últimos preparativos para o casamento.

Enquanto Kate estava na comitiva real, a então namorada de Harry, Chelsy Davy, rejeitou a oportunidade de viajar para se encontrar com eles, preferindo permanecer na África do Sul. No lugar dela, Harry convidou o amigo íntimo Guy Pelly, condenado injustamente por desviar o jovem príncipe do bom caminho. No primeiro dia da viagem, Kate, na época com 23 anos, provou o quanto se sentia à vontade com a família real, sentando-se no almoço ao lado do príncipe Charles, conversando animadamente com ele o dia inteiro e dividindo o mesmo carrinho de teleférico.

Foi a primeira vez que a aluna de história da arte era fotografada com o herdeiro do trono, mas ela pareceu levar tudo isso à sua maneira, demonstrando uma maturidade muito superior à comum em sua idade.

Apesar do óbvio bem-estar que tinham na companhia um do outro, Kate e William, que haviam feito enormes esforços para esconder o namoro durante o terceiro ano do curso universitário, tentaram se manter distantes do olhar do público. Em determinado momento, ele foi visto caminhando um pouco à frente da namorada, que vinha atrás com outros membros da comitiva, numa tentativa do casal de evitar passar todos os momentos que estivessem juntos como centro de interesse da imprensa e dos paparazzi.

Naquela ocasião, o grupo foi passar a noite na Casa Antica, a boate favorita da princesa Diana. Foi lá que a princesa de Gales ganhou o apelido de "Rainha da Discoteca de Klosters". Enquanto William e Harry bebiam cerveja em garrafa e dançavam, seu exibicionista amigo Guy tirou a roupa até ficar só de cueca boxer de cetim e saiu correndo pelo salão. O clima foi tão tranquilo que William deu até uma entrevista de improviso ao setorista do *The Sun* para a família real, fazendo declarações que o atormentariam por muitos anos. Indagado sobre se pensava em se casar com a namorada, o príncipe enrubesceu e disse: "Olha, eu só tenho 22 anos, pelo amor de Deus. Sou muito novo para me casar. Não quero me casar até ter pelo menos uns 28 anos, talvez até 30."

As atitudes de William e Guy, no entanto, foram ofuscadas no dia seguinte durante uma sessão de fotos nos Alpes, na qual o príncipe Charles mostrou que podia ser tão sujeito a gafes quanto o pai. Sem perceber que era ouvido pelos microfones que estavam na neve aos seus pés, ele se queixou para os filhos: "Eu detesto fazer isso", antes de ofender o correspondente da BBC para a família real, Nicholas Witchell: "Não suporto esse cara. Quero dizer, ele é péssimo. Francamente!"

Seus comentários se revelaram um verdadeiro pesadelo de relações públicas para os assessores. O casamento que estava prestes a acontecer já havia sofrido uma série de críticas e controvérsias sobre: a escolha do lugar; a legalidade da cerimônia civil; a decisão da rainha de não comparecer e do papel que Camilla teria quando Charles ascendesse ao trono real. Eles organizaram uma coletiva de imprensa para amenizar a enxurrada de publicidade negativa, e Witchell fez uma pergunta inofensiva sobre como os príncipes estavam se sentindo em relação ao casamento. Infelizmente, a resposta de William ("Muito feliz e muito satisfeito. Vai ser um dia bom.") foi seguida pelos comentários do pai sobre o repórter da BBC. Os jornalistas que testemunharam o desabafo do herdeiro do trono atribuíram isso à sua irritação com a imprensa em geral; no dia anterior, os paparazzi fotografaram William e Kate, o que o pai do jovem via como uma quebra do acordo de conceder privacidade ao príncipe durante seus anos de universitário. Acredita-se que ele não goste de Witchell desde que ele fez uma matéria comparando as extravagantes férias do príncipe de Gales às de seu tio-avô Eduardo, o duque de Windsor, um obituário sobre a princesa Margaret e uma reportagem sobre o uso de drogas do príncipe Harry.

Na época em que Kate e William foram esquiar em Klosters — seis semanas antes das provas finais —, os dois formandos de St. Andrews tinham resistido a inúmeras especulações, tanto nos jornais quanto na internet, sobre o namoro. Mas, ironicamente, se antes da viagem a Klosters todos queriam saber se eles realmente estavam namorando, depois dela havia rumores constantes de que o relacionamento estava por um fio.

Os boatos começaram quando ele fez duas viagens de férias sem a namorada, ao longo dos três meses de férias de verão. Chegaram ao auge no dia 25 de setembro de 2004, dois dias antes de eles voltarem a St. Andrews para o último ano, e se agravaram no casamento da ex-debutante Davina Duckworth-Chad, de 25 anos, com Tom Barber, ex-aluno de Eton, 31 anos e filho de um baronete. Kate não compareceu à cerimônia.

Davina, prima distante dos príncipes, e que um dia posou para o site da revista *Country Life* num vestido de látex bastante revelador (digno do apelido "The Deb on the Web"), é filha do proprietário de terras Anthony Duckworth-Chad, que já ocupou o cargo de alto xerife de Norfolk, e de sua mulher, Elizabeth. Ela foi criada na residência de campo de Pynkney Hall, Norfolk, com dois irmãos mais velhos: James, que mais tarde seria um oficial do Coldstream Guards* e ajudante de ordens da rainha; e William. O nome dela ligou-se romanticamente ao do príncipe quando foi convidada para um cruzeiro de dez dias pelo mar Mediterrâneo com a família real, no verão de 1999, junto com Emilia d'Erlanger, colega de Kate em Marlborough. Davina, formada em história da arte, continuou em contato com os príncipes depois de sair da Bristol University e ter ido trabalhar numa galeria de arte (no West End) que pertencia a Tim, marido de lady Helen Taylor.** Agora ela convidava os jovens da realeza para o seu casamento, na igreja St. Mary's, em West Raynham, em Norfolk. Os dois príncipes chegaram num micro-ônibus e se juntaram ao conde de Spencer, primo de Elizabeth, mãe de Davina, e que havia escolhido a princesa Diana, mãe dos dois príncipes, para ser a dama de honra de seu casamento, 35 anos antes.

---

* Tropa de infantaria de elite do exército britânico. (*N. do T.*)

** Filha do príncipe Edward, primo-irmão da rainha Elizabeth II, e, na Inglaterra, representante das grifes Armani e Bulgari. (*N. do T.*)

Cinco semanas depois, em 6 de novembro, os boatos sobre o namoro ganharam ainda mais intensidade quando Kate não chegou de braços dados com William ao casamento do ano da alta sociedade — de Edward van Cutsem, 31, afilhado do príncipe Charles, com lady Tamara Grosvenor, de 23, filha do duque de Westminster. Infelizmente para Kate e William, o antigo amor do príncipe, Jecca Craig, então estudante do University College de Londres, foi vista entrando na catedral de Chester num belíssimo casaco de camurça marrom com fitas azul-turquesa, que ela combinou com um chapéu australiano. Enquanto isso, não se via Kate em lugar algum. Apesar de Jecca ser uma velha amiga de van Cutsem — tendo até namorado seu irmão mais novo, Nicholas — e se manter absolutamente discreta durante a festa — permanecendo à distância quando os convidados reais foram com a noiva para a recepção, realizada em Eaton Hall, a grande casa de campo do duque de Westminster —, sua presença ali reacendeu os rumores de que o jovem príncipe ainda gostava dela.

O que os presentes, no entanto, não perceberam é que, de qualquer maneira, o protocolo oficial teria impedido que Kate chegasse com seu namorado real e que os próprios números poderiam ter proibido que ela fosse convidada. A etiqueta dos lugares marcados para um casamento da sociedade, a que compareceram a rainha e o príncipe Filipe, já tinha se revelado uma verdadeira dor de cabeça para Natalia, a duquesa de Westminster, que comparou tal procedimento a "caminhar no melado". Enquanto William e Harry, amigos próximos dos quatro irmãos van Cutsem — Edward, Hugh, de 30 anos, Nicholas, de 27, e William, de 25 —, concordaram em ser padrinhos, usando fraques de cauda e botões de rosa na lapela, o príncipe Charles, que conheceu o pai dos rapazes em Cambridge, não compareceu, por estar em visita oficial às famílias dos soldados que serviam no Iraque, com o batalhão escocês de infantaria Black Watch. No entanto, muitos jornais especularam que ele boicotou o evento após a notícia sobre a não inclusão de sua companheira, Camilla Parker Bowles, na comitiva real. Em vez disso, ela ficaria sentada várias filas atrás de Charles e, ao contrário dos outros vips, que entrariam na catedral pelo grande Portão Oeste, passaria por uma entrada lateral, como todos os demais convidados. Comenta-se que o herdeiro do trono considerou isso uma desfeita inaceitável.

Seu filho, porém, estava muito feliz de ir à festa, com ou sem namorada, conversando com os demais convidados, assistindo ao belíssimo show de fogos de artifício e comendo escalopes e camarões grandes, filé mignon e petits-fours, antes de sair da recepção — sozinho — às 5h30, junto com os noivos.

O resultado da ausência de Kate nos dois casamentos — os mais importantes do calendário social — foi um prato feito para os fofoqueiros que especulavam sobre William se sentir claustrofóbico, rachaduras na relação e o fato de que o casal daria um tempo. Mas as coisas no mundo desse jovem complexo, que acredita que sua vida particular não deve se prestar ao consumo público, nunca podem ser levadas ao pé da letra, e alguns comentaristas da vida palaciana acreditam que ela pode ter se afastado dos casamentos de muita pompa para passar uma pista errada às pessoas.

A verdade é que três dias antes os dois foram juntos a um jantar particular na Escócia, onde os amigos não viram nada de errado e, duas semanas depois, em 14 de novembro, após William ter acompanhado a rainha pela primeira vez ao Cenotáfio, para a missa do Dia da Memória, o casal passou a noite em Highgrove, comemorando o aniversário de 56 anos do príncipe Charles — dificilmente um sinal de que um namoro está abalado.

Aliás, o novo ano viu o início de um período de união que mandou ao mundo sinais de que o namoro voltou a andar nos trilhos. No dia 22 de janeiro de 2005 eles foram passar um fim de semana na privacidade de Birkhall e, mais para o fim de fevereiro, mais um feriado prolongado juntos no resort de Verbier, nas montanhas da Suíça, que já foi o refúgio preferido do príncipe Andrew, da duquesa de York e do amigo deles, o milionário das corridas de automóveis Paddy McNally. Eles e mais seis amigos alugaram um chalé; esquiavam de dia, de noite jantavam fora e assistiram à final da Copa da Liga Inglesa num pub local. No sábado à noite, foram visitar a famosa boate Farm. No auge da fama, a boate ficava cheia de caras garrafas de vodca enfileiradas, cada uma com o nome de um frequentador assíduo. Apesar de evitarem grandes demonstrações de carinho em público, o casal de universitários quase não saiu do lado um do outro, esquiando juntos e roubando um beijo ou outro, quando acreditavam que ninguém estaria olhando. O galante namorado até carregou os esquis nos ombros para a amada.

O casal real mostrou a mesma modéstia um mês depois — na noite anterior à viagem a Klosters —, quando se juntou ao príncipe Harry e a mais alguns amigos na boate Sugar Hut, em Fulham, no sudoeste de Londres, conhecida por ser "um lugar romântico para quem ama" e localizada numa igreja pouco iluminada, que havia sido transformada em boate, na North End Road. Naquela época, o clube, com seu premiado bar e restaurante tailandês — onde os clientes se deitavam em camas enormes e bebiam coquetéis —, era um dos pontos de encontro favoritos da realeza e das celebridades, embora hoje não tenha mais o mesmo poder de atração. Os paparazzi se juntavam do lado de fora para fotografar as estrelas, e William e Kate faziam imensos esforços para não serem clicados juntos: primeiro, ele saía no mesmo carro do príncipe Harry; Kate saía dez minutos depois, de braços dados com um amigo, e entrava em outro carro. Era uma enorme demonstração de zelo, considerando-se que 24 horas depois o casal revelaria abertamente a afeição que tinham um pelo outro, na frente do príncipe Charles, em Klosters.

Apesar de Kate ter se juntado à família real nas férias de inverno, geralmente descrita como a semana de solteiro do príncipe Charles, ela não foi convidada para o casamento real no dia 9 de abril de 2005, por uma questão de protocolo. Em vez disso, estudou para as provas finais, que começariam cinco semanas depois. Seria um período bastante cansativo para a aluna de 23 anos, que já vivia com o príncipe por quase três anos. Em mais alguns meses eles se formariam, e a vida nunca mais seria a mesma.

Kate e William terminaram de fazer as provas no dia 25 de maio, assim como o amigo Fergus, e viajaram para a praia de Castel Sands a fim de recordar as experiências passadas na universidade. Foi a primeira noite de um mês inteiro de comemorações que culminariam com o tão esperado baile de formatura, em 24 de junho, três dias depois do aniversário de 23 anos do príncipe. Mas, antes disso, os namorados ainda tinham um compromisso muito importante anotado na agenda.

O casamento de Hugh van Cutsem, 30 anos, com Rose Astor, 25, filha de um proprietário de terras, foi o primeiro acontecimento de sociedade a que Kate e William compareceriam juntos, comprovando o quanto a relação havia evoluído desde o casamento de Edward, o irmão mais velho do noivo, sete meses antes. O casamento foi realizado no bucólico cenário da igreja de São João Batista, na aldeia de Burford, em Cotswold — descrita em *England's Thousand Best Churches*, de Simon Jenkins, como a "Rainha de Oxfordshire".

Kate, que usou um terninho creme, saia e chapéu pretos, estava bastante segura para entrar sozinha na igreja, enquanto seu namorado real, que era padrinho, guiava os convidados — inclusive Jecca Craig, de poncho e chapéu de caubói — até os bancos. Especulava-se muito sobre um encontro frente a frente entre as duas rivais, mas o fato é que aquela não era a primeira vez em que as duas se encontraram, pois ambas haviam sido convidadas para o aniversário de 21 anos do príncipe William e já se conheciam.

Depois, quando os recém-casados se retiraram para uma tenda no terreno de propriedade de Astor, ali perto, em Bruern, William e Kate se juntaram aos amigos no King's Head Inn, a 6,5 quilômetros dali, na cidadezinha de Bledington, para um drinque após a recepção. Eles passaram a noite na estalagem do século XVI. Segundo a lenda local, ao ficar ali, William seguia os passos do príncipe Rupert do Reno, que teria se hospedado na estalagem, em 1646, antes de lutar na Batalha de Stow. Depois de um típico café da manhã inglês, o casal, ambos de calças jeans, saiu por uma porta lateral e partiu no Golf de William, seguido por dois oficiais de segurança.

O evento social seguinte, em 18 de junho, era a Copa da Argentina — um dos pontos altos da temporada de polo —, quando Kate exibiu um raro momento de carinho com o namorado, em público, segurando uma das mãos dele e acariciando sua perna. Isso aconteceu cinco dias antes da cerimônia de formatura, quando os olhos do mundo estariam voltados para eles.

Os dois se formaram na St. Andrews University em 23 de junho de 2005, na cerimônia mais exuberante já vista em toda a história da instituição, depois de passarem quatro anos estudando juntos e três anos dividindo o mesmo teto. No evento, testemunhado pela rainha e pelo príncipe Filipe — que até então nunca participara de uma cerimônia de formatura da família —, assim como pelos pais de Kate e pelo pai e pela madrasta de William, eles foram o centro das atenções quando receberam seus diplomas de bacharel.

De togas pretas, que se acredita terem sido alugadas por 29,50 libras cada uma, eles entraram juntos no Younger Hall, com toda aparência de um casal real, mas se sentaram a cinco filas de distância um do outro. Kate — que vestia uma blusa preta de mangas curtas e salto alto por baixo da toga — colou grau primeiro, oitenta alunos antes de William. Aí, foi a vez do príncipe.

Nervoso demais para andar por todo o auditório, ele entrou por uma porta lateral, com a cabeça abaixada, e se aproximou do púlpito, onde recebeu o chapéu do chanceler sir Kenneth Dover, que deu um tapinha em sua cabeça com um bonezinho de pano escarlate do século XVII com um fragmento das calças do religioso reformador John Knox. O bedel da universidade, James Douglas, então, cobriu sua cabeça com o capuz da toga.

Depois, William deu um beijo na avó, que estava de amarelo-prímula, e recebeu os parabéns de seu pai antes de ir atrás da namorada. Ela estava entre uns poucos felizardos que tinham permissão para, depois da cerimônia, se unir à família real no gramado da universidade, mas não falou com a família, mantendo uma distância discreta na ponta do quadrilátero de St. Salvator, com Carole e Michael.

No discurso para os formandos de 2005, o dr. Brian Lang, vice-chanceler da universidade, disse: "Aqui, vocês terão feito amigos para a vida inteira. Eu digo isso para todos os formandos: 'Vocês podem até ter encontrado o futuro marido ou a futura mulher de vocês.' O nosso título de 'universidade que forma o maior número de casamentos na Inglaterra' demonstra tudo o que há de bom em St. Andrews, de modo que contamos com vocês para crescerem e se multiplicarem. Mas da maneira positiva que eu falei para vocês adotarem."

Era um sentimento que ecoava os pensamentos de um país inteiro, que desejava empurrar William a Kate para dar à Inglaterra um casamento real.

# Capítulo 19

## O Mundo 'Real'

Sentado na varanda de um lugar remoto na África, 25 quilômetros ao norte da linha do Equador, em terras que pertenciam à tribo guerreira dos Massai, no sopé do monte Quênia, o príncipe William e a namorada Kate Middleton tomavam seus coquetéis e admiravam a magnífica paisagem.

Juntos pela primeira vez desde a conclusão da universidade, o casal desfrutava de um momento romântico assistindo ao pôr do sol no exclusivo Il Ngwesi, um premiado eco-resort. Aquela noite de 17 de julho de 2005 — três semanas depois de William ter feito sua primeira viagem intercontinental sozinho, uma rápida passada na Nova Zelândia — punha um fim às especulações de que o casal se afastaria um do outro quando saíssem de St. Andrews e estivessem vivendo no "mundo real", como o príncipe se referia à vida após sair da universidade.

Kate estava em uma festa com os amigos mais próximos de William, incluindo o ex-etoniano Thomas van Straubenzee, sobrinho de Willie — um amigo de infância da princesa Diana —, que conhecia o príncipe desde o tempo em que tinham estudado em Ludgrove, a escola preparatória exclusiva de Berkshire. O grupo se juntara a William no início de sua temporada na Lewa Wildlife Conservancy, administrada pelos pais de Jecca Craig, onde ele passava um mês colaborando no rancho.

Naquela manhã, enquanto ele trabalhava na propriedade, seus amigos haviam feito trilhas por várias horas. Eles exploraram a região enquanto caminhavam até o resort, aninhado a 1.800 metros de altitude, na cordilheira de Mukogodo, à beira do rio Ngare Ndare, com vista para o norte do Quênia. William e Jecca se juntaram ao grupo antes de o sol se pôr, para comer um churrasco e tomar coquetéis.

Era a terceira vez que William ficava na propriedade, mas a primeira que ele levava Kate para conhecer o país pelo qual havia se apaixonado em seu ano sabático de 2001. O fato de ter convidado a namorada para se hospedar em Lewa Downs finalmente punha um fim aos boatos que circulavam sobre os sentimentos que ele talvez nutrisse pela namorada de infância. Tanto ele como Kate agora eram amigos de Jecca e do novo namorado dela, o financista Hugh Crossley, filho de um proprietário de terras em Norfolk que ela namorava desde que se recuperara no rancho da família, depois de um acidente escalando o monte Quênia.

Jecca descende de uma rica família inglesa que emigrou para o Quênia após a Primeira Guerra Mundial, se instalando num rancho de criação de gado em Lewa Downs em 1922, onde seus pais começaram a oferecer safáris de luxo para os turistas. Ambientalistas convictos, os Craig fundaram o santuário de rinocerontes de Ngare Sergoi em 1983, para proteger os rinocerontes-negros dos caçadores. O santuário acabaria se desenvolvendo e se transformando no Lewa Wildlife Conservancy, um local de proteção da vida selvagem sem fins lucrativos. A enorme área, protegida por uma cerca elétrica abastecida a luz solar, é patrulhada por guardas-florestais armados e cheia de espécies raras, inclusive a zebra de Orévy, fortemente ameaçada de extinção.

Os pais de Jecca — Ian e Jane, anfitriões do príncipe no ano sabático e que ele trata como se fossem sua "segunda família" — e os tios dela, William e Emma, vivem na área do rancho, desfrutando de um estilo de vida colonial muito apropriado para um príncipe. Sob o nome de Lewa Wilderness Trails, eles colocam oito casas de luxo para aluguel, com direito a varanda e lareira nos jardins da casa principal. Os hóspedes podem utilizar uma piscina de água salgada, quadra de tênis de saibro e cavalos para cavalgar; podem optar em andar de carro pela região, caminhar pela mata com um guia profissional de trilhas, correr com um guerreiro massai ou andar de camelo ou a cavalo.

William, entretanto, não estava lá apenas para tirar férias, mas para aprender mais sobre conservação ambiental com a família Craig. O príncipe passou a maior parte da viagem à África trabalhando no rancho, mas também aproveitou a oportunidade de tirar umas muito esperadas férias de pós-formatura com os amigos. Ele gastou cerca de 2 mil libras para alugar o resort em que os amigos se hospedariam, que continha uma piscina absolutamente fantástica, que dá impressão de que vai transbordar em direção à mata virgem lá embaixo. A casa de Kate e William tinha a própria varanda e uma cama de casal com rodinhas, ou seja, os pombinhos reais podiam dormir do lado de fora, protegidos com uma rede contra os mosquitos, sob as estrelas. Seria uma experiência maravilhosa para a turma, que não sofria de falta do que fazer. Eles podiam descer pelo rio com os guias locais, viajar pelas terras num 4 x 4 em busca de animais de caça, conhecer uma manada de mandris — ou os rinocerontes-negros — ou simplesmente descansar no resort.

## Kate

Para Kate e William, aquelas férias na África eram a primeira chance que tinham de passar algum tempo juntos desde que saíram de St. Andrews, e eles estavam ansiosos para aproveitar cada minuto, longe do estresse, das tensões da vida na Inglaterra e das nuvens de especulação que se formavam sobre o futuro.

O casal partiu da pequena cidade universitária na sexta-feira, 25 de junho de 2005, depois do baile de formatura, sabendo que a vida deles nunca mais seria a mesma. Eles não teriam mais a liberdade dos três anos anteriores. Era um momento de virada para o jovem príncipe e a namorada, e eles tinham que pensar muito no que pretenderiam fazer, agora que estavam formados.

Mas antes de se preocuparem com essas questões ainda havia outra noite de festa universitária a ser aproveitada, no Boujis, um clube privativo da elite, um dos redutos favoritos da realeza, dos aristocratas e das socialites, assim como de algumas personalidades do esporte, banqueiros riquíssimos e estrelas de Hollywood. Foi ali que os astros do filme *Starsky e Hutch: justiça em dobro*, Ben Stiller e Owen Wilson, foram escoltados por uma saída de emergência para evitarem os paparazzi — para só serem vistos quando o motorista deles não estivesse em lugar algum. Também foi lá que jogadores ingleses de críquete como Freddie Flintoff e Kevin Pietersen terminaram sua maratona de 32 horas bebendo, depois de o Ashes Warrior ter vencido em 2005. Mas os clientes mais famosos são William e Harry, que se veem atraídos pela exclusividade e pela discrição do lugar. Ele fica na Thurloe Street, em South Kensington, a poucas casas do apartamento onde a princesa Diana morava antes de se casar. Não se entra no Boujis caso não seja muito bem-relacionado, o que traz a vantagem de ser um território livre de artistas de novela e de namoradas e esposas. Os porteiros nunca dizem aos paparazzi quem está lá dentro — eles têm de ficar circulando até verem os guardas da segurança real —, e os príncipes sempre podem se retirar para o exclusivo Brown Room (Salão Marrom), se quiserem uma festa particular. No clube, o lema é "As regras estão quebradas", e a bebida referência do clube é a Crack Baby, um coquetel de vodca, suco de maracujá, licor de framboesa Chambord e champanhe; tudo isso num tubo de ensaio. Kate ganhou fama no clube por seu comportamento recatado. Ela bebe moderadamente e sempre retoca a maquiagem no banheiro, antes de sair do clube e encarar os paparazzi que a esperam.

Jake Parkinson-Smith, neto do exibicionista fotógrafo de moda Norman Parkinson, administrava o clube em 2005. (Depois disso, foi demitido — e depois readmitido —, por aceitar uma advertência por posse de cocaína.) "Os príncipes são pessoas muito boas e simples", declarou, num raro momento de indiscrição. "Eles me lembram muito os meus amigos e se sentem seguros porque os amigos deles, Guy Pelly e Freddie Windsor, também vêm aqui. É um lugar inglês bastante aristocrata. Todo mundo se conhece, todo mundo estudou em Eton e todo mundo joga polo junto. Por isso, todos se sentem à vontade e felizes."

Os namorados, juntamente com Guy Pelly, chegaram ao clube nas primeiras horas de segunda-feira, 28 de junho — dois dias depois de saírem do baile de formatura —, e foram direto para a pequena pista de dança ao lado do bar em neon laranja. Com a tradicional discrição, eles saíram separados, algumas horas depois, com Kate desaparecendo primeiro numa BMW que a esperava, antes que William e Guy surgissem.

Horas depois, ela estava de volta ao lar, enquanto o príncipe se dirigia à Nova Zelândia com seu recém-indicado secretário particular, Jamie Lowther-Pinkerton, um antigo oficial da SAS,* e Thomas van Straubenzee. O trio chegou ao aeroporto de Wellington no horário marcado e foi recebido pela primeira-ministra da Nova Zelândia, Helen Clark.

William fora pela primeira vez ao país do Pacífico sul com os pais, com apenas 9 meses de idade, e voltava agora, 22 anos depois, para uma visita oficial, em comemoração ao 60º aniversário do final da Segunda Guerra Mundial. Representando a rainha, ele se encontrou com veteranos de guerra e comprou duas coroas de flores: uma foi colocada no Memorial Nacional da Guerra, em Wellington, no dia 3 de julho, e outra no túmulo do soldado desconhecido, em Auckland, uma semana depois. Ele também passou algum tempo com os British Lions — um time de rúgbi que excursionava pelo país — e os viu perder para os All Blacks, antes de pegar o avião para a África e se reencontrar com Kate.

Kate Middleton voltou da África para se deparar com um enorme desafio: se ajustar à vida fora dos muros da universidade e criar uma atividade para si mesma, enquanto namorava o herdeiro do trono. A vida do príncipe já estava toda mapeada — mesmo sem querer admitir isso —, e a jovem não tinha coisa alguma anotada na agenda, a não ser alguns compromissos sociais. Ela tinha de enfrentar o desafio logístico de tentar encontrar um emprego adequado para uma aspirante a princesa, além de agir com elegância fora do raio de proteção da "Firma".

* Special Air Services, um regimento de forças especiais do Exército britânico. (*N. do T.*)

Era um caminho extraordinariamente difícil para uma garota de 23 anos enfrentar, um caminho que suas colegas de formatura jamais precisariam percorrer, mas que ela conseguiu administrar com sua característica calma. Mantendo sua reputação, passou a maior parte do tempo abrigada no seio da própria família, à qual é muito chegada. A irmã Pippa, que tinha acabado de fazer 21 anos, estava no meio do curso de literatura inglesa em Edimburgo, e seu irmão James, de 18, tinha acabado de sair de Marlborough. Ela mantinha a cabeça abaixada, sorria para os fotógrafos e ignorava as intriguinhas que insinuavam que o namoro não duraria muito depois da universidade.

Kate era tão discreta enquanto William estava do outro lado do mundo que ela raramente era vista saindo, a não ser que fosse para atividades cotidianas, como fazer compras no Waitrose local ou passear com a mãe no Peter Jones, loja de departamentos que se tornara um reduto para as patricinhas de Chelsea. A única viagem que fez, para ir ao Festival of British Eventing, despertou ainda mais especulações, dessa vez sobre um iminente noivado, porque as provas de equitação se realizavam em Gatcombe Park, propriedade da princesa Anne. No entanto, a aparição dela — com o chapéu Stetson que tinha usado no safári africano — dificilmente poderia ser considerada significativa, já que o evento era aberto ao público e um dos favoritos do meio rural.

Algumas semanas depois, ela voltava a se encontrar com o namorado, quando ele regressou do Quênia para participar do fatigante teste de seleção para a Royal Military Academy Sandhurst, realizado no quartel Westbury, em Wiltshire. O príncipe de 23 anos passou com excelentes notas tanto nos testes físicos como nos técnicos.

Depois, a volta para o redemoinho da vida social. Em 24 de agosto de 2005 o casal passou a noite na Purple, uma boate subterrânea — com uma pista de dança rebaixada e duas barras erguidas de cada lado —, que pulsava à base de house music. Embora o clube, que em seguida fechou as portas, não tivesse a mesma exclusividade do Boujis, tinha a grande vantagem, para a família real, de possuir um "esconderijo" no território particular do Chelsea Football Club, o que significava um bloqueio para os paparazzi. William e Harry descobriram o clube em setembro de 2003, quando ali estiveram para a festa de aniversário da apresentadora de televisão Natalie Pinkham, filha de um incorporador milionário de Northamptonshire. As fotografias tiradas naquela noite causariam posteriormente uma onda de críticas; três anos após o evento, um jornal nacional publicou uma foto de Harry beijando Natalie, sugerindo equivocadamente que ele estava traindo Chelsy Davy.

Em 2005, foi a vez de Kate e William despertarem a atenção, embora não exatamente no mesmo nível de controvérsia. Eles começaram a noite com amigos no The Collection, um magnífico bar e restaurante alocado num velho armazém no Brompton Triangle, um lugar da moda em Chelsea. O edifício já fora uma oficina da Porsche, uma Conran, loja de móveis, e uma butique de Katharine Hamnett. O restaurante era famoso por sua entrada — uma passarela de 27 metros, desenhada pelo arquiteto sir Norman Foster — e por seu extenso bar, assim como pelas festas do British Fashion Awards, da joalheria Cartier e para os cantores Prince e Beyoncé. Ele acabou virando um dos pontos favoritos para as celebridades e para a família real.

Depois de beber alguns drinques — William ficou só no vinho tinto, enquanto Kate bebericava margaritas —, eles partiram para a Purple, onde o casal, dessa vez, baixou a guarda. Depois de passar algum tempo na sala vip, foram para a pista de dança, onde William bebeu sambuca (licor), bateu papo com o DJ e pediu algumas músicas para a namorada, incluindo *Shakedown*, do rapper DMX, o hit *I Like the Way You Move*, dos BodyRockers, e

*Fall to the Floor*, do Starsailor. O casal saiu de lá à 1h30, parecendo um pouco pior do que quando entrara. Mas esse comportamento irresponsável de estudante não poderia durar mais muito tempo.

No mês seguinte, Kate manteve a cara séria, enquanto o namorado viajava pelo país inteiro, preparando-se para a vida de um príncipe ativo profissionalmente. Seu próximo compromisso público, no dia 3 de setembro, foi com a rainha e o príncipe Filipe nos Highland Games em Braemar, uma cidadezinha graciosa em Aberdeenshire. Ele se sentou no camarote real e ficou conversando com os avós, enquanto assistiam à competição de cabo de guerra, às danças das terras altas da Escócia, ao desfile dos veteranos e ouviam os foles e os tambores do 1º Batalhão de The Highlanders e da Gordon Highlanders Regimental Association. Enquanto isso, num contraste marcante, a namorada se ocupava fazendo compras em Kensington High Street, onde foi vista entrando na Topshop e na Miss Sixty.

Quatro semanas depois, em 30 de setembro, William voltou a deixá-la sozinha para comemorar o recorde de navegação solo através do Atlântico no pub Chain Locker, em Falmouth, com o amigo Oliver Hicks. O ex-aluno da Harrow School, de 23 anos, havia passado os 124 dias anteriores no mar, num barco de 8 metros, viajando os 6.464 quilômetros da América do Norte até as ilhas da Sicília, tornando-se a primeira pessoa a remar sozinha, de oeste para leste no oceano Atlântico, assim como a pessoa mais jovem a atravessar sozinha um oceano inteiro num barco a remo. "Estava o maior reboliço quando eu cheguei no atracadouro", disse Oliver. "Richard Branson, um dos meus patrocinadores, me cumprimentou e me deu um banho de champanhe. Willy chegou e baixou meu chapéu sobre os meus olhos e então me carregou para o pub."

Mas, segundo Oliver, o único motivo para Kate não ter acompanhado o príncipe foi que William quis protegê-la de todo o tumulto.

"Eles estão juntos", disse à imprensa. "Passei o fim de semana com eles. O motivo de nunca assumirem é não querer dar motivos para as pessoas começarem a fazer perguntas."

E, realmente, na noite seguinte, Kate estava ao lado do namorado num baile black-tie beneficente, organizado pelo Institute of Cancer Research, para quatrocentas socialites na Banqueting House, em Whitehall. Mas, de novo, o casal enfrentou uma onda de especulações, dessa vez porque se sentaram em mesas separadas no evento, que custou oitenta libras por cabeça. E isso apesar do fato de, numa ocasião como aquela, isso ser considerado uma regra normal de etiqueta, e não sinal de que um relacionamento esteja se desintegrando. O príncipe também foi criticado por ignorar Kate — dançando apenas uma vez com ela — e por flertar com outras garotas, mas nos círculos da alta sociedade considera-se educado dançar com várias pessoas no salão, embora fazendo isso de uma maneira mais gentil.

De qualquer modo, o tempo que passaram juntos foi pouco. Três dias depois ele começaria o primeiro dos três estágios de experiência de trabalho, destinados a prepará-lo para as suas funções, e ela descobriria o tamanho do desafio e a quantidade de contradições que o seu papel de namorada de um futuro rei poderia acarretar.

A primeira tarefa de William como trabalhador real foi no dia 4 de outubro de 2005, quando ele chegou a Chatsworth, sítio do duque e da duquesa de Devonshire e uma das maiores residências oficiais da Inglaterra. Ele passou as duas semanas seguintes no Peak District, aprendendo a percorrer a propriedade de 143 quilômetros quadrados e até trabalhando nos bastidores de seu premiado açougue. Usando um tradicional avental e um chapéu de palha na cabeça, ele se juntou aos outros funcionários internos do açougue, pesando os cortes de carne. Mas ele e os dois detetives da polícia que o acompanhavam moravam num ambiente mais luxuoso do que o dos demais trabalhadores, hospedando-se na Torre de Caça, que data do século XVI, com vista para o magnífico parque criado pelo paisagista Capability Brown. Construída originariamente para ser uma casa para banquetes de verão, de onde as senhoras poderiam ver seus maridos caçando, a torre de 130 metros, com sua escada em espiral, já tinha sido reformada anteriormente para receber hóspedes pagantes, embora o príncipe fosse dispensado do aluguel de novecentas libras por semana. Foi uma experiência magnífica para ele, que herdou do pai o amor pelo meio ambiente e sempre teve o desejo de ser um fazendeiro. No livro de visitas, onde assinou como "Will, Gloucestershire", ele escreveu: "Um lugar magnífico para se ficar, mas não tente subir as escadas após um drinque!"

Já sem as botas verdes, William vestiu um terno listrado para o estágio seguinte de sua experiência de trabalho, dessa vez com os bancários do HSBC. Ele passou uma semana trabalhando com a equipe de Serviços de Investimentos Beneficentes do banco — na St. James's Street, logo na esquina da Clarence House —, antes de passar para a parte de investimentos, em Canary Wharf. Ele também passou algum tempo no Bank of England, aprendendo a determinar as taxas de juros, e visitou a Bolsa de Valores de Londres, o Lloyd's de Londres, a Financial Services Authority (que regula as instituições financeiras da Inglaterra) e os advogados da rainha, Farrer & Co.

Seu último trabalho antes do Natal foi com a Equipe de Resgate de Valley Mountain da Royal Air Force em Anglesey, no norte do País de Gales, onde passou duas semanas aprendendo técnicas de emergência capazes de salvar vidas. Depois, participou de um resgate simulado, fazendo rapel num penhasco de setenta metros enquanto segurava a ponta de uma maca com pesos, para simular um alpinista ferido. Mas a viagem acabou se cercando de controvérsia. Posteriormente, ele foi de Anglesey para a sede da RAF, em

Lyneham, Wiltshire, num jato Hawk que atinge 995 quilômetros por hora para pegar as botas do Exército que ele queria amaciar antes de entrar na academia militar de Sandhurst.

Enquanto isso, Kate se esforçava muito para encontrar seu lugar depois de concluir o curso universitário. As notícias de que ela morava com o príncipe William, de que tinha jantado com a rainha e que estava sendo preparada para a vida na corte real eram bem exageradas. Embora alguns assessores do palácio tivessem lhe dado conselhos extraoficiais sobre como lidar com a mídia, ela só recebia proteção real e tratamento vip quando estava nos braços do príncipe William. O resto do tempo ela precisava lutar por si, se equilibrando na corda bamba entre a vida na realeza e a vida no mundo comum.

Enquanto o namorado viajava, ela se desdobrava entre a residência dos pais — cheia de glicínias nas paredes, em Berkshire — e o apartamento que eles tinham em Chelsea, no sudoeste de Londres, dando poucos sinais de que conseguiria um emprego em tempo integral. Na verdade, ela vinha trabalhando discretamente para montar sua própria empresa na internet, desenhando e vendendo roupas infantis, uma ideia que acabou abandonando quando percebeu ser difícil demais fazer o negócio dar certo. No entanto, esse trabalho lhe deixava bastante tempo livre para ir à academia e fazer compras, o que aos poucos foi consolidando sua reputação de não ser nada além de uma aspirante a princesa.

Foi numa dessas expedições de compras, acompanhada da mãe, Carole, que Kate conheceu uma designer que a ajudaria a sair do casulo. Até então, como a maioria das garotas bem-educadas dos Home Counties, ela usava o guarda-roupa preferido das modernas patricinhas, como jeans *bootcut*, botas de caubói, tweeds rurais, blusas e vestidos floridos e salto de 5 centímetros. Mas, depois de conhecer Katherine Hooker — ex-cenógrafa de filmes cujos clientes incluíam Jerry Hall e a filha Lizzy Jagger — na feira Spirit of Christmas, em Olympia, ela começou a passar por uma sutil transformação. Embora não tenha se tornado um ícone da moda da noite para o dia, começou a ficar um pouco mais sofisticada. "Kate viu o meu estande (...) e se aproximou", comentaria Katherine, depois. "Desde então, ela volta e meia vem à minha loja, às vezes com a mãe e outras vezes sozinha. Ela tem muita confiança em si mesma, é muito pé no chão e bem normal."

No entanto, apesar de Kate ficar cada vez mais confiante, ainda havia um longo caminho a ser percorrido. Quando foi fotografada na linha de ônibus 19, "Waity Katy" (a Kate que espera), como era chamada pelos tabloides, foi imediatamente comparada à princesa Diana morando na capital, antes de se casar com o príncipe de Gales. Mas havia duas diferenças marcantes: Diana trabalhava como professora de jardim de infância antes de ficar noiva e já estava com uma aliança no dedo quando apareceu para o público.

# Capítulo 20

## *O Olhar Apaixonado*

Protegida do vento de inverno num casaco vermelho, Kate Middleton fez sua primeira aparição pública oficial comparecendo ao desfile militar do príncipe William na Royal Military Academy Sandhurst (Real Academia Militar de Sandhurst). De chapéu preto com aba larga e botas da mesma cor, o rapaz de 24 anos abriu um largo sorriso quando, no posto de segundo-tenente de Gales, passou diante dela e recebeu sua patente de oficial — após completar as 44 semanas do curso.

A presença dela na cerimônia de 15 de dezembro de 2006 marcou uma mudança significativa na relação do casal, desde que eles tinham saído da universidade, 18 meses antes. Embora não estivesse sentada no palanque real com o pai de William, a avó e os outros membros da família real, a presença dela num evento tão importante como esse foi considerada significativa e alimentou as especulações de que um noivado estava a caminho. Aliás, o interesse pela aparição de Kate foi tão grande que a ITN chegou ao extremo de contratar um especialista em leitura labial, que revelou o que a namorada do príncipe falou depois da cerimônia: "Adorei esse uniforme. É tão sexy..."

Kate, ao lado dos pais, Michael e Carole, e do secretário particular do príncipe, Jamie Lowther-Pinkerton, foi uma das últimas a ocupar seu lugar nas cadeiras do público. O quarteto se sentou na primeira fila, ao lado de Thomas van Straubenzee e de dois dos padrinhos do príncipe — Constantine, o rei exilado da Grécia, e Norton Knatchbull, o barão de Bradbourne. Batendo palmas, Kate se levantou para o hino nacional, enquanto a rainha, o duque de Edimburgo, o príncipe de Gales e a duquesa da Cornualha tomavam seus lugares no palanque.

O pelotão de William havia conseguido a cobiçada honra de ser nomeado o Pelotão da Soberania, o que lhes dava o direito de carregar o estandarte da rainha durante a cerimônia. Eles ficaram em primeiro lugar depois de uma intensa competição entre os nove pelotões, disputando ao longo de várias semanas uma série de atividades que iam desde o treinamento de tiro até uma corrida com pesos, cronometrada. O príncipe, que levava o estandarte da rainha — e que, por isso, carregava um rifle em vez de uma espada e ainda exibia uma faixa vermelha por cima do uniforme —, se destacava no mar de soldados. Kate ficou observando enquanto a rainha e o comandante da academia, o general de duas estrelas Peter Pearson, passavam em revista os 233 cadetes. Elizabeth parou por um momento para cumprimentar o neto, que estava de pé, por último, no pelotão.

Depois, a rainha disse a ele e aos demais cadetes: "Estou falando com cada um de vocês quando digo que são pessoas muito especiais. Muito será esperado de vocês. Precisam ser corajosos e altruístas, líderes e preocupados com o bem-estar alheio, confiantes e atenciosos; e precisam ser tudo isso em alguns dos ambientes mais hostis do mundo, de maneira que homens e mulheres venham a seguir sua liderança de livre e espontânea vontade, em qualquer situação que seja, com absoluta confiança em seu julgamento. Todos esses são atributos muitos especiais, mas aqueles que vocês comandarem, assim como o país inteiro, não esperarão nada menos que isso."

Naquele dia, à meia-noite em ponto, quando os fogos de artifício iluminaram o céu e as rolhas de champanhe espocaram, William participou do último ritual de Sandhurst, rasgando a fita que cobria as divisas do uniforme. Faltavam poucos dias para o Natal, e o segundo-tenente do País de Gales tinha um futuro brilhante à sua frente. Agora, o mundo queria saber se esse futuro também incluiria Kate.

O futuro comandante-chefe das Forças Armadas britânicas chegou à Royal Military Academy Sandhurst para começar seu treinamento em 8 de janeiro de 2006 — um dia antes de Kate completar 24 anos —, depois de se despedir carinhosamente da namorada na noite anterior.

Isso foi apenas quatro dias depois de os pombinhos jogarem sua lendária prudência para o alto e terem se beijado em público pela primeira vez, mostrando o quanto eram próximos. Esse beijo revelou ser um ponto de virada na percepção que o público tinha do relacionamento. Antes disso, circularam boatos de todos os lados de que o namoro estava indo por água abaixo. Depois, esse tipo de especulação acabou, e a pergunta passou a ser quando eles se casariam.

Os dois viram o Ano-Novo chegar numa casa em Sandringham, antes de pegar o avião para Klosters, no dia seguinte. Cientes de que ficariam separados pelo período mais longo desde que haviam começado a namorar, evitaram os hotéis, bares e restaurantes do resort, preferindo se hospedar discretamente no chalé de um amigo e passando o tempo todo juntos e sozinhos. A demonstração pública de afeto aconteceu num momento de distração, no terceiro dia, depois de terem passado a manhã nas pistas de esqui. No momento em que saíam da pista e iam para Casanna Alp, pararam por um momento e deram um abraço apaixonado.

No dia seguinte, voltaram para casa, a fim de que William se preparasse para o curso de cadete. Mas Kate tinha uma surpresa para ele: uma festa de despedida. Ela convidou quarenta dos melhores amigos dele, para que ele partisse com estilo para a academia militar: beberam champanhe no apartamento do príncipe na Clarence House, em Londres, antes de ir para o Kilo Kitchen, um bistrô francês em Mayfair. Só faltavam três dias para a partida para Sandhurst, e o casal ficaria cinco semanas separado.

O oficial cadete de Gales estava seguindo a tradição militar da família real: nos últimos anos, o príncipe Charles passou pela RAF e pela Marinha, enquanto o príncipe Andrew prestou serviço, na ativa, como piloto de helicóptero nas ilhas Malvinas. William chegou com o pai à academia sob uma chuva torrencial, e foi recebido pelo general de duas estrelas Andrew Ritchie, então comandante de Sandhurst. Depois de se alistar, ele saiu do edifício do Old College portando um distintivo vermelho com seu sobrenome e acenou para o príncipe Charles. O novo cadete, então, foi se juntar aos colegas no alojamento, desfazendo a mala, que incluía um uniforme azul de treinamento, um uniforme verde-oliva para usar no quartel e um kit de treinamento físico.

Fundada no início da Segunda Guerra Mundial, essa academia militar de elite foi organizada para treinar os oficiais regulares do Exército, substituindo dois estabelecimentos que estavam ultrapassados, o Royal Military College de Sandhurst e a Royal Military Academy de Woolwich — ambos treinavam jovens cadetes. William se uniu a uma longa lista de ilustres recrutas da academia, entre eles o falecido rei Hussein da Jordânia, os sultões de Brunei e de Omã, o príncipe Michael de Kent e sir Winston Churchill, assim como seu irmão mais novo, o príncipe Harry, prestes a entrar no terceiro turno em Sandhurst.

Como um dos 270 cadetes — entre os quais Alexander Perkins, bisneto de sir Winston Churchill —, William passou as cinco semanas seguintes dormindo num pequeno dormitório, usando banheiros coletivos e sobrevivendo ao que os novos recrutas descreviam como "um inferno na Terra". Trinta e sete deles desistiram no primeiro ano. Proibidos de abandonar a base e com uso restrito do telefone, os cadetes, que deviam lavar as próprias roupas, passar as camisas e engraxar as botas pretas militares, se levantavam todos os dias com o sol nascendo para uma série de exercícios intensos e de inspeções. Recebiam treinamento de uso de armas, começando com rifles SA80 de 5,56 mm, depois morteiros leves de 51 mm, armas leves de apoio e pistolas Browning de 9 mm.

Insistindo que o segundo na linha de sucessão do trono não deveria receber qualquer tipo de privilégio, Ritchie, general de duas estrelas, declarou: "Posso garantir que ele será tratado exatamente como todos os outros cadetes. Todo mundo é julgado por seus méritos, sem exceção. Ele vai se levantar amanhã cedo e entrará no treinamento militar. O regime de exercícios e as táticas vão começar para valer. Eles precisam saber o que é realmente estar cansado e ter fome, para poder liderar os soldados em situações de extrema exigência pelo mundo afora."

Kate e William voltaram a se ver no fim de semana antes do Dia dos Namorados — em Highgrove, a propriedade do príncipe Charles —, mas infelizmente a escapada romântica foi marcada por um escândalo envolvendo drogas num dos lugares onde eles mais gostavam de ir.

O jovem casal estava bebendo com dois primos de William, Zara e Peter Phillips, e com o grande amigo Guy Pelly, no Tunnel House Inn, um pub rural que fica na vila de Coates, em Cotswold.

Lá, Pelly, ex-aluno do Cirencester Agricultural College, foi filmado fumando maconha. Como antes ele fora falsamente acusado de apresentar o príncipe Harry a essa droga, Pelley diz que prepararam deliberadamente uma armadilha para ele, que conta ter recebido de uma garota bonita o que ele achava ser só um cigarro. Não havia qualquer insinuação de que Kate ou William tivessem usado alguma droga, mas surgiram perguntas sobre o tipo de pessoas com que eles andavam. Eles saíram de Gloucestershire no domingo à noite, com o príncipe voltando a Sandhurst para a inspeção de seu kit no dia seguinte, e a namorada retornando à proteção da casa dos pais.

Um mês depois, em 17 de março, Kate demonstrou o quanto o relacionamento havia se tornado sério: ela compareceu à Cheltenham Gold Cup para uma das principais provas do calendário do turfe britânico sem o príncipe William, confinado no quartel de Sandhurst. Usando um casaco de Katherine Hooker e um chapéu de pele de manta — polêmico acessório —, ela aos poucos começava a se parecer com uma verdadeira princesa. Depois de passar a manhã circulando pelo paddock, observando os cavalos de corrida, ela se juntou ao príncipe Charles e à duquesa da Cornualha para um almoço em família no camarote real.

Era a primeira vez que ela aparecia em público com aqueles que estão prestes a se tornarem seus sogros, sem a reconfortante presença do namorado militar; mesmo assim, ela parecia totalmente à vontade na companhia deles. Depois do almoço, se juntou aos filhos de Camilla — Tom, com sua mulher Sara, e Laura, com o noivo Harry Lopes —, enquanto eles assistiam às corridas da tarde e viam a mãe oferecendo pela primeira vez a Gold Cup ao vencedor, War of Attrition, montado por Conor O'Dwyer.

O evento foi um golpe espetacular de relações públicas para Kate, que não fora convidada para a corrida pela família real; ela apareceu por conta própria. Mas, depois de ser caçada pelos fotógrafos, foi convidada a subir ao camarote real.

No dia seguinte, ela se encontrou com o namorado no Eton College, após ele ter aproveitado a licença de fim de semana para participar do jogo de *field game* (um esporte que fica entre o rúgbi e o futebol) dos veteranos da escola onde estudou. Ela e uma amiga apareceram no campo para assistir ao jogo, e a namorada do príncipe caminhou descontraidamente para abraçá-lo, bem na frente de todos os espectadores. Depois de lhe dar um beijo, ela fez carinho, de brincadeira, nos cabelos do príncipe, que começavam a cair — o que não pegou bem para ele, que tinha conseguido ocultar a careca por baixo de uma espécie de topete, até ser obrigado a cortar o cabelo bem curto em Sandhurst. William parecia não fazer qualquer objeção à sua namorada ser afetiva em público, e um mês depois o casal passaria as férias na ilha de Mustique, no Caribe, levantando mais especulações de que ficariam noivos em breve.

Depois de três meses de treinamento, as férias da Páscoa do príncipe William começaram em 12 de abril, dia em que seu irmão mais novo, o príncipe Harry, se formou como oficial em Sandhurst, o que significava que o futuro rei teria que bater continência em público para o irmão mais novo pelos oito meses seguintes, até que ele mesmo obtivesse a mesma graduação.

Naquela noite, os irmãos tiveram uma comemoração dupla, mas William, pelo que contam, foi o verdadeiro causador da festa, não o irmão caçula. Enquanto Harry passava a noite ao lado de Chelsy, que viera da África do Sul para seu primeiro compromisso oficial, William não conseguiu convidar Kate, já que ele mesmo era um convidado, não o anfitrião.

Dizem que ele ficou "alegre" no bar, xingando e provocando tumulto, antes de voltar mais cedo para o quartel, onde passou o resto da noite bebendo. Na noite seguinte, ele se encontrou com a namorada no Boujis, onde a família real pagou uma conta que se estima ter ficado em torno das 2.500 libras, levantando preocupações quanto àquilo que alguns viam como um excesso de divertimentos.

Mesmo assim, duas semanas depois, William mostraria seu melhor comportamento: foi de avião para Mustique a fim de se encontrar com a namorada para uma semana de férias, dando margem aos inevitáveis boatos de que estaria prestes a fazer o aguardado pedido. A pequena ilha de 5,7 quilômetros quadrados, na ponta norte das Granadinas, 29 quilômetros ao sul da ilha de São Vicente, tem sido um dos refúgios favoritos da realeza, desde que a princesa Margaret viajou para lá pela primeira vez, na década de 1960 — Colin Tennant, agora lorde Glenconner, havia lhe dado um lote de terra quando ela se casara com lorde Snowdon. Margaret contratou o lendário cenógrafo de teatro Oliver Messel para criar uma *villa* espetacular, a Les Jolies Eaux. Foi lá que a princesa teve conhecido encontro com o paisagista Roddy Llewellyn, 17 anos mais novo do que ela, e foi lá que seu filho, o visconde de Linley, pediu Serena Stanhope em casamento. Desde a década de 1960 a ilha virou um verdadeiro playground para quem é rico e famoso de verdade; duas lendas do rock, Mick Jagger e David Bowie, têm casa lá, e Noel Gallagher e Kate Moss são presenças constantes na lendária boate Basil's Bar.

O príncipe William e a namorada ficaram numa *villa* que pertencia aos multimilionários donos das cadeias de loja Jigsaw e Kew, Belle e John Robinson. Estes moram com os cinco filhos numa antiga estalagem para caçadores, no interior de Wiltshire, que um dia pertenceu a sir Walter Raleigh. Entre seus amigos pessoais estão os atores Richard E. Grante e Natasha McElhone. Os Robinson não conheciam o casal, mas emprestaram a mansão de luxo, pela qual normalmente cobram 8 mil libras por semana, em troca de uma doação para o hospital da ilha de São Vicente.

A *villa* de pedras, no alto de um penhasco, acima da praia de Macaroni, tinha tudo o que o casal poderia desejar, com cinco quartos, uma piscina, arrumadeira, cozinheiro e jardineiro, sem falar nas vistas espetaculares para as praias paradisíacas do Caribe, o mar azul e os picos vulcânicos. Kate chegou à casa em 26 de abril, saindo do aeroporto de Heathrow (onde recebeu tratamento vip) para Barbados, antes de pegar um avião particular para a ilha. O namorado, que estava num curso de navegação em Sandhurst, foi de avião para lá dois dias depois.

O casal passou a semana inteira jogando vôlei com os amigos e convidando algumas pessoas da região para jogar frisbee; tomando vodca, piña colada e suco de uva-do-monte no Basil's Bar e no Firefly; fazendo um cruzeiro num catamarã de luxo e jogando tênis com o proprietário do barco, o multimilionário sir Richard Branson (cuja filha, Holly, é amiga de William). Voltaram para casa em 6 de maio, para o casamento de Laura Parker Bowles, filha de Camilla, no dia seguinte.

Apesar de o casal já ter comparecido antes a um casamento da alta sociedade, o casamento de Laura com Harry Lopes — ex-aluno de Eton e ex-modelo da Calvin Klein, neto do falecido lorde Astor de Hever — foi o primeiro da família para o qual a jovem foi convidada, mostrando o grau de sua incorporação à família real. Um ano antes, ela havia recusado um convite para comparecer ao casamento do irmão de Laura, Tom, com a jornalista de moda Sara Buys, da *Harpers & Queen*, com receio de que o interesse da mídia tumultuasse o grande dia dos noivos.

Agora, quando Kate e William chegavam de carruagem ao casamento na igreja de St. Cyriac, em Lacock, Wiltshire, e depois partiam para a recepção na antiga casa de Camilla, a Ray Mill House, murmurava-se que eles tinham dado mais um passo em direção a um casamento real.

Enquanto William voltava para Sandhurst, depois do casamento, para o segundo período na academia, Kate continuava com a atenção voltada para sua vida social, sem a menor pretensão de conseguir um emprego. Um de seus primeiros compromissos, na semana depois do casamento, foi comparecer à inauguração da The Shop, em Bluebird, uma butique embaixo do restaurante exclusivo de Terence Conran — na antiga oficina que um dia alojou o Bluebird, o automóvel de Donald Campbell que bateu todos os recordes de velocidade. Kate foi ao evento com sua irmã mais nova, Pippa, conversou com o pessoal da moda e deu apoio aos donos da loja, Belle e John Robinson, o casal que havia emprestado a *villa* a ela e a William. O mundo da moda que esteve na festa logo começou a perceber a jovem aspirante.

Foi no Boodles Boxing Ball, realizado no Royal Lancaster Hotel em 3 de junho, com organização de Charlie Gilkes — aluno da Edinburgh University e amigo de Kate e William —, em benefício da instituição de pesquisas pediátricas de caridade Sparks, que a moça descobriu seu potencial de estilista. Usando um estonteante vestido longo azul-turquesa do designer americano BCBG Max Azria, comprado na Harvey Nichols por 354 libras, ela realmente despertou o interesse da mídia ligada à moda, pela primeira vez. Ela compareceu à recepção com champanhe, jantar e lutas amadoras de boxe, ao preço de 100 libras por noite, com William, para apoiar o amigo Hugh "Caçador" van Cutsem, que lutava contra um avaliador de imóveis certificado e campeão de boxe em Cambridge chamado Huw "Redemoinho de Gales" Williams.

Depois daquela noite glamourosa, o namorado voltou para Sandhurst e ela voltou sozinha para a roda-viva social. Em 23 de junho, quando ele estava em exercício militar no País de Gales, ela compareceu a uma festa na The Roof Gardens, em Kensington, organizada por sir Richard Branson, para comemorar o início do torneio de Wimbledon. Chegando com um grupo que incluía

Holly, filha de sir Richard, ela passou a noite dançando com Guy Pelly e conversando com a tenista Maria Sharapova. Foi mais ou menos nessa época que ela começou a chamar a atenção da revista americana *People*, que comparava o figurino dela com o da princesa Diana, em favor de Kate, numa matéria que tinha o subtítulo "Kate leva seu estilo à altura da realeza". Em matéria de moda, ela já havia chegado lá.

Infelizmente, nesse mesmo período as duas avós de Kate estavam com câncer e não tinham muito tempo de vida. A mãe viúva de Carole, Dorothy, foi a primeira a morrer, no dia 21 de julho, três anos depois de seu amado marido. Carole estava ao lado da mãe, de 71 anos, no hospital Royal Mardsen, em Reading, quando ela perdeu a batalha travada por quatro meses contra um câncer no pulmão.

Para tentar levantar o astral da namorada, William a pegou no início de setembro e a levou para a ilha de Ibiza. Eles alugaram um iate nas ilhas Baleares e passaram uma semana de festa com amigos sob os raios de sol.

Depois do descanso de uma semana, o casal desfrutou de uma última noite de farra antes que William voltasse a Sandhurst para o terceiro e último período de treinamento. Mas aquela noite de sexta-feira, 8 de setembro de 2006, deixaria a imprensa alvoroçada com especulações sobre um possível casamento real. A noite começou normalmente, quando William e Kate chegaram a seu clube favorito, o Boujis, entrando separadamente para não serem fotografados juntos pela imprensa de prontidão. Mas, às 3h30, quando saíram, eles abandonaram o tradicional comportamento de gato e rato. Em vez disso, William conduziu a namorada em meio a uma multidão de paparazzi, antes de caírem rindo no banco de trás de uma Range Rover com motorista. A fotografia do casal sorrindo um para o outro talvez seja a mais sincera já tirada dos dois. A maneira terna com que um olhava para o outro foi descrita como "o olhar apaixonado", e o claro afeto que sentiam foi percebido com algum alívio pelos comentaristas, que afirmaram que aquele era realmente um caso de amor. A evidente felicidade de William e seu ar natural marcavam um forte contraste com a resposta de seu pai quando lhe perguntaram, no noivado com a princesa Diana, se ele a amava — ao que ele respondeu que sim, "seja lá o que o amor signifique".

Mas outra nuvem já pairava no horizonte. Apenas dois dias depois de William ter voltado a Sandhurst a avó paterna de Kate, Valerie Middleton, de 82 anos, sucumbiu a um linfoma no hospital Countess of Brecknock House Memorial, em Andover, Hampshire, e no dia 13 de setembro de 2006. Kate, então, havia perdido três de seus avós.

Àquela altura James, o irmão dela, tinha seguido os passos de Pippa e entrado para a Edinburgh University. Enquanto isso, Kate continuava sem conseguir emprego. Numa tentativa desesperada de encontrar um trabalho adequado à sua situação, ela entrou em contato com Belle Robinson. Percebendo o potencial da moça, ela não perdeu a chance de lhe oferecer um emprego de compradora de acessórios para a Jigsaw, trabalhando quatro dias por semana, para poder conciliar seus compromissos junto ao príncipe William.

"Para nos agradecer", disse Belle em entrevista ao *Evening Standard*, "Kate apoiou alguns eventos da Jigsaw que nós organizamos. Então, ela me telefonou um dia e disse: 'Será que eu poderia ir até aí e conversar com você sobre trabalho?' Ela realmente queria um emprego, mas precisava de algum grau de flexibilidade para continuar namorando um homem muito conhecido e para continuar a ter um tipo de vida em que ela não podia ditar as regras." Em outra entrevista, para o jornal *The Times*, ela declarou: "As pessoas presumiram que estávamos fazendo um favor, mas Kate é uma garota brilhante. Foi ela que montou o site para o negócio dos pais, e acreditamos que esse tipo de talento poderia ser útil."

Kate, aparentemente, se encaixou muito bem na empresa e passou a ser um membro bem popular da equipe. Em entrevista ao *Standard*, Belle deu uma ideia de como a posição de Kate como namorada do príncipe afetava o seu dia a dia: "Tinha dias em que equipes de televisão ficavam lá no fim da rua. Aí, nós perguntávamos: 'Olha só, Kate, você prefere sair pela rua de trás?' E ela respondia: 'Para ser bem sincera, eles vão caçar a gente até conseguirem a foto. Então, por que que eu não vou lá, deixo que eles tirem a foto e, aí, nos deixam em paz?' Eu a julgava muito madura para uma pessoa de 26 anos, e acho que ela é muito boa em não dar trela para a imprensa nem mostrar o dedo para ela."

Algumas semanas depois de chegar à Jigsaw, Kate deve ter percebido o quanto ela tinha sorte de trabalhar quatro dias por semana quando William requisitou sua presença num campeonato de tiro em Sandringham, no primeiro fim de semana de dezembro. Naquele domingo — duas semanas antes de William se formar —, Kate abriu mão da cautela e se permitiu ser fotografada pela primeira vez na propriedade de 8.160 hectares em Norfolk, vendo o namorado atirar em faisões e colocar os animais mortos em sacolas. As fotos podem até ter deixado os defensores dos direitos dos animais irritados, mas também mostravam com que naturalidade ela se encaixava no mundo da família real.

No final daquele ano que o casal havia começado com um beijo nas montanhas de Klosters e terminado dançando no Sandhurst Ball, os corretores de apostas de William Hill tinham cortado as chances de um casamento real de 5 por 1 para 2 por 1. Pela primeira vez desde que saíram da universidade, no meio de uma onda de especulações sobre o futuro, os dois estavam empregados: William como oficial da cavalaria real e Kate, no mundo da moda. Entretanto, nuvens escuras surgiam no horizonte, e o ano seguinte seria terrível para os dois.

# Capítulo 21

## *A Separação*

Escondida atrás das paredes de tijolos vermelhos da imensa casa dos pais na vila de Chapel Row, em Berkshire, Kate Middleton passou a noite de sexta-feira, 13 de abril de 2007, chorando pelo fim de seu caso de amor com o príncipe William.

Enquanto o ex-namorado afogava as mágoas na boate Mahiki, o então mais novo point das celebridades em Mayfair, bebendo champanhe e os lendários coquetéis Treasure Coast, Kate, na época com 25 anos, passava uma noite bem mais tranquila e discreta com a família.

Não fazia nem uma semana que o mais famoso romance da Inglaterra havia chegado ao fim — e estavam a poucas horas de a notícia sobre a separação chegar às bancas de jornal. No entanto, o comportamento do casal não podia ser mais diferente, revelando o quanto eles haviam se distanciado desde o fim da universidade. Enquanto ela pedia um compromisso maior da parte de William, o militar de 24 anos, recém-saído de Sandhurst, ainda não queria se estabelecer.

A notícia sobre a separação foi um verdadeiro choque para o público, que acompanhava todas as idas e vindas do relacionamento desde o início, em St. Andrews, quatro anos antes. Todos esperavam o anúncio do noivado, e pouca gente percebeu os sinais de que a relação estava se desgastando.

Tudo parecia muito diferente quatro meses antes, em meados de dezembro, quando Kate e os pais foram convidados para a graduação do príncipe na Royal Military Academy de Sandhurst, uma cerimônia que deve ter sido comovente para os Middleton, que haviam se aproximado do namorado da filha. Presença constante na casa da família, ele percorria de carro os 53 quilômetros da viagem em torno da rodovia M25 para visitar a namorada depois dos exercícios de treinamento e deve ter se deliciado com o tempo que passava com aquela família tão unida, algo de que ele mesmo deve ter sentido falta na infância. Mas tudo mudou quando ele saiu de Sandhurst e passou para a etapa seguinte de sua carreira no Exército.

Para quem acompanhava de perto, os primeiros indícios apareceram durante a temporada de festas, quando os pais de Kate decidiram alugar, por 4.800 libras por semana, uma mansão na Escócia para a família ampliada. Apesar das especulações de que Kate seria convidada para passar o Natal com a família real em Sandringham, isso não aconteceu. Somente as noivas têm direito a essa honra; namoradas, não. Em vez disso, os Middleton decidiram convidar William para passar o Hogmanay* com eles na Jordanstone House, uma mansão georgiana nos arredores de Alyth, em Perthshire. Localizada numa imensa área, a mansão do século XVIII — que um dia

* Modo como os escoceses chamam o último dia do ano. (*N. do T.*)

pertenceu ao político conservador sir James Duncan e à sua segunda mulher, lady Beatrice (atriz famosa por ser a voz de Larry, the Lamb na série infantil *Toytown*) — certamente era bem-adequada para um príncipe. Repleta de antiguidades e obras de velhos mestres, ainda era composta de duas escadas originais (uma delas para a criadagem), uma cozinha enorme e uma lavanderia no andar de baixo, uma biblioteca de livros raros e salas de recepção com painéis de madeira, com lareiras imensas no andar de cima, e 13 quartos com camas de quatro colunas. Mas o príncipe, que passou o Natal em Sandringham, a 640 quilômetros dali, não apareceu.

Apenas no fim de semana seguinte Kate estaria de novo com o namorado, em Highgrove, mas mesmo ali foi mais uma festa de despedida para ele do que uma festa de aniversário para ela. O futuro rei seguiria os passos do irmão mais novo e entraria para o Blues and Royals, um regimento com uma das histórias mais antigas do Exército inglês. Ele abraçaria seu novo papel com total empenho e provocando Harry, dizendo que alcançaria um lugar mais alto na hierarquia por ter um diploma universitário.

Um dos dois regimentos que formam a cavalaria real (o outro é o Life Guards), o Blues and Royals foi criado em 1969, quando os Royal Horse Guards (conhecido como os Blues por causa da cor do uniforme) e os Royal Dragons, cujas origens remontam ao século XVII, se juntaram. Única unidade de cavalaria montada do Exército britânico, o regimento tem a função exclusiva de proteger a rainha em cerimônias oficiais, além de servi-la no mundo inteiro. O emblema do regimento — uma águia na manga esquerda do uniforme — é comemorativo do momento da captura de um estandarte águia de um dos batalhões de infantaria de Napoleão em Waterloo. Atualmente, está lotado no quartel de Combermere, em Windsor, e a coronela do regimento é a princesa real, Anne.

Kate trabalhava na Jigsaw na manhã do dia 8 de janeiro de 2007 quando o segundo-tenente de Gales se apresentou para o serviço. Ela não fazia a menor ideia de como a vida deles mudaria em questão de poucos meses.

Vinte e quatro horas depois, saindo sozinha pela porta da frente de casa, para ir trabalhar no dia de seu 25º aniversário, usando um vestido de quarenta libras da Topshop (que depois se esgotaria em questão de dias), ela foi recebida por um batalhão de fotógrafos totalmente convictos de que ela e seu namorado real em breve anunciariam o noivado. Pela primeira vez ela demonstrou sentir a pressão e fechou a cara.

A quantidade sem precedentes de paparazzi gerou comparações entre o tratamento que a princesa Diana lhes dava em seus últimos anos de vida e levou a família real a tomar uma atitude. Enquanto os advogados de Kate, Harbottle & Lewis, que também têm o príncipe Charles entre os seus clientes, tentaram entrar num acordo com a mídia, o príncipe William autorizou seu assessor de imprensa a fazer a seguinte declaração, em seu nome: "O príncipe William está muito irritado com os transtornos que os paparazzi causaram a sua namorada. Ele quer, acima de qualquer outra coisa, que esse comportamento acabe. A srta. Middleton deve ter o direito, como qualquer outra pessoa, de cuidar de seus afazeres diários sem esse tipo de intromissão. A situação está se tornando insuportável para todos os envolvidos."

Era um dia terrível para Kate ter de enfrentar essa quantidade massacrante de atenção. Agora que trabalhava em Londres, não podia mais fugir dos holofotes simplesmente se escondendo no refúgio da casa dos pais e precisava sair de casa todos os dias de manhã para trabalhar. Sem ter William ao lado, havia pouca coisa que a família real pudesse fazer para ajudá-la, já que ela não tinha direito à proteção da Scotland Yard até que ficasse noiva. E essa pressão em pouco tempo se tornaria grande demais.

A princípio, William continuou a fazer o papel de namorado galante, indo a Londres visitá-la e badalar na capital, e Kate exibia uma expressão determinada, usando um vestido prateado deslumbrante de oitocentas libras de BCBG Max Azria para ir a uma festa com o príncipe no clube Mahiki, no dia 1º de fevereiro. Administrado pelo empresário da noite Piers Adam e pelo promoter Nick House, e montado para parecer com um bar de praia da Polinésia, o lugar se tornou um dos favoritos do casal, após terem passado uma noite lá antes do Natal, com Tom Parker Bowles e a mulher dele, Sara. Guy Pelly, o amigo festeiro de William, era o diretor de marketing do clube, e Henry Conway, o filho de Derek Conway, membro do Parlamento que precisou renunciar, e que exageradamente se autointitulava "Rainha das Patricinhas", organizava as festas das quintas-feiras no local.

Nas primeiras semanas no quartel, William conseguiu ir à capital duas vezes, para uma noite no Boujis — quando supostamente deu à namorada um antigo estojo de maquiagem da Van Cleef & Arpels, cravejado de diamantes, como um presente antecipado do Dia dos Namorados — e viajar para o estádio de rúgbi de Twickenham, em 10 de fevereiro, para ver a Inglaterra ganhar da Itália no Torneio das Seis Nações. Ele e Kate torceram para Jonny Wilkinson, que atingiria um recorde, marcando 15 pontos na vitória de 20 x 7.

No entanto, as noites em que William saía com a namorada foram aos poucos diminuindo, enquanto ele entrava com tudo na vida de um oficial da cavalaria real, curtindo o fato de ser jovem, livre e solteiro. Dividido entre passar o tempo com a namorada e ir às festas com os colegas oficiais, ele parecia não ter dúvida. Foi uma época bem difícil para o relacionamento.

Kate enfrentou tudo com um semblante firme, e foi com as amigas ao clube Mamilanji na segunda-feira, 26 de fevereiro. Mas os dias do namoro estavam contados, pois ela começava a se cansar de ter um namorado ausente.

No dia 4 de março, numa última tentativa de ressuscitar o romance, William levou Kate para passar férias decisivas em Zermatt, uma vila no sopé de Matterhorn, nos Alpes suíços, onde ficaram num chalé exclusivo, que cobrava 1.500 libras por semana. Mas, em vez de ir sozinho com a namorada, ele levou alguns amigos, inclusive Thomas van Straubenzee e Guy Pelly, o homem que geralmente é descrito como "o bobo da corte" do príncipe. Para quem via de fora, parecia que William e Kate — que havia deixado de viajar com a família para Barbados a fim de passar bons momentos com o namorado — estavam prestes a anunciar o noivado, permanecendo no chalé enquanto os amigos iam às boates, se abraçando e se beijando nas montanhas. Na realidade, entretanto, as coisas estavam longe de ser como em um mundo cor-de-rosa, e um noivado devia ser a última coisa a passar pela cabeça deles.

A última vez que foram vistos juntos em público foi em 13 de março de 2007, o dia de abertura do National Hunt Festival, em Cheltenham, um dos eventos favoritos da falecida rainha-mãe, que raramente perdia uma edição e que ao final aparecia num *buggy* pintado com as cores de um carro de corrida. Chegando num grande Audi preto de William, Kate parecia muito à vontade conversando com Zara Phillips e bebendo champanhe num camarote que pertencia ao proprietário de cavalos Trevor Hemmings. Mas a linguagem corporal dos dois estava bem tensa, e os jornalistas de moda criticaram o casal por parecerem "carneiros vestidos como ovelhas". Foi a primeira mancada de Kate em matéria de moda, e provavelmente um sinal de seu mau humor.

Três dias depois, o príncipe partia para o interior de Dorset, a fim de começar um curso de dez semanas para comandante de tanque, no campo de treinamento do Exército em Bovington. Mas isso não impediu que a namorada comparecesse à Cheltenham Gold Cup sem ele. Usando um blazer azul-celeste, saia marrom e uma boina da mesma cor, ela parecia muito mais tranquila — e antenada na moda — do que na vez anterior que esteve lá com o príncipe. Recebida na chegada por dois policiais à paisana, foi escoltada até o camarote real para um almoço oferecido pelo mestre dos cavalos da rainha, lorde Vestey. Lá, deu boas gargalhadas e brincou com os convidados — entre os quais estava van Straubenzee —, pulando que nem pipoca quando acertava o vencedor e tapando a boca com uma das mãos quando perdia. Sua presença naquele dia, no mesmo camarote da tia de William, a princesa Anne, e do ex-marido de Camilla, Andrew Parker Bowles, parecia apenas mais uma confirmação de que Kate estava prestes a se tornar membro oficial da família. Mas alguns comentaristas acharam que ela havia exagerado ao aparecer no camarote real, um ato que aparentemente deixou William irritado.

De qualquer maneira, foi enquanto William estava em Dorset que o relacionamento começou a desmoronar. Em vez de viajar duzentos quilômetros até Londres nos fins de semana, ele parecia preferir passar seu tempo com os oficiais do Exército.

Na primeira noite que ele saiu com os Blues and Royals — apelidados de "Booze and Royals" (Bebida e Realeza), em Bournemouth, a maior cidade perto do quartel —, o príncipe ultrapassou todos os limites aceitos pela namorada. Ela sempre ignorou os boatos de que ele olhava com malícia para outras mulheres e aguentou os flertes com as garotas que se jogavam em cima dele, mas o comportamento impróprio dele na boate Elements em 22 de março teria consequências infelizes. Embora não haja nenhuma indicação de que o futuro rei a tenha traído, duas das garotas com quem ele esteve naquela noite venderam seus depoimentos para os tabloides ingleses, o que deve ter sido uma humilhação imensa para Kate. Naquela noite de quinta-feira, William e seus amigos viraram a cidade de cabeça para baixo, entornando garrafas de licor e cerveja e paquerando garotas na boate, sem dar a menor bola ao fato de elas estarem fotografando o príncipe com as câmeras dos celulares.

Ana Ferreira, de 18 anos, estudante de relações internacionais, estava na boate quando ouviu dizer que William dançava num outro salão. Depois de observar o rebuliço, ela posou para uma foto ao lado dele, para só depois perceber que o príncipe havia tocado em um de seus seios. "Começaram a comentar que William estava numa sala onde tocavam uma "música dos anos 1980" brega", disse ela ao *The Sun,* "então, todo mundo foi lá para ver ... Havia muitas garotas em volta dele, e ele posava para fotos. Ele tinha um braço me envolvendo e o outro em volta da minha amiga Cecilia. Eu estava um pouquinho bêbada, mas senti alguma coisa roçar no meu peito. Eu não achava que pudesse ser o futuro rei, mas agora que vi a foto não é surpresa alguma ele estar sorrindo."

Outra garota, Lisa Agar, uma aluna de teatro de 19 anos com um piercing no lábio, afirmou que William a puxou para um tablado a fim de dançar com ela. "Ele disse alguma coisa do tipo: 'Vem cá, me mostra como é que se faz. Você é boa demais para estar aqui'", contou Lisa ao *Sunday Mirror.* "Ele me paquerava muito e fiquei meio espantada, mas mesmo assim continuei ali. Ele ria bastante e sacudia as mãos." Lisa, que vestia um top cor-de-rosa apertado, legging e salto alto, garante que William estava misturando cerveja com o licor Sambuca. "Chamo isso de dose de elefante", acrescentou "porque sobe muito rápido, fazendo você ficar totalmente bêbado."

De madrugada, um amigo do príncipe a convidou para voltar com eles para o quartel e continuar a festa. "Quando eu disse que não tinha certeza, Wills veio e falou: 'Você vai vir com a gente? Vai ser muito divertido, vem. A gente tem que voltar pro quartel.' Fui com eles no carro de um amigo, e então todos nós fomos para uma sala de estar no quartel e ficamos deitados em sofás e poltronas de couro. No fim das contas, só fiquei lá por vinte minutos. É estranho, mas senti um pouco de pena do William. Achei que talvez ele estivesse tentando ficar animado."

O comportamento dele naquela noite foi bem comum para um soldado de vinte e poucos anos, mesmo sendo um membro da família real. Dois dias mais tarde, o príncipe Harry mostrou os próprios excessos quando saiu caindo do Boujis, depois de ter tomado muitos coquetéis Crack Baby. O oficial do Blues and Royals foi ao clube após passar uma semana inteira fazendo exercícios com o regimento e se soltou um pouco com os amigos, inclusive com sua antiga paixão, Natalie Pinkman. Decidiu tentar fugir dos fotógrafos saindo pelos fundos, mas com raiva de ter sido visto, há relatos de que ele tenha tentado agredir um dos paparazzi, antes de tropeçar e cair na calçada — embora os assessores da realeza tenham afirmado que ele só pisou em falso e tropeçou.

Kate e William passaram uma última noite juntos, a de 31 de março, quando jantaram no King's Head, em Bledington, com os amigos Hugh e Rose van Cutsem, a cujo casamento eles compareceram no verão anterior. No entanto, àquela altura, a alma do relacionamento já havia se esvaído, e ele estava chegando ao fim.

Alguns dias depois, Kate esteve na Irlanda rapidamente com a mãe, Carole, para ver a exposição particular de uma amiga bem próxima da família, Gemma Billington. Mãe e filha fizeram questão de ser bem modestas e ficaram no Quality Hotel, um três estrelas de Dublin. Depois de apreciar os quadros de Gemma, Kate conversou com o baterista Ben Carrigan e o guitarrista Daniel Ryan, do grupo irlandês de rock independente The Thrills. No dia seguinte, ela foi à National Gallery of Ireland.

Sua presença numa exposição de quadros, que ocorreu na Urban Retreat Gallery no Hanover Quay de Dublin, atraiu uma quantidade enorme de publicidade para Gemma, filha de 53 anos de um sargento da Garda, a polícia da Irlanda, nascido em

County Kerry. Ela e o marido Tim, de 63 anos, fazendeiro e criador de cavalos, são muito amigos dos Middleton. Eles moram bem perto da família, numa fazenda de 130 hectares na vila de Stanford Dingley, Berkshire, onde William e Kate se tornaram presenças constantes no pub local, o Boot Inn. Seus sete filhos cresceram junto com os irmãos Middleton e frequentavam a mesma escola, enquanto as mães, Carole e Gemma jogavam tênis juntas.

"Kate é adorável. Ela é apenas uma das nossas garotas, que por acaso tem saído com um rapaz chamado William, que por acaso é um príncipe", disse ela, em entrevista ao *Sunday Independent*, ao promover a exposição. "Ele é um rapaz normal, de verdade. Acho que para ela é difícil, mas consegue se sair muito bem. Os Middleton são uma família muito unida, que faz as refeições, vê filmes, pratica esportes e tira férias junto. É engraçado como a gente acha que as pessoas são diferentes, mas o fato é que todos nós estamos trilhando nosso caminho na vida. Seja lá com quem você esteja saindo, você precisa aceitar as rosas e os espinhos."

Enquanto Kate se dedicava às atividades culturais na Irlanda, o namorado vivia uma vida totalmente diferente. Ele passou a noite de 4 de abril numa enoteca em Bournemouth, chamada Bliss, com um grupo de oficiais da cavalaria real. Naquela noite, a casa estava com uns duzentos fãs que assistiam ao músico Dan Baker tocar seu violão acústico. Mas no meio do show de duas horas os amigos baderneiros de William pularam no palco e anunciaram: "Por favor, não toca mais esse lixo. O príncipe quer ouvir dance music." O cantor, que interrompeu a apresentação por dez minutos até que os oficiais saíssem do salão, comentou para um jornal: "Fiquei chocado quando vi aquele bêbado subir no palco e correr em minha direção no meio de uma música. Foi a coisa mais mal-educada que já enfrentei na profissão. Essa apresentação era o ponto alto de minha carreira; ensaiei muitos anos para ter uma chance dessas de me apresentar."

Enquanto isso, era o começo do fim para William e Kate. O confronto final do casal aconteceu quando eles voltaram a se encontrar por alguns dias, no feriado de Páscoa. William tinha rejeitado um convite para passar o feriado com a família da namorada, mas os dois conseguiram se encontrar para ter uma conversa franca e perceberam que queriam coisas diferentes da vida. Kate esperava algum tipo de compromisso do namorado, e William se sentia pressionado para pedir Kate em casamento. Parecia só haver um caminho a seguir, mas ela continuava acreditando que ele pudesse mudar de ideia.

Ao meio-dia da quarta-feira seguinte, qualquer esperança que ela tivesse de uma reconciliação desapareceu. Relatos contam que ela teve uma longa conversa com o príncipe pelo celular; depois, foi trabalhar e desapareceu a semana inteira. Enquanto isso, conta-se que William telefonou para a rainha no castelo de Windsor, pouco antes de ela ir visitar o conde de Carnarvon no castelo de Highclere, a fim de comunicar que o relacionamento havia terminado.

No momento que William apareceu no Mahiki, na sexta-feira 13, a notícia sobre o rompimento do casal ainda não havia circulado. Mas o príncipe sabia que estaria nas primeiras páginas dos jornais da manhã seguinte e parecia querer deixar claro que estava tudo bem em sua vida.

Chegando à boate com os amigos às 23h30, ele foi levado a uma mesa particular perto da pista de dança, onde a comitiva consumiu 450 libras em garrafas de Dom Pérignon 1998 antes de se voltar para o menu de coquetéis — chamado de Mahiki Trail por ser montado na forma de um mapa do tesouro. Se os clientes chegarem ao fim de todas as 18 misturas, ganham como recompensa o conhecido Treasure Chest do clube, uma mistura de conhaque, licor de pêssego, lima, açúcar e champanhe.

Em algum momento da noite conta-se que William teria gritado "Eu estou livre!", antes de mostrar sua própria versão da dança do robô que o atacante Peter Crouch, do Liverpool, usava para comemorar seus gols — e que o jogador havia mostrado ao príncipe num treino para a Copa do Mundo. Enquanto os primeiros acordes de *You Can't Always Get What You Want*, dos Rolling Stones, tocavam na boate, seus amigos o arrastaram para a pista de dança. Mas toda essa animação uma hora se transformou em tristeza, e às 3h30 ele passou cambaleando pela saída vip e entrou em um carro com chofer. Um oficial do esquadrão de proteção da família real pagou a conta de 4.700 libras e ele voltou para casa. Horas mais tarde o mundo inteiro saberia que o solteiro mais desejado da Inglaterra estava de volta ao mercado... mas por quanto tempo?

# Capítulo 22

## A Reconciliação

Com os braços entrelaçados, o príncipe William e Kate Middleton pareciam alheios ao mundo à sua volta enquanto dançavam sedutoramente sua música favorita, *I Like the Way You Move.*

Deixando o recato de lado, os dois se beijaram apaixonadamente na pista de dança de Perspex, nos bastidores do estádio de Wembley, deixando os convidados vip do Concerto para Diana sem qualquer dúvida de que eles haviam reatado o namoro. Depois do show no salão, eles se retiraram para um lugar mais reservado, iluminado por velas e com pétalas de rosa espalhadas, onde passaram o resto da noite num sofá de couro branco — oculto por cortinas —, de mãos dadas, cochichando no ouvido um do outro e bebendo *mojitos.*

A demonstração pública de afeto — tão pouco característica do príncipe —, nas últimas horas de 1º de julho de 2007, marcou um novo começo para o jovem casal, separado há 12 semanas, porque William não queria compromisso. Horas antes, William, 25 anos, não dava a menor pista de que a relação tinha voltado aos trilhos, enquanto entrava no palco com o irmão Harry, de 22, para apresentar o show, um tributo à sua falecida mãe, no que seria seu aniversário de 46 anos. “Essa noite terá a ver com tudo aquilo que minha mãe mais amava: música, dança, caridade, família e amigos”, disse ele, antes de apresentar o Duran Duran, uma das bandas favoritas de Diana, e dizer à plateia para “se divertir muito”.

Essa era a primeira vez que William e Kate eram vistos juntos em público desde o fim do namoro, levando a especulações de que eles tinham superado suas diferenças. Embora estivessem no camarote real, sentaram-se separados, com duas filas entre eles, e não se olharam uma vez sequer.

O Concerto para Diana, que arrecadou 1,6 milhão de libras para instituições de caridade, foi organizado pelos príncipes William e Harry como uma homenagem à mãe, por ocasião do décimo aniversário de sua morte num acidente de carro no túnel da Pont de l'Alma, em Paris. Eles convidaram 23 cantores e grupos, que iam da geração deles à geração da mãe — incluindo o English National Ballet —, para se apresentar no show, transmitido para 15 milhões de pessoas na Inglaterra e quinhentos milhões no mundo inteiro. Era uma mistura bastante incomum de intérpretes, mas isso não pareceu incomodar um público de 63 mil pessoas que pagaram 45 libras pelos ingressos para ver alguns dos músicos favoritos de Diana — como Tom Jones, Bryan Ferry e Duran Duran — no mesmo palco dos artistas de hip-hop americano Kanye West e P. Diddy e da cantora inglesa de soul Joss Stone.

Sir Elton John, que escreveu a música em homenagem à princesa Diana, *Candle in the Wind 1997*, abriu o espetáculo com uma reedição do clássico *Your Song*, antes de apresentar os dois príncipes para a plateia. Aplaudidos de pé, William e Harry entraram no palco. "Oi, Wembley!", gritou Harry. Depois de homenagear a mãe e de chamarem o artista seguinte, os príncipes tomaram seus lugares no camarote real junto da sua geração de membros da realeza: os primos Beatrice e Eugenie, Zara Phillips e seu namorado Mike Tindall, o jogador inglês de rúgbi. Enquanto William cuidadosamente evitava Kate, que usava um casaco de chuva branco da Issa, Harry estava ao lado da namorada Chelsy, de 21 anos, e lhe deu um beijo. O trio dançou e aplaudiu quando Nelly Furtado cantou *Say It Right*. A única pista de que o namoro do casal havia sido retomado foi quando as câmeras de televisão fizeram uma panorâmica e enquadraram Kate cantando alegremente a música *Back for Good*, do Take That.

No entanto, depois, numa extravagância pós-show de 250 mil libras, onde os convidados tomaram gelatinas de vodca de framboesa ou de capuccino e comeram ostras, lagosta e caranguejo, enquanto bailarinos e acrobatas faziam malabarismos em jaulas espalhadas pelo salão e peixinhos tropicais nadavam embaixo da pista de dança, as coisas mudaram. William e Kate chegaram e saíram separados, mas lá dentro não se separaram por um minuto sequer.

Ignorando-a calculadamente enquanto conversava com Joss Stone, William foi direto até Kate na hora em que ela foi para a pista de dança, abraçando-a por trás e lhe dando um beijo nos lábios. Passaram o resto da noite juntos, anunciando para o mundo que haviam reatado o namoro.

As notícias da separação do casal real tinham começado a vazar no sábado, 14 de abril de 2007, três dias após a conversa telefônica deles. Depois disso, Kate fugiu da capital para se enfurnar na casa dos pais, em Berkshire, com uma tonelada de papéis e a missão de passar despercebida. Seus dois irmãos estavam em casa naquele fim de semana — domingo era o aniversário de 20 anos de James —, e a família festejou unida. Num lance de ironia, Pippa, 23 anos, prestes a fazer as provas finais na Edinburgh University, tinha se separado do namorado aristocrata, J. J. Jardine Patterson — o rico herdeiro de uma família de banqueiros de Hong Kong —, por causa da recusa dele em se comprometer seriamente. Assim, as irmãs confortaram uma a outra.

Mas no aniversário de James a família foi vítima de uma série de ataques anônimos nos jornais de domingo insinuando que, de qualquer forma, Kate jamais seria aceita pela família real — e pelo círculo aristocrático de William —, por causa do histórico de classe média e da falta de berço de Carole, mãe dela. Era um assassinato cruel da personalidade de uma família que é o símbolo da Inglaterra média e de uma mulher que, como tanta gente do campo, gosta de jogar tênis, andar a cavalo e levar o labrador da família para passear. Com um ranço que fazia lembrar o ensaio *The English Aristocracy*, escrito por Nancy Mitford, em 1954, os relatos indicariam que os amigos da alta-roda de William, aparentemente, esnobavam o fato de ela usar palavras não A (de *classe* A), como "toalete" e "perdão?" (no lugar de "banheiro" e "o quê?") e que teriam ficado horrorizados com o fato de ela mascar chicletes enquanto o príncipe desfilava na parada de formatura em Sandhurst. Mais tarde se soube que ela mascava um substituto para o cigarro, embora, é claro, para aqueles que quisessem criticá-la, isso não fosse desculpa para a quebra de etiqueta. Outro deslize foi ela supostamente ter cumprimentado a rainha com as palavras "Prazer em conhecê-la", em vez de "Olá, madame", mas Carole nunca fora apresentada à monarca.

Prevendo um desastre de relações públicas, o Palácio de Buckingham imediatamente se inocentou dessas notícias, culpando a imprensa pelo problema. Mas a família real também não era imune a esnobações: o confidente da rainha, lorde Charteris, um dia descreveu memoravelmente a duquesa de York (Sarah Ferguson) como "Vulgar, vulgar, vulgar e ponto final", e sabe-se que o príncipe Charles se desespera com o fato de as pessoas "não saberem mais o seu lugar". Portanto, é impossível julgar de onde partiam as matérias.

Em todo caso, o príncipe William ficou tão horrorizado com a ferocidade dos ataques a Carole que ligou para a ex-namorada e garantiu que seus amigos não estavam por trás daquilo. Essa conversa telefônica, quatro dias depois do término, seria a primeira e tênue tentativa de reaproximação.

Vinte e quatro horas depois, William voltava para o quartel de Bovington, e Kate decidiu que também teria de enfrentar o mundo. Com os olhos escondidos atrás de óculos escuros, ela finalmente saiu de dentro das reconfortantes paredes da casa dos pais às 10h15 para ser levada a Londres pelo irmão James. Usando jeans — e exibindo uma expressão brava —, entrou no apartamento em Chelsea para pegar a raquete de tênis, o que simbolizava que sua vida não tinha parado. A compradora de acessórios então correu para o escritório em Kew, no sudoeste de Londres, para pegar alguns papéis antes de voltar para a casa dos pais. A fisionomia desafiadora exibida naquele dia mandou ao mundo a mensagem de que ela se recusava a mergulhar em autopiedade.

Ela passou mais alguns dias em Berkshire, ignorando as crescentes especulações sobre o fim do namoro, cuidando do coração partido e lendo cartas de apoio — ela acredita que tenha recebido mais de trezentas, de lugares tão distantes quanto a Austrália —, enquanto o mundo inteiro esperava sua reação. O super-relações públicas Max Clifford fez uma estimativa de que, sendo ela a única namorada que já viveu com um futuro rei, poderia faturar mais de 5 milhões de libras com suas memórias. Mas Kate era digna demais para contar tudo.

Na quinta-feira, depois de uma semana afastada, a jovem se sentiu confiante o suficiente para voltar a Londres e retomar seu velho estilo de vida, disposta a mostrar ao príncipe tudo o que ele estava perdendo. Naquela noite, depois de passar o dia trabalhando, encontrou-se com algumas amigas no La Bouchée, um restaurante em Fulham, antes de aparecer no Mahiki, onde William afogara as mágoas seis dias antes. Foi um golpe espetacular de publicidade, o primeiro de uma série de manobras clássicas que podem ter tido o objetivo de chamar a atenção do príncipe e mostrar-lhe que ela era capaz de se virar muito bem sozinha. Vestindo uma minissaia de 45 libras da Lipsy, botas de cano longo e exibindo as coxas e um belo decote, a presença dela no bar, onde bebeu Jack Daniel's e Coca-Cola com Guy Pelly — diretor de marketing do clube e amigo íntimo de William —, dificilmente poderia passar despercebida. Ela passou a maior parte da noite na pista de dança e saiu do clube por volta das 2h30.

Um dos homens com quem ela dançou naquela noite, o arquiteto Alex Shirley-Smith, ficou impressionado: "Ela jogou o cabelo para trás e olhou para mim, por cima de um dos ombros", declarou ele ao *Daily Mail*. "Depois, ela veio em minha direção, e as costas dela roçavam nas minhas. Kate começou a fazer uns movimentos muito sexies. Ela é absolutamente maravilhosa. Dança muito bem. Depois, ela foi pega por um sujeito totalmente bêbado, que eu acho que era da turma de amigos dela. Provavelmente, ele pensou que a estava resgatando, mas quando ele a tirou de perto de mim, ela acenou. Aí eu soube que ela estava flertando comigo." Então, ele contou o que aconteceu mais tarde naquela noite, na hora em que tocou *Unbelievable*, do EMF: "Nós nos aproximamos naturalmente um do outro, e Kate deu um passo à frente e me olhou com atrevimento, colocou as mãos nos meus ombros e cantamos o resto da música um para o outro, enquanto dançávamos."

Uma semana depois, em 26 de maio, Kate estava de volta à badalação. Foi ao Boujis, um dos tradicionais pontos favoritos de William, estava muito bem e abraçando de verdade a vida de solteira. De botas e minissaia, reuniu algumas amigas num restaurante tailandês em Chelsea, antes de ir para o clube. William não poderia deixar de perceber.

Uma das respostas clichês para um rompimento é ficar em forma e perder peso. Kate não foi exceção. Mas em vez de passar horas na academia ela se juntou a The Sisterhood, uma equipe feminina de remo que pretendia atravessar o canal da Mancha num barco em forma de dragão, a fim de angariar fundos para uma instituição de caridade. Elas desafiaram os rivais masculinos de The Brotherhood para uma corrida de 33,5 quilômetros, de Dover até Cap Griz Nez, perto de Calais, e vinham treinando desde o mês de novembro. Kate foi uma das timoneiras.

Sob o comando de Emma Sayle, 29 anos, renomada por ser "a swinger mais elegante da cidade", o grupo jamais cairia na obscuridade. Ela convidou uma equipe bem-diversificada, com muitas das componentes tendo histórias polêmicas, para se juntar a The Sisterhood.

Emma, filha do ex-diplomata coronel Guy Sayle da OBE (Ordem do Império Britânico), estava numa turma quatro anos à frente de Kate na Downe House. Ela ganhou fama como diretora de operações do clube de swing Fever e como fundadora das Killing

Kittens, uma empresa que organiza festas regadas a sexo. A melhor amiga dela, Amanda Cherry, 29 anos, também parte da equipe, causou um escândalo colossal na Downe House quando, pouco depois de sair da casa, teve um affair com seu ex-tutor de política, Ian Goodridge, mais de vinte anos mais velho do que ela. Ele largou a mulher para ficar com a menina de 19 anos, e os dois acabaram se casando.

Intitulando-se um "grupo de elite de atletas femininas, de muitos talentos, corpos perfeitos e aparências arrasadoras, com a missão de partir com ousadia para onde nenhuma garota jamais tinha ido", as sessões da treinamento da The Sisterhood no rio Tâmisa, perto de Chiswick e Putney, virou um local de encontro para os paparazzi.

Kate havia sido convidada a se juntar ao grupo por Alicia Fox-Pitt, 26 anos, irmã de William Fox-Pitt — cavaleiro medalhista olímpico —, e uma de suas amigas mais antigas. A irmã mais velha de Alicia, Laurella, também participava da equipe. As irmãs Fox-Pitt, que estudaram com Kate em Marlborough, foram criadas na propriedade da família, Knowlton Court, nas imediações de Canterbury, zona rural de Kent. Como o irmão, eram duas saltadoras talentosas, mas enquanto Alicia conciliara as aulas particulares com os estudos para se tornar veterinária, Laurella era adepta do kickboxing e aspirante a atriz.

A quarta ex-marlburiana da equipe era Bean Sopwith, 26 anos, que estudou arqueologia em Oxford. Trabalhando como estagiária, sendo dublê de atrizes, ela apareceu na série de tevê *Adrenaline Junkie* (Viciado em adrenalina), de Jack Osbourne. Bean sofreu um sério acidente quando praticava alpinismo, quatro anos antes, caindo de uma altura de dez metros de um penhasco no País de Gales. Ela quase perdeu a mão, mas não só se recuperou plenamente como também passou a praticar paraquedismo.

O envolvimento da ex-namorada do príncipe com a equipe fez o Palácio de Buckingham levantar as sobrancelhas, mas nessa etapa da vida ela estava curtindo sua liberdade. "Treinamos três vezes por semana", comentou Emma. "Kate é muito forte e bem-preparada fisicamente. Assim, enquanto ela estiver comprometida com o resto do treinamento, ela estará no barco."

Mais ou menos na mesma época, ela começou a modelar o corpo, seu visual começou a ficar cada vez mais refinado e ela demonstrou um *feeling* para a moda que não passaria despercebido pela bíblia do ramo, a revista *Vogue*. Tendo se firmado no manequim 38 e cortando o cabelo regularmente no salão de Richard Ward, o cabeleireiro das estrelas — favorito de Tara Palmer-Tomkinson, Isabella Hervey e Lisa Snowdon —, ela ficou em oitavo lugar na lista das mulheres mais bem-vestidas da *Tatler*, a revista da sociedade. Geordie Greig, o editor naquela época, falou sobre a posição dela: "Kate não dá um passo em falso. Ela sempre aparenta ser linda e modesta, e a imprensa gosta dela. Existe uma despretensão simpática na maneira como ela se veste e se apresenta. É a própria aspirante a princesa."

Kate também descobriu sua grife de roupas favorita, a Issa, cujos vestidos de jérsei envolveram os corpos de estrelas hollywoodianas como Scarlett Johansson e Keira Knightley. Foi no estúdio de Daniella Issa Helayel, em Fulham, localizado numa cobertura, que ela viu pela primeira vez o vestido Lucky — inspirado numa antiga camisolinha de bebê, que aparentemente ela tem de todas as cores, com mangas de babado e minissaia —, e foi lá que ela comprou a roupa que usou no Concerto para Diana. Daniella afirma que Kate não tem qualquer ligação oficial com a empresa, embora isso represente uma publicidade valiosa. "Ela não é embaixadora da Issa", comentou, discretamente "nem recebe tudo de graça. Temos amigas em comum e temos sorte de nossos vestidos caírem muito bem no corpo dela."

No final de maio, Pippa, a irmã mais nova de Kate, e tida como a mais atirada das duas, concluiu as provas finais e se mudou para Londres, onde as duas passariam a ser muito requisitadas no cenário social.

Enquanto Kate ascendia socialmente por causa de sua ligação com a família real, Pippa se tornou um membro da elite rural namorando o herdeiro J. J. Jardine Patterson e dividindo um apartamento com Ted Innes-Ker — filho do duque de Roxburghe — e George Percy — herdeiro do duque de Northumberland. Já apelidadas com certo desdém em alguns círculos como "The Wisteria Sisters" (As irmãs glicínias), Kate e Pippa logo seriam chamadas de "the Sizzler Sisters" (As irmãs do agito) pela *Tatler*, que as descreveu como duas moças "muito determinadas".

A primeira aparição conjunta delas foi na Asprey, a joalheria da alta sociedade, em 15 de maio, quando o premiado escritor Simon Sebag Montefiore as convidou para o lançamento do livro *O jovem Stálin*. Lá elas se uniram a um público de alto nível, composto, entre outros, pela cunhada de Simon, Tara Palmer-Tomkinson, os escritores Plum Sykes e William Shawcross, a jornalista Emily Maitlis e o membro conservador do Parlamento (e amigo do príncipe Charles) Nicholas Soames. Dois dias depois, Kate estava de volta à pista do Boujis, com a irmã mais nova a tiracolo. Depois de se divertir com as atrizes Anna Friel e Mischa Barton, as irmãs saíram do clube de mãos dadas às 3h, seguindo a pé por uma parte do caminho, o que garantiu que fossem fotografadas juntas.

Apesar de os amigos que cercavam o príncipe William dizerem que a badalação da ex-namorada o estava fazendo "subir pelas paredes", o arsenal de táticas de Kate parecia estar dando certo, pois partiram dele os primeiros movimentos para uma reconciliação. Com saudade da ex-namorada e percebendo que havia cometido um erro, a convenceu a ir ao apartamento da Clarence House em 26 de maio, o primeiro de uma série de encontros em que eles conversariam sobre a separação.

No entanto, curtindo a nova sensação de liberdade, ela o deixou na dúvida, sendo vista quatro dias depois no Mahiki com vários possíveis pretendentes. Vestindo um pequeno top vermelho e calças brancas, ela chegou à noite temática sobre Johny Cash, que o clube organizara, de braços dados com Henry Ropner, filho do magnata da indústria naval sir John, que morava num apartamento de 1 milhão de libras em Chelsea. Henry, que frequentou a mesma escola que William e namorou sua antiga paixão, Jecca Craig, conhecia Kate desde que fora aluno de geografia na Edinburgh University. No clube, ela bebeu um coquetel muito bem-intitulado de Good-Time Girl (algo como "garota divertida") e dançou com Jamie Murray Wells, o milionário fundador da Glasses Direct. Ela saiu da boate com o corretor de imóveis Charles Morshead, incrivelmente parecido com William.

Mas, embora dissessem que a jovem estava decidida a "viver a vida ao máximo", ela não estava procurando um namorado; já tinha o olhar voltado para outra pessoa. Ela, finalmente, voltou a sucumbir aos encantos de William em 9 de junho — dez semanas após o rompimento e duas semanas depois de o príncipe ter tentado retomar o relacionamento —, acompanhando o namorado a uma agitadíssima festa no quartel, para comemorar o fim de seu exaustivo curso para líder de tropa. Chamada de "Freakin'

Naughty" (Terrivelmente obscena), a festa, com direito a um castelo de borracha e uma piscina portátil, estava cheia de convidados fantasiados de freiras, médicos e enfermeiras obscenas, mas William não conseguia desviar os olhos de Kate. Depois de conversarem a noite inteira, dançaram juntos e se beijaram no meio da multidão. Ele a conduziu até seu quarto particular nas primeiras horas da manhã.

Mesmo assim, ela não parou de ir a festas. Cinco dias depois foi à boate Raffles, descrita como "um dos últimos bastiões da decadência e do prazer" e que foi fundada por um ex-etoniano amigo da princesa Margaret. Três dias depois, em 17 de junho, enquanto William estava na parada militar com a família, Kate viajou até Ibiza para tirar umas férias da badalação social. Hospedou-se numa *villa* de cinco quartos no lado sudoeste da ilha com um grupo de amigos, que incluíam seu irmão James e sua amiga de escola Emilia d'Erlanger, também próxima do príncipe William. Quando chegou, o grupo seguiu direto para o bar Blue Marlin, um local especial com vista para a baía Cala Jondal, em San José. Nessa viagem, Kate caprichou no bronzeado a fim de se preparar para o que seria o auge da temporada social.

Era o dia 30 de junho de 2007, véspera do Concerto para Diana, e cresciam as especulações sobre a primeira aparição pública de William e Kate desde que haviam terminado. Mantendo seu lendário sangue-frio, a jovem ignorou todas as fofocas e se vestiu com uma roupa da Issa para passar a tarde em Wimbledon, onde — nas horas em que a chuva não interrompeu a partida — ela viu a campeã de 2004, Maria Sharapova, aniquilar sua adversária japonesa em dois sets a zero. Naquela noite, protegida pela escuridão, ela entrou silenciosamente na Clarence House para um último encontro, fazendo um esforço sobre-humano para passar despercebida. Ela saiu de sua casa em Kensington aproximadamente às 21h, parou o Audi no estacionamento de um hotel em Mayfair à meia-noite e foi a pé até o palácio, para não ser vista. Uma hora e 45 minutos depois, um dos ajudantes de ordens do palácio pegou o carro e o levou até lá. No dia seguinte, ela estava no camarote real indiferente, como se nada tivesse acontecido. O casal só se revelou na festa depois do show.

# Capítulo 23

## *De Volta à Corte Real*

Elegante num casaco marfim de abotoamento duplo e usando botas pretas, Kate Middleton parabenizou seu ousado namorado, o oficial de voo William de Gales, depois de receber o brevê das mãos do pai, numa cerimônia na escola de aeronáutica mais antiga do mundo.

Na primeira aparição oficial desde que eles haviam reatado — e a mais visível —, Kate andou ao lado do namorado, que usava seu uniforme de gala, pelo corredor do Royal Air Force College em Cranwell, a caminho de um coquetel de recepção com Charles e Camilla. A exibição pública de intimidade do casal, em 11 de abril de 2008, um ano após a separação, voltou a desencadear rumores de que eles estariam prestes a ficar noivos. Apesar de Kate ter comparecido com os pais à cerimônia de formatura de William em Sandhurst, em dezembro de 2007, ela não foi fotografada com o príncipe naquela ocasião.

Chegando ao local com a irmã da princesa Diana, lady Sarah McCorquodale, Kate, então com 26 anos, foi levada para dentro da RAF de Cranwell — perto de Sleaford, Lincolnshire — por uma entrada nos fundos. Sentada com a tia de William, ela assistiu, sorrindo largamente, ao namorado e a outros 25 oficiais receberem suas insígnias do príncipe Charles, também formado naquela unidade da RAF, no início dos anos 1970.

Em seguida, William se juntou ao pai e à madrasta, quando, apesar do tempo chuvoso, eles foram até a pista ver uma exposição de aviões, entre os quais um Chipmunk T10 de treinamento, exatamente aquele em que o príncipe Charles havia aprendido a pilotar. Eles não faziam ideia do tamanho da tempestade que estava a caminho.

No momento em que Kate Middleton voltou para o príncipe, no Concerto para Diana, em julho de 2007, ela se tornou uma das presenças vips mais requisitadas da temporada — um grande salto para uma garota que tinha sido rotulada de alpinista social. A revista *Tatler* a colocou em oitavo lugar entre as mulheres mais bem-vestidas e a considerou "a convidada mais desejada", descrevendo-a como uma "sereia sexy e super-requisitada", agora que ela estava solteira. De repente, ela estava na moda.

Três semanas depois do concerto, seu status se concretizou quando recebeu um convite muito cobiçado e gravado a ouro para uma das grandes festas da temporada: o banquete de aniversário de 60 anos da duquesa da Cornualha, Camilla Parker Bowles. Sua presença no baile formal, black-tie, organizado por Michael Fawcett — assessor do príncipe Charles — e pela irmã de Camilla, Annabel Elliot, designer de interiores, mostrou que o recém-reatado namoro estava mais firme do que nunca. Embora ela não tenha sido relacionada desde o início para a festa, entrou para a lista de convidados assim que reatou com William.

Usando um vestido longo branco, Kate parecia totalmente tranquila e feliz enquanto bebia champanhe e coquetéis nos jardins de Highgrove com Zara Phillips e Mike Tindall. O príncipe Harry e Chelsy Davy não puderam comparecer à festa pois estavam de férias. Mesmo assim, eram muitas as celebridades presentes, como os comediantes Joan Rivers e Stephen Fry, o apresentador de televisão Jools Holland, os atores Edward Fox e dame Judy Dench, a atriz Joanna Lumley e o marido, o maestro Stephen Barlow, além do ator Timothy West com a esposa, Prunella Scales. Depois do jantar — uma refeição orgânica, de três pratos —, Kate e William se encaminharam para a pista de dança, onde o príncipe declamou para a namorada a letra da música *It Had to Be You*, de Frank Sinatra.

Voltando à Corte real, foi só uma questão de tempo até Kate deixar a equipe de The Sisterhood, que gerou tanta publicidade para ela quando solteira. Infelizmente, ela desistiu de participar da corrida — que ocorreria no dia 24 de agosto — no último minuto, o que significava que as meninas não conseguiriam encontrar uma substituta — embora isso não as tenha impedido de fazer a travessia em tempo recorde e arrecadar 100 mil libras para obras assistenciais.

Aparentemente apaixonado pela namorada, William a levou, em 16 de agosto, para férias românticas na paradisíaca ilha de Desroches, no oceano Índico. Era a primeira vez que o casal viajava junto desde que tinham ido esquiar em Zermatt, em janeiro de 2006, antes de o príncipe começar o curso em Sandhurst, e apenas a segunda vez que eles passavam férias a dois. Desroches era o lugar perfeito para um casal que buscasse privacidade. Com uma população de apenas cinquenta pessoas, a ilha, que fica 230 quilômetros a sudoeste de Mahé, é a principal de Seychelles, ideal para mergulhadores e pessoas de férias à procura de praias, coqueiros, infinitas barreiras de corais e vegetação exuberante, e só tem espaço para alguns poucos turistas. William e Kate ficaram numa suíte de 500 libras por noite, num dos dez chalés duplos do Desroches Island Resort, com vista para uma lagoa, onde passavam os dias mergulhando e se bronzeando. À noite, jantavam no restaurante do resort, com vista para o mar, ou, então, sob as estrelas. Depois de jantar com os membros da equipe do resort na última noite, William declarou: "Nós, com certeza, voltaremos. Tivemos férias maravilhosas".

Depois que regressou das férias — uma semana antes do décimo aniversário da morte da princesa Diana —, o casal fez um grande esforço para evitar ser visto junto. Kate não compareceu à missa de Ação de Graças pela falecida princesa, e eles ficaram um bom tempo sem ir aos clubes que mais gostavam. Contudo, em 5 de outubro, eles finalmente baixaram um pouco a guarda, numa noite no Boujis, e foram fotografados juntos pela primeira vez desde que tinham se separado, seis meses antes. Numa tática diferente das habituais, em que costumavam fugir dos paparazzi, eles saíram do clube juntos e partiram na Range Rover de William.

No dia 11 de outubro o casal foi visto junto novamente quando pegava um avião para a propriedade de Birkhall, a fim de passar um feriado prolongado e também para os últimos dias de caça aos veados com o príncipe Charles e a duquesa da Cornualha. Vestida com um uniforme camuflado, Kate foi vista dois dias depois deitada na urze e recebendo aulas de como usar um rifle de caça. Sua presença na caça pode tê-la feito crescer alguns pontos no conceito do príncipe William, mas os ativistas dos direitos dos animais ficaram possessos. Ela parecia a caminho de se tornar uma integrante plena da família real.

Como namorada do príncipe William, ela tinha se acostumado a ficar em segundo plano, perdendo para os compromissos oficiais, mas agora estava caindo a ficha de que ela também perderia para as atividades militares, pois William não pôde estar com ela em seu aniversário, dia 9 de janeiro, pelo segundo ano consecutivo. Como futuro comandante das Forças Armadas britânicas, o príncipe não tinha muita escolha nesse assunto; no ano anterior, ele estava trabalhando para a cavalaria real e este ano tinha acabado de se integrar à RAF.

Kate comemorou o aniversário de 26 anos com os pais, Michael e Carole, e a irmã Pippa no restaurante Tom Aikens, na Elystan Street, em Chelsea. Depois, ela e Pippa passaram na Kitts, uma nova boate da moda na Sloane Square, o reduto das patricinhas. Nos meses seguintes, ela veria muito pouco o namorado. Ele estava lotado a duzentos quilômetros de Londres, na RAF de Cranwell.

Construída num terreno requisitado pelo Almirantado ao conde de Bristol, a RAF de Cranwell foi criada no dia 1º de abril de 1916 como uma escola de treinamento para o Royal Naval Air Service, que dois anos mais tarde se fundiria ao Royal Flying Corps do Exército para formar a RAF. O Royal Air Force College foi inaugurado em 1920, sob o comando do comodoro do ar C. A. H. Longcroft. Catorze anos depois, o futuro rei Eduardo VIII inauguraria o atual prédio de tijolos e pedras de Portland, com seu pórtico central de seis colunas corintianas.

Numa mensagem para o primeiro grupo de cadetes, sir Hugh Trenchard, o comandante da aeronáutica, disse: "Temos que aprender, pela experiência, a organizar e administrar um grande serviço, tanto na paz como na guerra, e os senhores, que estão presentes no primeiro ano dessa instituição, no futuro, estarão no comando. Por isso, terão que trabalhar ao máximo, como cadetes na academia e, depois, como oficiais, para serem capazes de conduzir esse serviço ao longo dos primeiros anos e de manter sua tradição e eficiência nos anos seguintes."

Oitenta e oito anos depois, em 7 de janeiro de 2008, William chegou à base para um período de quatro meses com a Central Flying School, realizando o desejo de seguir os passos de seus antepassados. Homens de quatro gerações consecutivas de sua família se tornaram pilotos da RAF: seu bisavô, o príncipe Alberto, futuro rei Jorge VI, foi o primeiro membro da família real a servir na RAF, imediatamente depois de se formar. Tanto o príncipe Filipe como o príncipe Charles chegaram à patente de capitão-aviador, respectivamente em 1953 e 1971. Tal como aconteceu com o filho, o príncipe Charles recebeu as divisas de seu pai. Desde então, ele foi promovido e tem a patente de marechal do ar. A família Middleton também tem ligações com a RAF. Peter Middleton, avô de Kate, entrou para o serviço durante a Segunda Guerra Mundial e também tirou seu brevê na RAF de Cranwell.

O comandante da Central Flying School, Nick Seward, comentou sobre a chegada de William: "Durante o tempo que passar conosco, o oficial de Gales realizará sua ambição pessoal de aprender a voar, e esse será o início de uma relação com a Royal Air Force que se estenderá pela vida inteira. Durante toda essa ligação, ao mesmo tempo em que estiver treinando com os companheiros, asseguraremos que o oficial de Gales tenha a oportunidade de conhecer aeronautas de todas as patentes, para ter a ideia mais ampla possível do que é a RAF e de como ela se diferencia do que ele viu no Exército. Depois do treinamento, o oficial de Gales será lotado em várias unidades na linha de frente, inclusive helicópteros de apoio, busca e salvamento, transporte aéreo e aviões de caça que a Royal Air Force opera."

Para o curso de três meses, feito sob medida para as suas necessidades específicas e destinado a fazer dele um piloto competente, mais do que operacional, William vestiu o tradicional uniforme de paraquedista da RAF, com zíper e o nome no peito, para aprender a pilotar sozinho e realizar as acrobacias básicas. Ele foi um dos primeiros da turma do 1º Esquadrão da Escola Elementar de Treinamento de Voo a fazer um voo solo, oito dias depois de sua chegada, num turboélice Grob G 115E leve.

Após um mês em Lincolnshire, William foi transferido para a RAF de Linton-on-Ouse, em North Yorkshire, onde treinou num avião a hélice mais rápido, o Tucano T1, que pode atingir velocidades de até 552 quilômetros por hora. Embora estivesse num lugar ainda mais distante de Londres, ele conseguia cumprir os 360 quilômetros de carro em alguns fins de semana, quando ele e a namorada desfrutavam um tranquilo almoço de domingo no Builders Arms, um pub e restaurante na Kings Road.

No dia 14 de março, Kate foi pela terceira vez em três anos acompanhar a Cheltenham Gold Cup, chegando escoltada por Thomas van Straubenzee. Eles torceram para o cavalo Denman, que venceu seu companheiro de haras e campeão do ano anterior, Kauto Star, na prestigiada corrida. Já havia se passado um ano desde que ela estivera pela última vez em Cheltenham, pouco antes do rompimento com o príncipe, e o contraste não poderia ser maior. Esse ano ela havia trocado os tweeds por uma capa azul-marinho que deixava entrever as pernas e um chapéu.

Dois dias depois, o casal fazia a quarta viagem para esquiar na cidade suíça de Klosters. Numa quebra da tradição real — o príncipe Charles costuma ficar na suíte real do hotel cinco estrelas Walserhof —, a comitiva de amigos alugou um apartamento no alto das montanhas. O príncipe Charles se juntou a eles posteriormente, na mesma semana. Vestindo um casaco branco para neve muito elegante e enfrentando com confiança as pistas livres, Kate parecia bem tranquila, enquanto era fotografada cutucando William com um bastão de esqui. A imagem dela com um dos guarda-costas de

William evocou lembranças da princesa Diana, que quando saía de férias com o príncipe Charles frequentemente era vista esquiando com um guarda da polícia metropolitana. A imagem fez com que um grupo de fotógrafos se juntasse numa elevação do terreno, com vista para o terminal do teleférico de Gotschna, esperando para tirar uma foto de sua chegada — o que permitiria que a imprensa comparasse as imagens da mãe de William com as da namorada dele.

Depois das férias, ele foi lotado na RAF de Shawbury, perto de Shrewsbury, Shropshire — a 272 quilômetros de Londres —, onde pilotou um helicóptero pela primeira vez. Foi quando ele fez o teste final para tirar o brevê. "William era muito bom", disse o instrutor e comandante Andy Lovell. "Fiquei muito impressionado com a habilidade dele. Tinha um talento natural para manejar uma aeronave e aprendia tudo muito rápido. Respondia bem às instruções e demonstrou ter grandes possibilidades de crescimento." O tenente Simon Berry, 26 anos, que fazia o mesmo curso, acrescentou: "William falava com todo mundo. Era um cara normal, um bom sujeito e muito sociável. Ele se esforçava muito, voando pela manhã, fazendo duas horas de aulas na escola e ainda trabalhando a tarde inteira, como todo o restante do pessoal."

No entanto, mais tarde ficou claro que o príncipe, apelidado de "Golden Kestrel" (Tagarela de ouro), não era tão "normal" quanto os demais oficiais. Lotado na RAF de Odiham, a oeste de Basingstoke, em Hampshire, ele passou a última semana treinando com o 7º Esquadrão e aprendendo a pilotar um helicóptero Chinook, de duas hélices, avaliado em 10 milhões de libras. Foi nessa época que o oficial de 25 anos deixou a juventude e o entusiasmo falarem mais alto, fazendo cinco "voos da alegria" a um custo de 86.434 libras para os contribuintes. Apesar de ele ter estado sempre acompanhado por um instrutor veterano e uma equipe experiente, e de três desses voos poderem ser considerados parte legítima do treinamento de um piloto — usando as residências da família como pontos de referência de navegação para plotar o percurso —, os dois outros envolveram o uso do helicóptero como meio de transporte para eventos sociais, gerando um pesadelo de relações públicas que ameaçou macular sua cerimônia de formatura.

Tendo pessoalmente elaborado os planos de voo, William decidiu que seu primeiro exercício de treinamento, na quarta-feira, 2 de abril, seria uma viagem à casa da família, em Highgrove, onde poderia "[illegible]" o pai (não se sabe se o príncipe Charles estava em casa naquela hora). Com o orientador, ele viajou os 170 quilômetros de ida e volta até Gloucestershire. O Ministério da Defesa, depois, afirmaria que a viagem, que custou 11.985 libras em combustível, manutenção e homens-hora, era parte de um "exercício geral de pilotagem".

No dia seguinte, talvez numa tentativa de se exibir para a namorada, ele sugeriu praticar as técnicas de decolagem e pouso na casa dela, em Berkshire, já que o Ministério da Defesa se utiliza rotineiramente de outras localidades quando os dois campos permanentes que eles têm na área que circunda a RAF de Odiham estão congestionados. Depois de conseguir permissão da polícia e da família Middleton, ele voou os 19 quilômetros da base até a casa e fez um círculo a cem metros de altura da propriedade, antes de aterrissar no meio de um cercado no campo. Ele não saiu do helicóptero e voltou a decolar depois de vinte segundos. A viagem custou 8.716 libras e foi defendida sob a alegação de que "os pilotos dos helicópteros de guerra praticam rotineiramente pousar em campos e em espaços restritos, longe dos aeroportos, e isso é parte vital das operações de treinamento".

Entretanto, na sexta-feira, 4 de abril, o príncipe forçou ainda mais a barra, viajando 416 quilômetros até Hexham, Northumberland. E enquanto outro piloto viajava de volta para a base, ele seguiu até a cidade de Kelson, na fronteira com a Escócia, para se juntar a Kate no casamento de uma grande amiga do casal, lady

Iona Douglas-Home (neta do ex-primeiro-ministro sir Alec Douglas-Home e filha do presidente do banco Coutts, ela conheceu o casal em St. Andrews), com o banqueiro Thomas Hewitt. Essa foi a sua extravagância mais cara, e custou 18.522 libras. O voo de "treinamento geral" demorou quatro horas e quinze minutos, mas foi defendido pelo Ministério da Defesa como "um legítimo exercício de treinamento".

Após sair do casamento e voltar à base, ele tinha de treinar rasantes. Depois de dar um alô ao pai e à namorada, a escolha mais óbvia seria a avó. Ele fez a viagem de 410 quilômetros (ida e volta) até a propriedade de Sandringham, em Norfolk, na quarta, 9 de abril, a um custo de 4.358 libras, embora a rainha não estivesse presente na ocasião.

Por sorte, as notícias sobre esses voos ainda não tinham circulado quando ele compareceu a um jantar de gala na véspera de sua cerimônia de formatura, para celebrar os noventa anos da RAF. Usando o traje de gala nº 5 pela primeira vez na vida, ele se juntou a Charles e Camilla no clube dos oficiais em Cranwell, depois de assistirem a um voo de Spitfires e Hurricanes ao pôr do sol.

Vinte e quatro horas depois, William usou outro exercício de treinamento num helicóptero Chinook como desculpa para ir com Harry até a ilha de Wight. Evitando o trânsito do fim de tarde da sexta-feira, ele pegou o irmão no quartel de Woolwich antes de levá-lo à RAF de Bembridge, que fica na ilha, para passar o fim de semana bebendo. A justificativa oficial dada para a viagem de 304 quilômetros e 8.716 libras foi "treinamento em mar aberto", mas extraoficialmente os dois queriam comparecer à despedida de solteiro do primo Peter Phillips, que se casaria no mês seguinte com Autumn Kelly. O grupo de 24 homens, entre eles Mike Tindall, namorado de Zara Phillips, ficou no resort para velejadores de Cowes, onde passaram dois dias indo de restaurante em restaurante e também aos bares, começando de maneira mais controlada pelo

Anchor Inn, um pub do século XVIII, ficando mais agitados à medida que o fim de semana ia avançando.

O Ministério da Defesa disse que o voo se destinava a treinar rasantes, tendo que transpor o movimentado tráfego aéreo de Londres, atravessando as águas, passando no meio das nuvens de baixa altitude e pousando num heliporto fechado. Porém, na época em que realizou o voo, William já tinha tirado seu brevê, e documentos obtidos sob a Lei da Liberdade de Informação mostraram que ele deixou os superiores sem saber o verdadeiro motivo da viagem.

Uma das suposições que causou mais rebuliço foi a de que o Ministério da Defesa havia permitido que William utilizasse um helicóptero da frota de 48 potentes Chinooks como uma espécie de táxi-aéreo particular, enquanto a RAF estava sendo mais do que exigida no Afeganistão. Abertas as especulações, os protestos viraram uma bola de neve. Alguns reclamaram que o dinheiro que o Ministério gastou com o piloto da realeza havia sido um desperdício, já que ele dificilmente voaria numa frente de batalha, e outros alegaram que ele havia feito o curso muito depressa, na metade do tempo normal.

O piloto Jon Lake, um analista de aviação que passou pelo treinamento da RAF, disse na época: "Isso é um desperdício total das horas de treinamento com um helicóptero Chinook, que os militares não podem se dar o luxo de perder. Nenhum outro piloto no mesmo estágio de treinamento do príncipe William teria permissão de sequer chegar perto da poltrona esquerda de um Chinook. É como se um motorista aprendiz recebesse as chaves de um carro de Fórmula 1 só porque o pai dele é o dono da equipe."

O que se diz é que o marechal do ar sir Glenn Torpy, que então era o comandante da RAF, ficou furioso com toda aquela situação e com a "estupidez absoluta" de terem permitido que William fizesse o voo até a ilha de Wight, exigindo uma explicação detalhada de como isso teria acontecido. Mesmo assim, o Ministério da Defesa estabeleceu que, embora tenha havido "um certo grau de ingenuidade", não deveria haver qualquer punição, pois nenhuma norma deixara de ser seguida.

Enquanto William curtia o fim de semana com seus amigos em Cowes, a namorada passava momentos agradáveis com a família. Dia 15 de abril era o dia do 21º aniversário de seu irmão James, e todo o clã dos Middleton saiu para comemorar. Eles começaram a noite no Cocoon, um restaurante pan-asiático futurista situado onde era o cinema Odeon, no final da Regent Street, de propriedade dos mesmos donos do Boujis, e em cuja pista de dança eles terminaram a noite.

Àquela altura, Pippa trabalhava para os organizadores de eventos de luxo Table Talk, que planejam festas exclusivas para empresas de primeira linha como a corretora Merrill Lynch e o banco Morgan Stanley, a joalheria Asprey e a casa de leilões Christie's. Fundada em 1992, a empresa, responsável pelo buffet de um dos bailes exclusivos de Elton John, agarrou a oportunidade de empregar a irmã de Kate Middleton. Com todos os seus contatos na alta sociedade e sua vida de luxo, ela era uma pessoa naturalmente talhada para o emprego.

James também havia saído da faculdade — largou a Edinburgh University depois de um ano, onde começara estudando geociência no verão anterior — e montou uma divisão da empresa da família, a Cake Kit Company, que fornecia ingredientes e acessórios para a feitura de bolos inovadores. Enquanto o negócio não vingava, ele trabalhava nos escritórios dos pais e morava na casa da família. "Eu já sabia que aquele mundo de instruções acadêmicas não adiantaria nada para mim", declarou à revista *Tatler*.

"Eu queria entrar logo para o mercado de trabalho. Por isso, larguei a faculdade e montei minha própria confeitaria. Meus pais tinham plantado um gene em mim com a empresa deles, e, no meu caso, eu seria confeiteiro. Tenho até um avô materno, Ronald Goldsmith, que foi padeiro durante a guerra, portanto, isso está no sangue da família."

Duas semanas depois do aniversário de James, na última semana de William na RAF, o príncipe fez sua primeira viagem à frente de batalha no Afeganistão, de onde ele deveria repatriar o corpo do 94º soldado morto no país desde o início das hostilidades, em 2001. William se juntou a um grupo de oficiais da RAF que iria até o aeroporto de Kandahar a fim de levar para casa o corpo do soldado Robert Pearson, de 22 anos, um Queen's Royal Lancer (do regimento de cavalaria do Exército), morto quando o tanque blindado Viking onde ele se encontrava bateu numa mina na província de Helmand. William assumiu os controles do avião de transporte militar C-17 Globemaster e passou três horas em terra conhecendo os soldados. De volta à Inglaterra, foi conhecer a família do soldado Pearson.

Tanto a rainha como o príncipe Charles aprovaram a viagem de trinta horas, entre os dias 27 e 28 de abril, considerada tão arriscada que a imprensa foi proibida de noticiar sobre a empreitada até que ele voltasse. Os mais cínicos afirmaram que tudo não passou de um exercício de relações públicas para melhorar a imagem maculada do príncipe, mas a Clarence House insiste em dizer que a viagem estava planejada antes que seus "voos da alegria" viessem a público. Cinco dias depois, em 2 de maio de 2008, ele saiu da RAF e partiu de férias por um mês antes de começar seu período na Marinha britânica. Nesse ínterim, outra pessoa da realeza canalizaria as atenções da mídia e ensejaria uma crise no seio da família real.

# Capítulo 24

## *Saindo das Sombras*

Sentada num banco da histórica capela de St. George, na área do castelo de Windsor, Kate Middleton contou uma piada em particular a Chelsy Davy, enquanto participavam de seu primeiro casamento real na presença da rainha.

Usando um casaco rosa-claro bem-justo, um vestido da Issa e um chapeuzinho preto com véu da mesma cor, a namorada do príncipe William entrou na capela gótica em 17 de maio de 2008 para o casamento de Peter Phillips, primo dele, com Autumn Kelly.

Chegando sozinha, a morena de 26 anos representava o namorado no primeiro casamento de um neto da rainha, pois ele fora obrigado a declinar o convite devido a outro compromisso, previamente marcado. Enquanto ela estava no casamento real, ele estava a 6.400 quilômetros de distância, no sopé do monte Quênia, participando da tradicional cerimônia de casamento massai de Batian Craig, irmão de Jecca, com Melissa Duveen.

A presença de Kate sem William numa ocasião tão importante revelava até que ponto ela havia sido aceita pela família real e, para muitos observadores, demonstrava que era só uma questão de tempo até o noivado ser anunciado. Sua função no casamento detonou uma onda de matérias de jornal que especulavam a respeito de um noivado iminente. Uma amiga destacou que eles acreditavam haver desde a reconciliação, "sem sombra de dúvida, um entendimento" dos dois de que, futuramente, se casariam.

O casamento também marcou um passo à frente no relacionamento de Chelsy, então namorada de Harry, com a família real. Ela havia comparecido a seu primeiro compromisso real dias antes no mesmo mês, quando assistiu ao namorado recebendo uma medalha pelos serviços prestados no Afeganistão. Mas, para Chelsy, que se mostrava estranhamente recatada num vestido de flores preto e branco (com casaco preto para combinar), essa era a primeira vez que estaria com a avó do namorado.

No entanto, a presença das duas moças ao evento foi ofuscada por uma onda de controvérsias a respeito da comercialização da família real, pois os recém-casados venderam os direitos para o casamento ser exibido nas páginas da revista *Hello!* por 500 mil libras. Tanto William como Harry disseram estar "profundamente tristes" com o fato de suas namoradas aparecerem com destaque na cobertura, ao longo de 59 páginas da revista, que dizia: "Nem as duas glamourosas namoradas dos príncipes conseguiram desviar a atenção da noiva em seu grande dia." Apesar de terem entrado por uma porta lateral da igreja, em vez de pelos famosos West Steps, para não aparecerem mais do que a noiva, as duas foram fotografadas 29 vezes juntas, rindo, dançando de cabelos soltos e se divertindo com o príncipe Harry. Os príncipes não gostaram.

O casamento real de Peter Phillips, neto da rainha, com Autumn Kelly, a filha canadense de uma cabeleireira e de um vendedor de eletroeletrônicos, talvez tenha sido o de maior destaque na mídia desde o matrimônio do príncipe Edward com Sophie Wessex, em 19 de junho de 1999. Apesar de o príncipe Charles e da duquesa da Cornualha terem se casado um ano antes, eles só fizeram uma cerimônia civil, e a rainha não compareceu.

Organizada por Margaret Hammond (ex-assistente da mãe de Peter, a princesa Anne, que interrompeu a aposentadoria só para essa ocasião), quase todos os principais membros da família real compareceram à cerimônia, com exceção do príncipe William. No entanto, quando o casal se conheceu, no Grande Prêmio de Montreal de 2003, Autumn não fazia qualquer ideia de que o namorado era o 11º na linha de sucessão do trono da Inglaterra. Peter não lhe contou dos laços reais, e ela só descobriu a verdade ao assistir a um programa de televisão sobre o príncipe William.

Peter, 30 anos, chegou à capela às 15h40, vinte minutos antes da noiva, vestindo um fraque com calças listradas e acompanhado por dois padrinhos — um amigo de infância, Andrew Tucker, e um da escola Gordonstoun, Ben Goss. Com um vestido de 7.500 libras de Sassi Holford, um arco emprestado pela princesa Anne e colar e brincos dados pelo noivo, Autumn subiu os degraus escorregadios da igreja se agarrando "com toda força" a um dos braços do pai, sob os acordes de *The Prince of Denmark's March*, de Jeremiah Clarke. A noiva, assistente pessoal de sir Michael Parkinson — escritor e jornalista —, ex-atriz e garota-propaganda, estava acompanhada de seis madrinhas que usavam modelitos verdes de Vera Wang. Entre elas, sua melhor amiga de infância, Jackie Aubie, e sua futura cunhada, Zara Phillips.

O casamento foi celebrado pelo bispo David Conner, a mais alta autoridade eclesiástica de Windsor. Autumn havia se convertido do catolicismo para o anglicanismo para evitar que o noivo tivesse que renunciar ao direito ao trono, e assim eles trocaram alianças e votos.

Saindo da capela às 17h, partiram numa carruagem para a Frogmore House, no Great Park de Windsor, residência favorita da rainha Vitória. O local foi emprestado pela rainha para a recepção, organizada por Peregrine Armstrong-Jones, o meio-irmão caçula de lorde Snowdon e organizador de festas.

O casal se uniu aos trezentos convidados num jantar composto por caranguejo da Cornualha com manteiga de lagosta, costelas de cordeiro de Gales grelhadas e três pudins com sabores à escolha: chocolate derretido com sorvete de caramelo; musse de café e avelã com pequenas rosquinhas açucaradas; ou uma combinação de frutas vermelhas. Eles cortaram o bolo do casamento — que fora feito no Palácio de Buckingham e vinha enfeitado com um lírio-do-vale e um jasmim de Madagascar feitos de açúcar — com uma espada militar que pertencia a Peter. Depois que a rainha e o príncipe Filipe se retiraram, a festa passou para baixo de um toldo estendido no jardim, decorado com lanternas de cromo, onde os convidados dançaram até de manhã ao som de uma banda de blues.

Era um típico acontecimento social, mas com um porém: o casal vendeu os direitos da cobertura do casamento, por cerca de 500 mil libras, para a revista *Hello!*, que costuma veicular com mais frequência as esquisitices das mulheres dos jogadores de futebol e das artistas de novelas. Tal negociação levantou dúvidas sobre o status daquele casal de menor posição na realeza britânica, que não exercia funções públicas nem tirava dinheiro do bolso, mas se beneficiava de suas relações. Os noivos já haviam dado uma entrevista de 19 páginas na véspera do matrimônio, em Aston Farm — uma casa na propriedade do pai de Peter, junto a Gatcombe Park, em Gloucestershire —, mas essa era apenas a primeira das duas matérias sobre o enlace; a segunda foi a própria cobertura da cerimônia.

O acordo, negociado pela representante da revista, a marquesa de Varela, provocou uma avalanche de críticas depois que se soube que Peter tinha discutido o assunto com a mãe, mas não havia consultado a rainha, que só soube do contrato — o primeiro da história da família real — depois que já havia sido assinado. E, mesmo assim, a família real não havia se dado conta da abrangência da cobertura que a revista faria, que incluía fotos da família tiradas durante a recepção e a festa posterior. A situação piorou quando se soube que os recém-casados tinham o direito de dar aprovação final às imagens usadas na matéria, incluindo uma dúzia com a rainha, embora não se saiba se eles aprovaram as fotos pessoalmente ou se delegaram esse poder.

Quatro dias depois do casamento, Kate encontrou com o namorado em Mustique, para passar as férias que levariam ao pedido de noivado, segundo muitas especulações. Àquela altura alguns bookmakers tinham parado de aceitar apostas sobre a realização de um noivado, dizendo que agora era uma questão de quando, e não de se, os dois consagrariam a união. Eles chegaram à ilha do Caribe em 21 de maio, quase que exatamente dois anos depois de terem passado uma semana romântica na *villa* dos Robinson e um ano desde a reconciliação. Dessa vez, hospedaram-se na seleta *villa* Alumbrera, de 1.785 libras por noite, que se erguia, assim como a casa dos Robinson, nos penhascos sobre a praia Macaroni, na costa leste da ilha. Pertencente à viúva de um magnata sueco da mineração, a glamourosa casa, que chegou a aparecer na revista *Architectural Digest*, é uma das mais isoladas da ilha, com uma vista para o mar de tirar o fôlego e uma trilha exclusiva que leva até a praia. O casal ficou num quarto com jardim particular e um chuveiro externo. A casa também tinha uma piscina de luxo, um bar no terraço, gazebo, quadra de tênis e salão de jogos; tudo o que um jovem casal gostaria. No entanto, quando eles voltaram para a Inglaterra, uma semana depois, ainda não havia qualquer sinal de noivado.

Na segunda-feira, 2 de junho de 2008, o segundo-tenente William de Gales chegou ao Britannia Royal Naval College, em Dartmouth, para o primeiro dia de um período de dois meses com a Marinha britânica. Ele era o mais jovem de uma longa linhagem de personalidades da família real, começando por seu trisavô, Jorge V, que foi cadete na academia. Seu bisavô Jorge VI também treinara ali, assim como o duque de Edimburgo, que combateu no mar durante a Segunda Guerra Mundial; acredita-se que ele tenha conhecido a rainha em Dartmouth. O príncipe Andrew, tio de William, também foi treinado na instituição antes de virar piloto de helicóptero na Guerra das Malvinas, e o príncipe Charles passou por lá antes de servir na Marinha, onde comandou um navio caça-minas.

Nas três semanas seguintes, o jovem estudou história naval e aprendeu a ser marinheiro; treinou ao lado de fuzileiros reais em exercícios anfíbios e de guerra nas montanhas, emergiu com um submarino nuclear e voou nos helicópteros da Marinha, incluindo o Sea Harrier, o Lynx, o Sea King e o Merlin. No primeiro exercício, ensinaram-lhe a manobrar um piquete de 15 metros e dois motores no rio Dart. Vestindo o uniforme nº 4, a versão de combate da Marinha, coube a ele lançar a âncora no navio de treinamento *Hindostan*, um antigo navio varredor de minas atracado ali perto. Quando perdeu a aposta de que acertaria de primeira, ele se virou para os sete colegas e os dois instrutores e disse: “Então, isso valeu uma caixa de cerveja.”

Agora que estava seriamente comprometido com Kate, o príncipe agarrava todas as oportunidades para viajar os 358 quilômetros até Londres para visitá-la — num grande contraste com seu tempo na cavalaria real, quando preferia ir a festas com os outros oficiais. Em seu primeiro fim de semana de folga, os namorados se juntaram a alguns amigos no hotel Royal Lancaster de Londres para irem ao Boodles Boxing Ball, onde quatro etonianos veteranos trocavam socos com formandos de Cambridge, a fim de arrecadar fundos para a Starlight Foundation, uma instituição de caridade fundada pela ex-atriz de *Dinastia,* Emma Samms, que procurava atender a pedidos de crianças com doenças terminais. Usando traje de gala, o casal real se encontrou com Harry e Chelsy para uma recepção com champanhe, jantar e um leilão. Depois, juntaram-se a Guy Pelly, Thomas van Straubenzee, Jamie Murray Wells e Jecca Craig nos assentos próximos do ringue, para as lutas de boxe.

A primeira luta trazia o namorado de Jecca, Hugh "The Hitman" (O Matador) Crossley, que perdeu para Bear "The Pain" (O Doloroso) Maclean. O grupo então viu o ex-colega de William, James "The Badger" (O Texugo) Meade, filho do saltador internacional Richard Meade, apanhar de Al "Bonecrusher" (Quebra-ossos) Poulain, ex-ajudante de ordens do príncipe Charles. Kate, que vestia um deslumbrante vestido de mil libras da Issa, que ia até o chão e tinha uma faixa amarrada na altura do umbigo, torceu a cara e fechou os olhos durante as lutas, enquanto os irmãos da realeza davam socos no ar, mostrando seus braceletes da Help for Heroes, uma instituição de caridade para militares feridos, que eles apoiavam. O evento, que custava 100 libras por cabeça, foi organizado por um amigo deles, Charlie Gilkes, que também era dono do Kitts, a nova boate favorita dos jovens membros da realeza. Ele arrecadou 120 mil libras para a instituição de caridade e também atendeu ao pedido de Bianca Nicolas, de 19 anos e que sofria de fibrose cística, que queria cantar no evento e conhecer os príncipes William e Harry.

Kate ficou tão emocionada ao se encontrar com Bianca que decidiu também se envolver com a instituição de caridade, cuja patrona é a princesa Alexandra, prima da rainha. Ela sugeriu um convênio com a Party Pieces, a fim de dar festas e de distribuir saquinhos de brinde a 10 mil crianças enfermas nos hospitais, na época de Natal. Foi a primeira vez que a jovem apoiou publicamente uma causa de caridade, um dos pré-requisitos necessários para uma futura princesa. "Achei muito emocionante", disse Emma Samms ao *Daily Mail.* "Estamos muito empolgadas, como você pode imaginar. Eles fornecerão todos os brinquedos e artigos de decoração, e todas as crianças receberão as lembrancinhas da festa. Quero me encontrar logo com Kate para agradecer devidamente pelo que ela fez pela Starlight. É uma doação tão generosa! Que coisa boa que eles fizeram, e que diferença isso vai fazer para todas essas crianças!"

No fim de semana depois do Boxing Ball, William estava de volta a Londres para ser integrado à Order of the Garter. A namorada o acompanhou até o evento, realizado no castelo de Windsor no dia 16 de junho, em frente à rainha e a todos os tios e tias do príncipe. Era a primeira vez que ela ia a um evento real com esse nível de formalidade — mais um marco significativo na trajetória para se tornar membro da "Firma" —, mas ela não conseguiu manter a expressão séria. Quando William passou pelo histórico Pórtico Medieval, no caminho da capela para o castelo, vestindo uma capa de veludo azul e um chapéu ornamentado com penas de avestruz, ela e Harry caíram na gargalhada. William, no entanto, conseguiu manter a compostura na cerimônia anual da Order of the Garter, onde recebeu a maior honraria que um monarca pode alcançar, que é a de ser membro da ordem famosa pelo seu lema "*Honi soit qui mal y pense*", ou seja, "Que se envergonhe quem pensar mal dela".

Dois dias depois, William estava de volta ao mar, passando 24 horas submerso no submarino nuclear HMS *Talent*, participando de um exercício para rastrear e destruir um submarino inimigo. Dormindo a bordo do submarino, ele passou algum tempo na sala de controle, ao lado do reator nuclear, e viu os mísseis de cruzeiro na sala de torpedos. Ao final de seu turno, foi retirado dali por um helicóptero Sea King.

O fim de semana seguinte marcou o final do treinamento de três semanas com a Marinha. A conta exata de tempo, pois assim ele poderia comemorar seu aniversário de 26 anos no sábado, 21 de junho. Ele e Kate passaram o fim de semana com Harry e Chelsy no clube Beaufort Polo, perto de Westonbirt Arboretum, em Gloucestershire. Depois de ver a Inglaterra (capitaneada por Luke Tomlinson, que é etoniano veterano e muito amigo dos príncipes, e cuja família é dona do clube) derrotar a Nova Zelândia no torneio internacional de polo Williams de Broë, o casal passou a noite inteira dançando na festa Boujis to Beaufort, numa tenda armada no jardim. Um dia depois, William e Harry se juntaram a Luke no campo de polo com a equipe do clube Apes Hill de Barbados. Eles ganharam do Stobarts por 5 x 3 num jogo beneficente que angariou 50 mil libras para a Countryside Foundation for Education e para o Tusk Trust.

Após o fim de semana livre, estava na hora de William fazer alguma coisa séria. Na segunda-feira, 23 de junho, ele começou uma operação de cinco semanas na fragata tipo 23 HMS *Iron Duke*, um navio de guerra de 4.900 toneladas que leva agentes da DEA, a agência americana de combate às drogas, para localizar contrabandistas de cocaína durante a temporada de furacões no Caribe. Mais uma vez, ele teve que se afastar da namorada. Depois de apenas quatro dias no navio, oficiais armados da Guarda Costeira americana capturaram 40 milhões de libras em cocaína numa lancha a Nordeste de Barbados. O príncipe estava a bordo do helicóptero Lynx, que localizou a embarcação de 50 pés, e aparentemente desempenhou um papel-chave no "planejamento e na vigilância" da operação de captura. Posteriormente, ele participou de um exercício de treinamento para desastres provocados por furacões na ilha vulcânica de Montserrat, sendo membro da primeira equipe de salvamento a chegar à ilha.

Enquanto o namorado estava em treinamento, Kate participou de seu segundo casamento real sem a presença dele, confirmando sua posição na família. Usando um vestido florido, um casaco justo e um penacho na cabeça — acessório que recentemente tinha sido muito utilizado pela rainha e pela duquesa da Cornualha —, ela se juntou aos convidados no dia 19 de julho na capela da rainha do palácio de St. James para o casamento de lady Rose Windsor, bisneta de Jorge V e a 23ª na linha de sucessão do trono. Filha mais nova do duque e da duquesa de Gloucester, prima em segundo grau de William, Rose, 28 anos, que trabalha na indústria de cinema (recebeu o crédito de assistente do departamento de arte num dos filmes *Harry Potter*), em seu casamento com George Gilman, 26, filho de um ex-diretor do Leeds United Football Club, usava um sofisticado vestido de noiva da Franka e uma tiara que fora usada pela rainha Maria.

Nas cinco semanas no mar, William mal falou com a namorada, a 7.200 quilômetros de distância, e muito menos a viu. Ele até tinha permissão de usar o celular, mas o sinal no Caribe era ruim. Quando desembarcou, em 2 de agosto, estava ansioso para vê-la. Foi o período mais longo que ficaram separados desde que tinham começado a namorar cinco anos antes, em St. Andrews.

O casal, finalmente, se reencontrou em Mustique, onde os pombinhos haviam se despedido calorosamente cerca de dois meses antes. Era a terceira vez que tiravam férias na ilha. Dessa vez, ficaram na costa oeste, na *villa* Rocina, criada por Oliver Messel — também responsável por Les Jolies Eaux da princesa Margaret. A casa, bem-protegida, pertencente à milionária venezuelana Violera Alvarez, tinha um gazebo para jantar na varanda com vista para o oceano, cinema e academia. Com os degraus da suíte máster levando direto até a praia, era o refúgio ideal para os namorados, especialmente depois do tempo que ele passara enfurnado numa minúscula cabine de navio. Eles passaram os dias relaxando na piscina, esquiando no mar e repousando numa boia inflável. Na última noite, participaram de um jantar de gala para comemorar os quarenta anos da Mustique Company, empresa que administra a ilha, onde se encontraram com os ex-patrões de Kate, Belle e John Robinson.

Assim que eles voltaram para a costa britânica, os dois foram direto para a cidade, ansiosos em exibir o bronzeado. O primeiro lugar em que pararam foi o Raffles, na esquina do apartamento de Kate em Chelsea. Saindo de lá às 3h45 de 15 de agosto, ela passou por um lapso momentâneo de recato, revelando algo mais do que o bronzeado quando sua túnica multicolorida acabou ficando acima das coxas. William tropeçou e quase caiu em cima dela.

Semanas depois, eles foram juntos para a Áustria, para o casamento de Chiara Hunt; neta médica do falecido barão Hunt de Fawley, ela já havia posado para a revista *Country Life,* reclinada e nua numa banheira cheia de pirulitos. Chiara, irmã de Olivia, colega de universidade de Kate, e de Marina, mulher do apresentador de televisão Ben Fogle, se casou com Rupert Evetts, oficial do Blues and Royals, no dia 6 de setembro, em Salzburgo. Era a primeira vez naquele ano que o príncipe conseguia acompanhar a amada a um casamento, e o acontecimento deu ao casal a chance de colocar a conversa em dia com lady Davina Windsor, irmã mais velha de Rose. Davina estava lá com o marido, Gary Lewis, um tosquiador de ovelhas da Nova Zelândia, com quem se casou em 2004. Agora já fazia 16 meses desde que Kate e William haviam se reconciliado, mas ainda não havia qualquer sinal de um noivado.

Pouco depois disso, o herdeiro do trono começou os últimos meses de serviço militar, cujo objetivo era prepará-lo para seu futuro papel de chefe das Forças Armadas. Depois de passar um ano no Exército, quatro meses na RAF e dois meses na Marinha, ele ia fazer um estágio com os serviços de elite da Grã-Bretanha — o Special Air Service, o Special Boat Service e a Special Reconnaissance Unit — para aprender sobre guerras não convencionais, contraterrorismo e reconhecimento de terrenos. Ele também passou algum tempo com o chefe da equipe de Defesa, o marechal do ar sir Jock Stirrup; trabalhou no Ministério da Defesa e esteve com o corpo aéreo do Exército. Era um sonho e uma aventura para o príncipe, mesmo que ele não fosse exercer qualquer função operacional.

Enquanto uma onda de especulações sobre o futuro deles ficava cada vez maior e o país mergulhava numa recessão, o casal tomou a decisão consciente de viver mais discretamente. Nos meses seguintes, só foram vistos em eventos beneficentes — e, mesmo assim, separados —, fazendo surgir boatos de que o namoro estava para terminar novamente. O fato é que o relacionamento estava mais firme do que nunca, mas os dois se mantinham longe dos holofotes, participando de jantares e festas particulares, em vez de noitadas em boates.

Uma das poucas aparições públicas da jovem naquele outono foi para apoiar o plano de uma ala cirúrgica do Children's Hospital, em Oxford. A Tom's Ward receberia esse nome em homenagem ao irmão de uma de suas amigas, Sam Waley-Cohen, uma jóquei amadora que chegou a disputar o Grand National. Tom Waley-Cohen tinha a mesma idade de Harry e frequentou a escola pré-preparatória de Wetherby junto com os príncipes. Ele faleceu em 2004, aos 20 anos, depois de travar uma batalha contra o sarcoma de Ewing, um tipo raro de câncer nos ossos. Ele estudara com Kate em Marlborough, onde, apesar de estar alguns anos abaixo, era uma figura bastante reconhecível, porque tinha a perna esquerda amputada abaixo do joelho.

"Thomas era um garoto extraordinário, sempre de alto-astral", dizia Felicity, a mãe dele, filha do visconde de Bearstead, membro da dinastia de banqueiros Hill Samuel. "Todo mundo o conhecia em Marlborough porque ele só tinha uma perna e era incrivelmente malcomportado. Ele, com certeza, não foi uma vítima da vida."

Kate foi uma das três organizadoras de um evento chamado The Day-Glo Midnight Roller Disco, criado a fim de angariar fundos para a Tom's Ward, no novo Oxford Children's Hospital, assim como para a instituição de caridade Place2Be, especializada em aconselhamento para crianças em idade escolar. Ela se juntou aos outros organizadores Sam Waley-Cohen e Holly Branson no dia 17 de setembro na Roller Disco do Renaissance Rooms, em Vauxhall.

William não pôde comparecer, e a moça foi com Pippa, sua irmã. Vestida com shortinho amarelo, top de alcinhas verdes e lantejoulas e meião cor-de-rosa, ela foi fotografada caindo de costas, com as pernas para o ar, no que foi considerada uma pose inconveniente para uma futura rainha. Mas a publicidade chamou a atenção para a instituição de caridade, que havia muito tempo ela vinha apoiando internamente. Depois do evento, Sam declarou: "Queríamos fazer alguma coisa nova, algo que fosse divertido e engraçado, que refletisse o lado mais leve da vida, muito parecido com o próprio Tom. Kate foi fantástica acionando seus contatos e fazendo as pessoas participarem. Ela convenceu muita gente a contribuir. E o envolvimento dela, evidentemente, trouxe maior exposição ao evento."

Recusando-se a ser ofuscado pela namorada, o príncipe se uniu ao irmão Harry num rali de moto beneficente, a fim de angariar fundos para a Sentebale, instituição criada por Harry em prol das crianças pobres de Lesoto. No dia 18 de outubro, os dois irmãos partiram numa viagem de oito dias pelas selvas da África do Sul, dormindo mal enquanto cruzavam 1.600 quilômetros de território inóspito. Motociclistas apaixonados, acredita-se que tenham sido inspirados por Ewan McGregor e Charley Boorman na série de tevê *Long Way Down*, que foram de John O'Groats, no norte da Escócia, à Cidade do Cabo. Apesar de a participação dos príncipes no rali ter contribuído para o sucesso do evento, surgiram perguntas quanto à segurança necessária e a respeito dos custos pagos pelos contribuintes britânicos, o que minou a imagem de altruísmo dos príncipes. Sentado em sua Honda CRF de 230cc e vestindo uniforme e botas grossas e protetoras, William declarou: "Em novembro passado eu e Harry tivemos a ideia de participar desse rali porque é uma mistura de aventura e caridade, sendo que o dinheiro arrecadado hoje irá para o Nelson Mandela's Children's Fund, para a Unicef e para a Sentebale, três instituições absolutamente formidáveis."

Depois do sucesso com os eventos de caridade, Kate decidiu que estava na hora de ampliar seus horizontes e deixou seu aviso prévio na Jigsaw. Ela saiu no dia 1º de novembro, com um envelope de *vouchers* da Jigsaw, após uma discreta festa de despedida. A atitude provocou mais uma rodada de boatos sobre o futuro do casal e também consternação no palácio, uma vez que o currículo dela era inconsistente. Apesar de ter 82 anos, a rainha tem a reputação de ser uma das pessoas que mais trabalham na realeza, e dizem que ela tem acentuada predileção por Sophie Wessex, que trabalhava antes de se casar com o príncipe Edward.

Mas Kate estava decidida a fazer carreira com fotografia, e correram boatos de que ela fora a Nova York ter algumas aulas com Mario Testino, o fotógrafo favorito da princesa Diana e quem fez as icônicas fotos de lady Di para a revista *Vogue*. Um mês depois, ela foi curadora de sua primeira mostra, com fotos de Alistair Morrison, fotógrafo de celebridades, que ela conheceu em seus tempos de St. Andrews. A mostra, chamada "Time to Reflect" — uma seleção de fotos de estrelas como Tom Cruise, Kate Winslet e Ewan McGregor, tiradas em cabines fotográficas —, foi realizada na The Shop em Bluebird, na Kings Road — pertencente à sua antiga chefe —, e arrecadou recursos para o Fundo das Nações Unidas para a Infância, o Unicef. A família e os amigos da jovem, incluindo Guy Pelly e Laura Parker Bowles, marcaram presença. William, que tinha acabado de chegar de uma missão secreta no Special Boat Service — formado durante a Segunda Guerra Mundial para deflagrar ataques por trás das linhas alemãs na África do Norte, sob o lema "By Strength and Guile" (Pela força e pela malícia) —, apareceu na última hora.

No discurso de inauguração, Alistai, 51 anos, dono de uma galeria em Windsor, disse: "Kate se aproximou de mim quando estava na universidade, para fazermos alguns trabalhos juntos, e continuamos em contato. Ela veio à minha galeria e conversamos um pouco sobre o trabalho dela. Queria uma pequena ajuda. Ela é mesmo muito boa naquilo que faz, e isso é perceptível. Tira fotos muito bonitas e detalhadas; tem muito talento e um olho excelente. Tenho certeza de que vai longe".

Entretanto, apesar de a exposição ter sido considerada um sucesso, Kate ainda tinha de ganhar a vida, e no final do ano ela estava trabalhando para a Party Pieces, fazendo um curso de tecnologia para aprender a montar catálogos digitais, fotografar produtos e montar uma nova linha, a First Birthdays, que caberia a ela administrar. Era um trabalho simples, que deve ter contribuído pouco para exercitar o cérebro de uma garota que foi uma das melhores da universidade de St. Andrews. Nem silenciaria seus críticos. Mas significava que ela estaria à disposição do príncipe quando ele requisitasse.

No dia 13 de dezembro ele fez exatamente isso, e eles passaram um fim de semana atirando em faisões em Sandringham, mostrando o quanto Kate se ajustava bem com os muito ricos. Mas enquanto ela atraía mais críticas dos defensores dos direitos dos animais, foi a presença de William na caçada que fez os comentários surgirem. O príncipe tinha deixado a barba crescer durante o exercício no Caribe com o Special Boat Service no mês anterior, seguindo a tradição — como fizeram o pai e o avô antes dele — de continuarem sem fazer a barba. Charles deixou a barba crescer enquanto servia no Alasca em 1975, e o príncipe Filipe fez o mesmo enquanto servia na guerra a bordo do HMS *Valiant*.

Como manda o protocolo real, o casal passou o Natal separado, Kate em sua terceira viagem a Mustique naquele ano e William em Sandringham. Eles voltaram a se encontrar no *réveillon*, que passaram em Birkhall, onde caminharam e caçaram. Então, pela primeira vez em três anos, eles passaram juntos o aniversário dela, no dia 9 de janeiro de 2009, comemorado com um jantar discreto em família, na casa dos pais. No entanto, qualquer esperança que a família tivesse a respeito de um casamento real teria de esperar, pois William estava prestes a abraçar uma nova profissão.

# Capítulo 25

## Uma Nova Princesa

De braços dados com o príncipe num salão oficial do palácio de St. James — uma das mais antigas residências da realeza em Londres —, a futura rainha Catherine sorria timidamente enquanto mostrava o anel de noivado, que um dia pertenceu à mãe do noivo, a princesa Diana. Era o dia 16 de novembro de 2010, e a futura princesa, noiva recente, fazia sua primeira aparição pública no palco do mundo, ao lado do príncipe William.

William tinha pedido Kate em casamento três semanas antes, à beira de um lago isolado junto ao monte Quênia, mas os dois mantiveram a notícia em segredo enquanto ele pedia ao futuro sogro a mão de sua filha. Ele só deu a notícia à rainha e ao príncipe Charles algumas horas antes do anúncio. No entanto, depois que os dois apareceram juntos em Northleach, Gloucestershire, no casamento de um grande amigo do príncipe, Harry Meade — em vez de chegarem separados —, cresceram as especulações sobre a data do noivado. Os rumores atingiram o ponto máximo uma semana depois, quando os pais de Kate foram convidados para um evento de caça particular em Birkhall, junto com o casal. Mas o anúncio acabaria adiado depois que o pai de Michael, Peter — o único avô que restara para Kate —, faleceu, em 2 de novembro, após uma rápida doença.

Entrevistado no dia do anúncio oficial, William declarou: "Já vínhamos conversando sobre casamento há algum tempo, portanto, não foi uma surpresa extraordinária. Eu já vinha planejando isso, mas, como todo mundo sabe, é preciso uma dose de motivação para se fazer a proposta. E tudo pareceu perfeito lá na África. Aquele dia foi lindo. Eu tinha planejado um pouco, para mostrar meu lado romântico. Eu já o vinha carregando [o anel de noivado] na mochila havia umas três semanas e simplesmente não conseguia tirá-lo de lá. Em todo lugar que eu ia, ficava com ele na mão, porque sabia que, se ele desaparecesse, eu teria muitos problemas. É o anel de noivado da minha mãe, e achei bonito porque, evidentemente, ela não está mais aqui para compartilhar de toda essa felicidade e alegria. Essa foi a maneira de mantê-la perto de tudo."

"Foi tudo muito romântico", acrescentou a noiva, rindo. "Temos aqui um verdadeiro romântico."

O noivado marcou a primeira vez que Kate e William deram uma entrevista formal, e os olhos do mundo estavam sobre eles. Radiantes, pareciam a descrição de o que é um casal apaixonado. Usando um vestido azul-royal de sua marca favorita, Issa, Kate parecia bem à vontade no centro das atenções, embora tenha deixado o príncipe responder as perguntas mais difíceis.

Revelando que deseja ter um herdeiro real, ela disse: "Família é algo muito importante para mim, e espero que consigamos formar uma bem feliz. A minha sempre foi ótima, em todos esses anos, me ajudando nas horas difíceis. Nós nos vemos muito, e eles são muito, mas muito queridos mesmo por mim.

"Minha mãe está totalmente nas nuvens. A situação foi meio complicada lá em casa, porque eu sabia que William tinha pedido minha mão ao meu pai, mas não tinha noção se minha mãe sabia. Aí eu voltei da Escócia, e ela não demonstrava saber de tudo, e então ficávamos as duas olhando uma para a outra, sem saber o que dizer. Mas foi ótimo contar para ela, e, evidentemente, ela está muito feliz por nós dois."

A notícia do noivado alegrou a Inglaterra numa época em que o país enfrentava uma recessão. Informado da notícia, o primeiro-ministro David Cameron afirmou que o noivado marcava "um grande dia para a nação". A rainha declarou estar "absolutamente maravilhada" com o casal e o príncipe de Gales, que fez uma brincadeira dizendo que "eles já vêm treinando há muito tempo", disse que estava empolgado. O príncipe Harry deu à noiva a maior das honrarias: "Fiquei feliz por meu irmão ter pedido Kate em casamento. Isso significa que eu ganho uma irmã, que é o que eu sempre quis."

Mas foi em direção à família de Kate que o mundo, então, voltou as atenções. Acompanhados pelos funcionários da Clarence House, os familiares fizeram uma declaração dizendo que estavam "emocionados" com a perspectiva de um casamento real. "Como todos vocês sabem, Catherine e o príncipe William já saem juntos há muitos anos, o que para nós é muito bom, porque pudemos conhecê-lo muito bem", disseram. "Todos nós o achamos maravilhoso, e gostamos muito dele. Eles formam um casal muito bonito. São muito divertidos, e já demos boas gargalhadas juntos."

O anúncio aconteceu mais de dois anos após os comentaristas terem começado a prever seriamente um casamento real. Quando foi mais esperado que ele a pedisse em casamento — depois de sair das Forças Armadas, no Natal de 2008 — e assumisse o papel para o qual havia nascido, o príncipe frustrou todas as expectativas — deixando boquiabertos os analistas da realeza — ao se transferir do

Exército britânico para a RAF. Anunciou seu plano de virar piloto de busca e salvamento dois dias depois de Kate completar 27 anos. Ele se inscreveu para o treinamento de 21 meses, afastando as esperanças de que o casal ficaria noivo no dia em que ele completasse 28 anos — a idade em que William sempre havia declarado que pensaria em casamento.

Com o codinome "Golden Osprey", ele chegou à RAF de Shawbury, perto de Shrewsbury, em Shropshire (onde havia descoberto pela primeira vez sua paixão por pilotar helicópteros), no dia 11 de janeiro de 2009, e alugou uma casa de campo, com direito a piscina e quadras de tênis, a fim de ter uma alternativa ao seu apertado quarto na base aérea.

Isso aconteceu depois que o príncipe Harry comandou um batalhão de homens no Afeganistão. Foi considerado perigoso demais para o segundo na linha de sucessão do trono seguir os passos do irmão mais novo e entrar na zona de guerra, mas permitiram-lhe, em compensação, se matricular na RAF, aprendendo a pilotar monomotores Squirrel e bimotores Griffin.

Vestindo um uniforme de voo verde-oliva e os óculos regulamentares por baixo do capacete, por causa da visão fraca, o oficial de voo de Gales decolou para o primeiro voo de treinamento três dias depois. Com um instrutor ao lado, o príncipe — que raramente é visto em público utilizando os óculos de aro de metal de que precisa para dirigir — passou por uma hora de aula num Squirrel na Defence Helicopter Flying School na base aérea, onde são treinados os pilotos de helicóptero de todas as Forças Armadas.

"Agora quero aproveitar a experiência e o treinamento que eu tive para servir nas operações", declarou, na época. "Por bons motivos não pude ser enviado ao Afeganistão com o Esquadrão D do regimento da cavalaria real. O tempo que passei com a RAF no começo deste ano me fez perceber o quanto adoro voar. Entrar para a equipe de Busca e Salvamento é a oportunidade perfeita para eu servir às Forças Armadas nas operações que ela realiza, ao mesmo tempo em que contribuo para os serviços de emergência do país."

Depois de se formar, um ano depois, o príncipe passou os nove meses seguintes num treinamento intensivo na RAF de Valley, em Anglesey. Lá ele morou numa casa, que Kate visitou com frequência, e o casal foi visto constantemente pelos moradores locais. Ele finalmente se qualificou para ser piloto de busca e salvamento em 17 de setembro de 2010 e começou em definitivo sua carreira como membro do 22º Esquadrão de Voo C; atuou como copiloto de um helicóptero Sea King, chamado "Rescue 122", em turnos de 24 horas, para se dedicar a missões nas montanhas, no mar e em enchentes. Duas semanas depois, participou de sua primeira operação de busca e salvamento, resgatando um trabalhador que sofreu um infarto numa torre de prospecção de gás. Foi só aí que ele finalmente se sentiu pronto para pedir Kate em casamento.

"Eu tive minha carreira militar e realmente queria se concentrar nos voos", disse ele, depois de anunciar o casamento. "Eu não podia fazer nada disso se ainda estivesse em treinamento, e agora ele acabou. Kate também está bem no trabalho dela, exatamente onde ela queria estar, e decidimos que esse é um bom momento."

William não é o primeiro membro da família real a viver com a mulher enquanto serve às Forças Armadas. Ele está seguindo os passos de uma pessoa ilustre: o príncipe Filipe foi lotado em Malta um ano após o casamento com a jovem princesa Elizabeth, e o casal passou na ilha um dos anos mais agradáveis da vida de casados. Eles moravam na *villa* Guardamangia, de lorde Mountbatten, e dançavam muitas noites no hotel Meridien Phoenicia, em Valletta.

A apresentação de Kate à vida da realeza aumentou de ritmo imediatamente depois do noivado. O protocolo do palácio estabelecia que, até aquele dia, ela não tinha direito a qualquer status na família real. Embora ela tivesse se encontrado socialmente com a rainha em algumas ocasiões, as especulações de que teria jantado a sós com a rainha ou que teria tido encontros reservados com ela foram um enorme exagero. Assim como os relatos de que os pais dela haviam se encontrado com a monarca e os deboches sobre a mãe dela, fofocas ilegítimas que diziam que Carole havia quebrado a etiqueta ao saudá-la dizendo "Prazer em conhecê-la".

Também houve muita especulação sobre a preparação para a vida na Corte que ela deveria ter recebido desde que começou a namorar William e a proteção pessoal que deveria ter obtido. O fato é que ela recebeu muito pouca orientação sobre como se comportar nesse papel até se tornar uma noiva real.

Mas, agora, o mundo dela mudou. Ela tem direito a proteção policial 24 horas por dia, recebeu um guarda-costas particular do SO14, o Royalty Protection Branch, e carregará todo o peso da publicidade do palácio.

Foi uma jornada extraordinária para a mulher batizada Catherine Elizabeth Middleton e que o público passou a conhecer como Kate. Como uma borboleta saindo de seu casulo, a garota tímida e retraída da escola se transformou numa moça confiante e glamourosa, com todos os requisitos para se tornar uma princesa real. Alex Shulman, editora da *Vogue*, a descreveu como "uma versão contemporânea" da princesa Diana. "Ela tem o mesmo estilo que o público gosta e vai ficar ainda mais glamourosa, exatamente como Diana", comentou. Mas Kate foi feita de um molde diferente. Lady Di tinha ligações com a aristocracia e era membro do *Establishment*. A história de Kate se assemelha mais à dos consortes da realeza europeia. No continente, as mulheres dos príncipes e dos reis têm carreira e diploma universitário. Quando Kate se tornar a rainha Catherine, será a primeira mulher de um monarca britânico a ser formada numa universidade, a ter desfilado de lingerie numa passarela e a ter morado com o rei antes de se casar com o próprio.

Em algum momento do futuro, William, ou Guilherme V, se tornará o 42º monarca a subir ao trono desde que seu homônimo, Guilherme, o Conquistador, derrotou Haroldo na Batalha de Hastings, em 1066. Kate pode ser a sexta Catherine a ser rainha. A primeira foi Catherine de Valois, filha do rei francês Carlos VI, que se casou com o Plantageneta, rei Henrique V, em 1420, após sua histórica vitória em Agincourt. Depois, vieram as três mulheres de Henrique VIII: Catarina de Aragão, mãe de sua filha Maria, de quem ele se divorciou; Catherine Howard, de quem ele mandou cortar a cabeça; e Catherine Parr, que viveu mais do que ele. Finalmente, houve a portuguesa Catarina de Bragança, que se casou com Carlos II, por procuração, em 1662, dois anos depois da Restauração da Monarquia. Ela era cunhada de Anne Hyde, a última plebeia a se casar com um rei da Inglaterra.

William e Kate não comentam se ele chegou a se ajoelhar sobre uma das pernas. Talvez ele tenha seguido os passos de Henrique V, na obra de Shakespeare, quando pediu Kate em casamento:

> Um orador não é mais que um tagarela; uma rima não é mais que uma trova. Uma perna saudável falhará, costas eretas se curvarão, uma barba preta ficará branca, cabelos cacheados darão lugar a uma careca, um rosto limpo ganhará rugas e um olho inteiro ficará profundo; mas um bom coração, Kate, será o sol e a lua, ou melhor, o sol e não a lua, pois ele brilha forte e nunca muda, mantendo sempre o mesmo curso. Se tu quiseres alguém assim, fique comigo; e, ao ficar comigo, fique com um soldado; e, ao ficar com um soldado, fique com um rei.

# Apêndice

# Árvore Genealógica de Kate Middleton

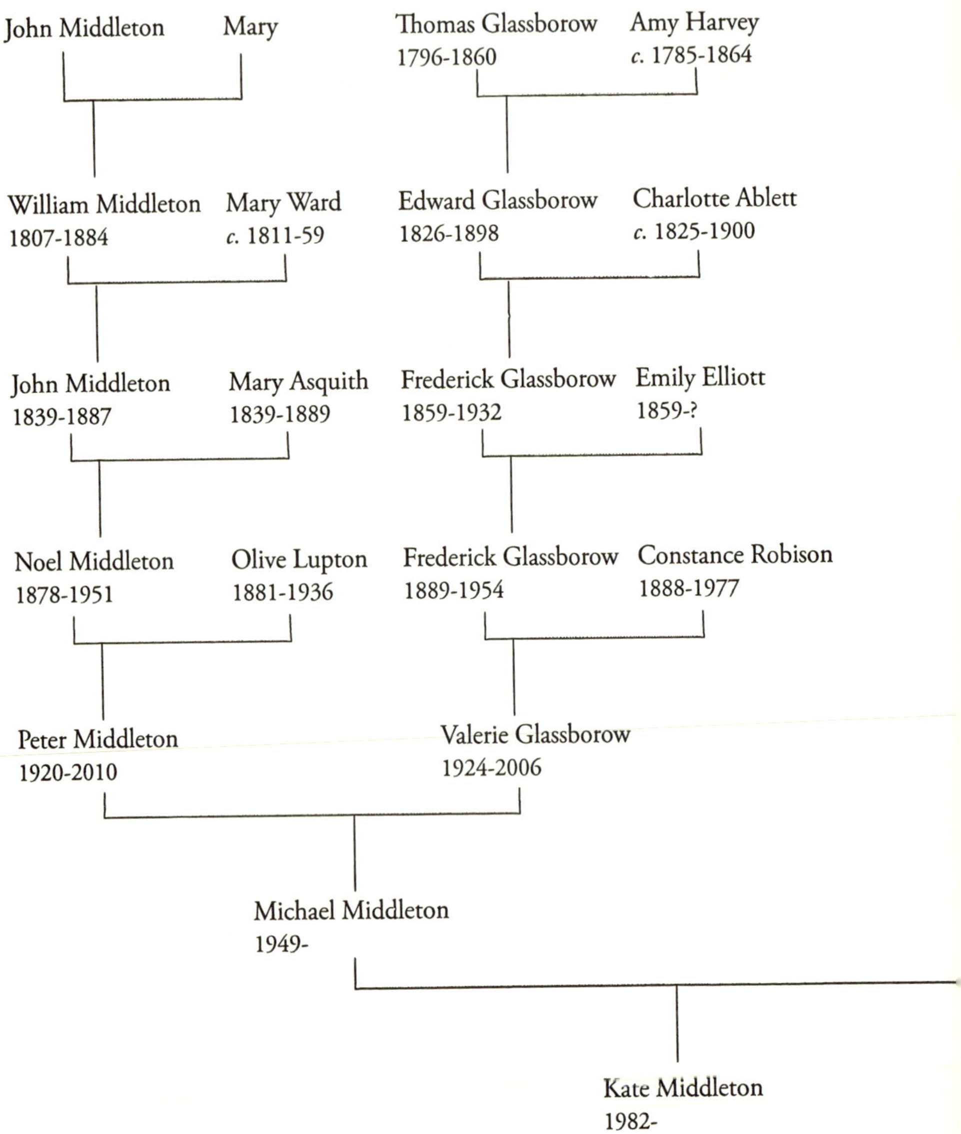

John Goldsmith
1783-1847

Rebecca Wheeler
*c.* 1795-1869

James Harrison
*c.* 1796-1866

Jane
*c.* 1795-1845

John Goldsmith
1827-1888

Esther Jones *c.*
1832-1885

James Harrison
*c.* 1834-1889

Jane Liddle *c.*
1839-1881

John Goldsmith
1851-1919

Jane Dorsett
1861-?

John Harrison
1874-1918

Jane Hill
1875-?

Charlie Goldsmith
1886-1938

Edith Chandler
1889-1971

Thomas Harrison
1904-1976

Elizabeth Temple
1903-1991

Ronald Goldsmith
1931-2003

Dorothy Harrison
1935-2006

Carole Goldsmith
1955-

Pippa Middleton
1983-

James Middleton
1987-

Este livro foi composto na tipologia Adobe Garamond Pro,
em corpo 12/15,5, e impresso em papel off-white 80g/m² no Sistema
Cameron da Divisão Gráfica da Distribuidora Record.